普通话
语音训练教程

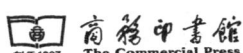

第三版

王　均
刘照雄　审订

宋欣桥　编著

商务印书馆
创于1897 The Commercial Press

图书在版编目(CIP)数据

普通话语音训练教程 / 宋欣桥编著. —3 版. —北京:商务印书馆,2017(2025.9 重印)
ISBN 978-7-100-12885-8

Ⅰ.①普… Ⅱ.①宋… Ⅲ.①普通话—语音—教材 Ⅳ.①H116

中国版本图书馆 CIP 数据核字(2017)第 007493 号

普通话语音训练教程(第三版)
审订 王 均
刘照雄
编著 宋欣桥

商 务 印 书 馆 出 版
(北京王府井大街 36 号 邮政编码 100710)
商 务 印 书 馆 发 行
北京盛通印刷股份有限公司印刷
ISBN 978-7-100-12885-8

2017 年 7 月第 1 版 开本 850×1168 1/32
2025 年 9 月北京第 4 次印刷 印张 12½
定价:66.00 元

目　　录

略论现代汉语语音规范的确立与发展

（第三版代序）

普通话语音标准是现代汉语语音规范的主体部分。本文所指的现代汉语语音规范，主要是指现代汉语标准语——普通话的语音标准问题。现代汉语语音规范所指的范围比普通话语音标准的范围要广得多，可以包括汉语方言已经进入或有可能进入普通话语汇的读音问题，像收入《现代汉语词典》但仍标示为〈方〉的词语的读音问题；受普通话影响，方言向普通话靠拢的语音现象；汉语辞书文言与古旧读法的问题；我国少数民族人士把汉语作为第一语言出现的语音问题，甚至包括普通话与世界华语之间更加广阔地带的语音问题。本文不可能涉及如此广阔的领域，只是希望通过探讨有关语音规范标准的类型与各项标准确立的原则，为现代汉语语音规范的有关理论提供一些粗浅的看法。

一　现代汉语语音规范的历史回顾与理论探讨

（一）现代汉民族共同语语音标准形成与确立的历史进程中三个重要的里程碑

现代汉民族共同语语音系统逐步形成已经有七八百年的历

史。以北京语音作为现代汉语标准音是历史的选择。当然,现代汉民族共同语的语音系统不经过加工和规范的过程,还不能成为现代汉民族标准语的语音规范。从 1913 年至今,中国人用了整整一百年的时间,逐步形成并确立了现代汉民族共同语语音规范的国家标准。在这一百年中,有三个重要的里程碑,成为现代汉语语音规范形成历程中的重要标志。

第一个里程碑以 1913 年“读音统一会”为代表。

1913 年,由当时的教育部召开了“读音统一会”,它的历史贡献是明确提出“核定音素”,初步确定现代汉语标准语的语音系统;设计了一套注音字母符号来表示这个语音系统;并初步审定 6500 个汉字的读音。周恩来总理在《当前文字改革的任务》(1958)中曾高度评价了注音字母,他说:注音字母“是中国第一套由国家正式公布并且在中小学校普遍推行过的拼音字母。注音字母对于识字教育和读音统一有过一定的贡献”。这一段时期和此后的国语运动史料是我们研究汉语标准语语音标准的重要历史文献。

研究这个时段的史料,对我们确立普通话语音系统具有重要的历史意义,特别是“京国之争”,即由初始被称作“老国音”的以北京语音为主的南北杂凑的语音系统,到 1924 年之后“国语统一筹备会”“定北京音为国音标准”的“新国音”,实际上奠定了现代汉民族共同语确定标准音的重要原则——必须确立一个地点的语音系统作为语音标准。1922 年赵元任先生在哈佛大学录制“老国音”教学唱片后感慨地说,“给四亿、五亿或者六亿人定的国语,竟只有我一个人在说”。历史证明,一个客观存在的语音系统是不能人为改造的。不以有影响的现实应用的语音系统作标准,而试图以方言杂糅的语音人为地拼凑的语音系统是不可能作为语音标准推行的。我们后人讨论语音标准的时候，要以史为鉴，不要重蹈覆辙。

在国语运动推行的这个时段，举办国语师资培训、出版各类国语国音辞书和国语教材留声片，以及发表各种研究宣传国语的文章，在全国推广汉民族共同语的工作上积累了丰富的经验。有关语音标准方面，这个时期值得我们研究的有关辞书还有：1926 年由商务印书馆出版的赵元任的《国语正音字典》；由中国大辞典编纂处编写的，1937～1945 年分八册陆续出版的《国语辞典》。

第二个里程碑是 1958 年颁布的《汉语拼音方案》。

《汉语拼音方案》是 1958 年时任国务院总理周恩来提出议案，由第一届全国人民代表大会第五次会议正式批准的，是中华人民共和国的法定拼音方案。1982 年国际标准化组织(ISO)文献工作技术委员会决议采用汉语拼音作为世界文献工作中拼写中文(汉语)的国际标准。《汉语拼音方案》已经从中国国家标准发展成为国际标准。

虽说《汉语拼音方案》是一套拼写普通话语音系统的拼音字母和拼写方式，只是代表普通话语音系统，常常被人看作是“小儿科”的东西。不过，这套方案在我国 50 多年的普通话教育和汉语语音规范化中的作用绝不可低估。它的制订和推行的确是中国人民文化生活中的一件大事。它产生的意义还在于，这个拼音方案采用世界通用的拉丁字母，因而成为现代信息化社会不可或缺的媒介工具，成为中国与世界沟通的文化桥梁，功劳卓著。正如刘涌泉先生说的：“我国语言学界取得了不少成就，其中汉语拼音是最大的成就，是影响千秋万代的杰作，是没有申请专利却有国际专利权的重大发明。”汉语拼音成为拼写汉语的国际标准,它不仅属于中国,也属于世界。

第三个里程碑是1978年由商务印书馆正式出版的《现代汉语词典》。

《现代汉语词典》(以下简称《现汉》)是根据国务院有关推广普通话的指示,由中国社会科学院语言研究所专家学者编写的。它的试印本(1956～1960年)、试用本(1961～1966年)和第1版(1978年)分别由著名语言学家吕叔湘、丁声树先生担任主编,参与试印本审订的有黎锦熙、李荣、陆志韦、陆宗达、石明远、王力、魏建功、叶籁士、叶圣陶、周定一、周浩然、周祖谟、朱文叔等语言学家。这部中型词典是以收录普通话语汇为主的。1956年国务院的指示曾特别提出要另外编辑一部《普通话正音词典》,而这个任务最终由《现汉》合并完成了。《现汉》自1978年至2012年修订出版了六个版本,编辑过程中运用和体现了包括普通话语音标准在内的国家语言文字的有关标准规范。因此,它是在普通话语音标准上公认的极具权威性的辞书。

(二)确立普通话语音标准的基本理论问题(略)

1. 词典标准的重要性和局限性(略)

2. “以北京语音为标准音”是历史的选择,也是我们必须尊重的语言事实(略)

(1) 确定“北京语音”的地域范围(略)

(2) 确定语音标准必须严格选定提供语言样本的被调查者的资格(略)

(3) 确定语言事实的普遍性(略)

3. 处理好静态标准与动态标准的关系(略)

4. 语言学习者学习语音的难易程度不能成为语音标准确立的依据(略)

二　构建普通话语音标准立体框架的总体设想

(一) 普通话语音标准总体框架涵盖的层面

"普通话语音标准的总体框架"设想由词典标准、应用标准和语音标准的符号系统三个主体部分构成。

词典标准直接体现国家语言文字有关标准和规范,表现为静态的属性,即汉字读音标准和词语读音标准。

应用标准是以词典标准为依据和基础的,表现为动态的属性,也就是说,动态标准通常是以静态标准为基础和依据的。

应用标准包括教学标准、媒体标准、艺术标准和测试标准。词典标准是直接体现和代表国家语言文字有关标准和规范的,而应用标准则是以词典标准作为重要参照,在词典标准的基础上发挥作用的。因此,应用标准通常对国家语言文字有关标准和规范表现为一种间接参照的形式。

除此之外,还需构建普通话语音标准的新层级,包括语音描写标准和语汇、语调标准,这两个层级可以称作学术标准。

语音标准的符号系统是普通话语音标准的描写工具,直接体现国家语言文字的有关标准和规范。

它们之间的关系可以用下图表示。

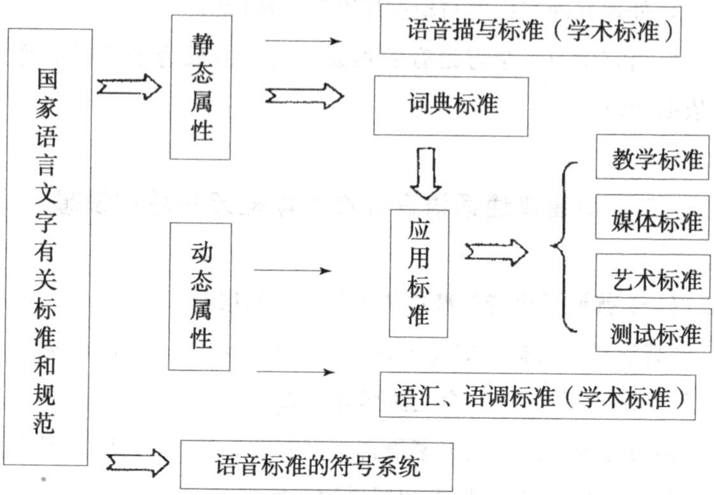

（符号⟹表示普通话语音标准立体框架中的主线）

（二）建立普通话语音的应用标准

在词典标准基础上建立普通话语音的应用标准是十分必要的。这就像声调有本调和变调一样，我们不仅要有本调的描述，还要有变调的描述。在语音规范上不仅要有词典标准，还要建立系统的应用标准。词典标准是基本标准，但不是唯一的标准，尚需在实践中形成并确立应用标准。

应用标准属于动态标准。“动态”是指普通话语音标准在运用中的状态，动态的趋向并非朝单一的方向运动，而是向紧缩和扩展两个方向发展的。紧缩型标准，特点是以词典标准为基础，但比词典标准更明确、更严格，范围更确定，例如教学标准和媒体标准。扩展型标准，特点是以词典标准为基础，但比词典标准更灵活，范围不大确定，大多体现为笼统的、原则性的规范意见，例如艺术标准。测试标准以紧缩型标准为主，兼有扩展型标准的特点。

以下逐一探讨应用标准中的教学标准、媒体标准、艺术标准和测试标准。

1. 教学标准

教学标准，全称“教学教材标准”，涵盖教学中的语音教学、拼音教学和教材注音等方面。教学标准的特点是：语音标准必须具有确定性。确立教学标准的原则是：(1) 语音标准清晰明确，不倾向弹性和两可的设计；(2) 通常限定在常用与次常用的范围；(3) 考虑由浅入深、循序渐进的过程。

如：“这”“那”作为指示代词，字词典注音“这”有两个读音，即zhe、zhei；“那”有三个读音，即 na、ne、nei。在小学的初级阶段，建议一个字只出现一个读音，即“这”zhe、“那”na，不出现 zhei 和 nei，更不要出现 ne。教学顺序一定是先教 zhe 和 na 的，不应该同时教一个字的两个或三个音，更不能为了强调所谓口语读音而颠倒过来教。

又如：教材特别是中小学教材的注音和课文录音，教材编辑出版者要把握最为严格的尺度。课本录音者普通话水平应达到一级甲等，最低要求是一级乙等的高分段，即 95 分或 95 分以上。取得一级乙等低分段的成绩，一般不具备为千百万儿童作为语音典范的录音资格。

再如：研制儿化词语表、轻声词语表，无论加上“必读”还是“常用”，都应该指教学标准，或主要指教学标准。如果不加“必读”和“常用”，可以泛用在任何的场合，这个表基本上就失去了作用。例如，普通话水平测试中就不会用这样的表。根据测试的需要，《普通话水平测试实施纲要》(以下简称《实施纲要》)中有“测试用”的儿化词表。

教学标准主要体现在初级教育阶段,影响着千百万接受普通话教学的学童,在应用中显得十分重要,教育部门应该着重研究。例如,应该研究供小学“教学用”的儿化词表和轻声词表,目的是选定初级普通话教学里学生应该掌握的儿化词和轻声词。当然,制订儿化词表和轻声词表只是为小学普通话教学划定一个范围,供编写教材和教学评估参照使用,并非简单地用来判定儿化词和轻声词在使用上是否规范。未收入的儿化词和轻声词只是小学阶段不要求学生掌握,这部分词语的读音规范应参照辞书注音处理。

2. 媒体标准

媒体标准,主要指电台、电视台普通话节目中播音员和主持人的普通话语音标准。媒体标准的特点是:运用普通话达到近乎完美无瑕的境界,在内地,代表国家普通话纯正语音的语言典范。确立媒体标准的原则是:(1) 坚持最高标准,监督从严,趋于完美;(2) 中央级、省级电台电视台播音员主持人的普通话水平达到一级甲等。

媒体大多采用比较正式、庄重的新闻播报和政论型的语体,儿化出现较少。不过,电台播音没有画面,全凭语音,播报者更显示出语言的功力,反映在儿化运用上也颇有创意。例如,在节目中谈及“向钱看”和“向前看”的问题,如何使听众在听感上分辨两者呢?播音员就根据儿化表示细小轻微的特点,把“向钱看”中的“钱”处理为儿化,巧妙地区分了两者。

3.艺术标准

艺术标准,全称“艺术语音标准”,是指影视、话剧、曲艺等形式中的普通话语音标准。艺术标准的特点是:塑造形象的需要,口语语音可能出现方言色彩。艺术标准属于扩展型的,只能提出一些原则性的意见,不能也无法做到对每个字词都提出读音上的规范。确立艺术标准的原则是:(1) 制订处理某一类语言现象的原则性意见,例如,对某些人物语言塑造使用方言的限定范围;(2) 字词语音标准,采用弹性处理;(3) 采用方音色彩的单一表现法。

1987 年,国家有关部门曾对电影、电视剧使用普通话作出规定:“要使用普通话,不要滥用方言。扮演领袖人物的演员在剧中一般也要使用普通话。如因内容需要,要用某些方言,也不能过多。”提出这种基本要求,是完全必要的。不过,作为普通话语音标准中的艺术标准仍需具体化。笔者提出“字词语音标准,采用弹性处理”。作为词典标准,部分字词的注音出现两个甚至三个注音,如前面“这”“那”的情况,演员可以根据剧情灵活处理。弹性处理首先是指词典标准规范之内的弹性。另外,弹性处理还包括符合语言发展规律的一些处理。如话剧《茶馆》中庞太监口中出现了“臭样儿”,是三个音节,“样儿”并不儿化,恰当地表现了那个时代的口语色彩。

依据“如因内容需要,要用某些方言,也不能过多”的精神,在普通话艺术标准中提出“采用方音色彩的单一表现法”。所谓“方音色彩的单一表现法”,是指仅仅采用一个字音里面的声母,或韵母,或声调,来表现某个方音色彩。如在影视作品中,表现江浙人,可以把“是”字读作平舌音,把“是不是”说成“si 不 si”。表现广东人,则可以把“是”字读如舌面音(实则舌叶音),把“是不是”说得像

“xi 不 xi”。电视剧《神医喜来乐》中，喜来乐的徒弟为了反映河北沧州的方音特点，把“就”都说成 zou，这样处理未尝不可。当然，这种情况出现在最常用字之中较为妥当，如果出现在不常用的字上，观众通常会误认为演员读错字音了，难以产生戏剧表演效果。当然，这种处理也要恰到好处、适可而止，不可滥用。

4. 测试标准

测试标准，全称“测试评估标准”，以国家普通话水平测试为例。普通话语音测试标准对评定应试者普通话水平至关重要。这个标准以紧缩型标准为主，兼有扩展型标准的特点。测试标准的特点是：(1) 判定应试者普通话语音的正误，在语音标准上要十分明确，不能两可，不能有弹性；(2) 要对应试者受汉语方音影响可能出现的所有语音失误作出判断；(3) 不仅仅判断语音上正确与错误，还要判断“语音缺陷”。

确立测试标准的原则是：(1) 对语音偏误的分析要分门别类，对字音正误的判定标准要细化到每个声、韵、调及音变；(2) 凡《新华字典》《现汉》《实施纲要》对某个字词注音出现不一致时，应试者按照其中哪一种材料的读法均按正确对待；(3) 凡主试人——测试员现场不能判断的语音现象均按正确评分。

《语音评定参照细则框架》(宋欣桥，2004)一文，列出判定为“语音错误”“语音缺陷”以及“不作为语音错误和语音缺陷的语音处理的语音现象”等类型，列出具体语音评定标准 130 条，供测试员参考。

(三) 构建普通话语音标准的新层级

国家规范标准通常建立在字和词语两个静态层面，奠定了语音规范的重要基础,而在字音之内的音素描写、声调音值描写、确立音节标准等以及语句动态应用中的规范这两个方面出现指导性缺失。我们亟待研究确立语音标准的新层级,使普通话语音标准成为立体系统。

普通话语音标准的新层级包括两个方面:语音描写标准和语汇、语调标准。语音描写标准是指小于汉字字音的语音描写问题,例如,元音和辅音音素音值描写;声母和韵母的语音描写;声调调值描写;普通话音节的确立等。语汇、语调标准主要是指大于汉字字音的语音描写问题,大多出现在动态的语汇、语句篇章之中,例如,变调现象、语流音变、词语轻重音格式、语气语调等。探究揭示这两个方面的语音研究,通常需要专门从事语音研究的专家学者,利用现代高端的语音研究手段才能获得研究成果。笔者把这两个方面的研究成果称为"学术标准"。既然是"学术标准",就带有研讨的性质,不能依靠简单的行政手段去推行。

目前,有关普通话语音的研究成果散见于各种书刊,我们缺乏的是国家有关部门收集整理归纳,提出系统性的、引导性的规范标准。王福堂《普通话应该有一个严格的语音标准》一文,涉及一些语音标准的探讨,意见十分中肯。他说:"实际上北京语音作为一个语音系统,它的内容应该包括声母、韵母、声调,声韵调的配合规律,字音在语流中音变——儿化、轻声、变调——的规律,以及语句的语调等众多方面。目前由于严格的语音标准不明确而产生的读音分歧也差不多涉及了音系的各个方面。因此笔者以为,目前该是明确普通话严格的语音标准的时候了。北京语音作为一个系统,各方面都有必要加以规范,确定一个严格的标准,让人们在口语交往和信息传播中遵循。”

研制国家普通话水平测试系统,语音评定贯穿测试的全过程。刘照雄先生在主持编辑《实施纲要》时,坚持把“普通话语音分析”作为第一部分,成为普通话测试的语音参照标准,此举具有远见卓识。不过,在编制撰写《实施纲要》过程中有关语音标准的表述和描写还难于吸纳所有语音科研成果。原因是多方面的,其中,一些观点和理论尚需在语言调查方面得到进一步证实,个人的观点也需要充分获得共识,才能作为语音标准的描述。

(四)确立语音标准的符号系统

确立普通话语音标准,另一个重要方面就是确立语音标准的符号系统。

语音一发即逝,作为语音标准必须有一种或多种符号系统来标注和描述它。1913 年“读音统一会”在确定现代汉语标准语的语音系统的同时,也设计了注音字母这套符号。到 1958 年,我国一直采用注音字母标注和描述北京语音系统。就连 1958 年公布的《汉语拼音方案》中的字母表、声母表、韵母表都是采用注音字母标音的。注音字母是我国颁布的第一套用来标注现代汉语标准语语音系统的符号系统。

《汉语拼音方案》是拼写普通话语音系统的国家标准,也是世界文献工作中拼写中文(汉语)的国际标准。汉语拼音还运用在人名地名、书刊名称、计算机键盘表示、语种民族代码等广泛领域。2012 年修订公布的汉语拼音正词法使汉语拼音在拼写法上更加完善。

随着普通话语音标准研究的扩展,汉语拼音标注方面也有不尽如人意之处。例如,在研制《实施纲要》过程中,采用汉语拼音为词语、篇章注音时,碰到如何标注次轻音音节的问题。《汉语拼音方案》只规定了轻声音节的标注方法,即不标声调符号,并未规定次轻音的标注方法。我们注意到《现汉》在标注此类语音现象上有特别设计,采用轻音音节仍标声调符号并在轻音音节之前加圆点的标注方法。《实施纲要》便借鉴采用了这种方法标注。这种标注方法的贡献是使普通话语汇语调标准有了标注词语轻重音格式的方法,丰富了普通话语音标准的符号系统。

国际音标是语言学界公认的语音学符号。用国际音标标注现代汉语标准语语音系统,至少可以追溯到 1926 年。当时,商务印书馆出版了赵元任先生编著的《国语正音词典》,该词典采用国际音标宽式和严式两套方式标音。《实施纲要》中"普通话语音分析"也采用国际音标标注普通话语音系统。2006 年 3 月,国家有关部门正式公布《中国通用音标符号集》,采用国际音标标注普通话语音系统有了国家规范可以依循。

普通话语音标准的确立是现代汉语语音规范中的核心问题,是研究普通话语音系统的一篇大文章。本文只是为普通话语音标准勾画了一个粗略的框架,受篇幅影响,尚未对具体问题作细致分析和深入探究。普通话语音标准的研究在我国语言文字应用研究中占有重要地位,笔者盼望专家学者提供更多的科研成果,为国家通用语言——普通话的普及与提高贡献力量。

编　者

(原文载《语言文字应用》2014 年第 3 期,本文有删减)

回　　顾

——纪念“中央普通话进修班”开办50年
（修订版代序）

“中央普通话进修班”是中华人民共和国教育部、国家语言文字工作委员会专门为全国各地训练普通话教学骨干师资和推广普通话干部的培训基地。50年来，这个班的学员就像推广普通话的火种，撒遍了全国。推广普通话的工作实践证明，举办这个班起到了工作母机的作用，对我国深入持久地开展推广普通话工作发挥了不可估量的作用。

“中央普通话进修班”的前身称作“普通话语音研究班”，是中华人民共和国成立以来蓬勃开展推广普通话工作的产物。1955年10月，我国语言文字工作召开了两个重要的会议，一个是全国文字改革会议，一个是现代汉语规范问题学术会议。这两个会议作出决议：要求各地教育行政部门有计划地分批调训各级学校语文教师学习普通话，同时完成汉语方言初步普查的计划。普通话语音研究班就是从1955年年底开始筹备的。1956年2月6日，国务院发布的《关于推广普通话的指示》，明确指示“教育部应该经常举办普通话语音研究班，训练各地中学和师范学校的语文教师和教育行政干部，各机关、团体、部队也应该派适当的干部参加受训。”这个指示发布10天之后，2月16日，教育部、中国科学院语言研究所联合举办的第一期普通话语音研究班开学了。班主任由当时的教育部副部长叶圣陶先生担任，汪达之先生任副班主任。由于吴（玉章）老的协助，暂借中国人民大学和附设中学的校舍，第一期得以顺利开办。从第二期开始增加许多名额，当时的北京市教育部门拨给一栋楼房作为校舍，地处北京市东北郊土城（元朝北京城墙遗址）西边的和平里榆路村。校址约上万平方米，可以容纳300人左右接受培训。

当时前三期的普通话语音研究班有两项任务：一是为各省、市、自治区培养推广普通话教学和工作骨干；二是为全国汉语方言调查培养专业队伍。这个班的行政人员由教育部委派，教学人员有当时任教育部普通话教学指导处副处长的徐世荣先生，其他教学人员是由语言研究所德高望重的丁声树先生带领下的方言研究人员担任。开设的课程有“普通话语音”课由徐世荣先生担任；“语音学”课由周殿福先生担任；“方言调查”课、“汉语音韵学”课由丁声树先生、李荣先生担任。除主讲教师大课授课外，“普通话语音”课和“语音学”课还设有辅导课。考虑到学员虽然大多数是教师，但一般都没有教学普通话语音的经验，建立了“试教”制度。（从第四期开始，将“方言调查”课、“汉语音韵学”课、“语音学”课改为“语音常识及方言概况”课。）

当时学员在普通话语音研究班要学习四个半月，看来时间不算短，可是对于那时各地学员的基础来说，一方面要学习语音理论知识和方言调查方法，还要达到能说比较标准的普通话的程度，必须经过艰苦的努力才能实现，时间还是挺紧张的。第一期的一位学员方音很重,他提出决心要用“铁脸、铁嘴、铁意志”来学习普通话。此后这种“三铁精神”期期相传,成为普通话语音研究班攻克语言关的传统作风。

为了加强该班的领导,从1959年9月第八期普通话语音研究班开始,由教育部、中国文字改革委员会、中国科学院语言研究所三家联合举办,行政领导由中国文字改革委员会负责。到1960年上半年,共举办了九期,培训了1666名学员。

1979年2月和10月中华人民共和国教育部、中国文字改革委员会、中国社会科学院语言研究所又恢复举办两期“普通话研究班”,共培训88名学员。1980年8月28日中国文字改革委员会、中华人民共和国教育部向国务院报告,将普通话推广工作以及专职机构和普通话师资培训班的人员编制划归教育部。教育部在当年10月举办第一期中央普通话进修班。“中央普通话进修班”名称沿用至今。这个班以培训师范院校、教师进修学校的教师为主,也包括中小学教师等其他教学人员,到1999年共举办27期,培训1100多名学员。为了加强对推普干部的训练,1983年9月教育部、中国文字改革委员会联合举办第一期中央推广普通话专(兼)职干部训练班,到1994年共举办9期,培训391名学员。1979年至1983年期间,徐世荣先生曾继续主讲“普通话语音”课。从1986年以后,刘照雄先生受国家语委的指派,主管这个班并主讲“普通语言学及国际音标”课;在刘先生指导下,宋欣桥、魏丹开始分工合作讲授“普通话语音”课。在这两门主要课程外,结合新时期语言文字工作的需要,还安排了两个系列讲座:一个是“现代汉字和文字学”,由傅永和先生主讲;另一个是“方言与音韵学”,由厉兵先生主讲。从 1997 年第 25 期开始还增设了由宋欣桥主讲的“普通话教学方法”课。在此期间，凡是当时主持国家语委工作的主要领导，先后有仲哲明先生、许嘉璐先生都亲自主持这个班的开学典礼，并就当前的语言文字工作方针政策作专题报告。进修班先后请到了吕叔湘、王力、张志公、周有光、陈原、王均、林焘、胡明扬、周殿福、陈章太、曹先擢、李行健、刘连元等知名语言学家作学术报告或讲座。

1985 年 12 月国务院决定将中国文字改革委员会改名为国家语言文字工作委员会。1986 年 1 月 6 日国家教育委员会（原教育部）和国家语言文字工作委员会在北京召开全国语言文字工作会议，确定了新时期国家语言文字工作的方针政策，其中大力推广和积极普及普通话是新时期的首要任务。为了加强社会推普工作，于 1986 年 11 月、1987 年 5 月由国家语言文字工作委员会、城乡建设环境保护部、商业部委托上海市语言文字工作委员会举办两期“社会推普干部训练班”，培训学员 60 名。1987 年 7 月至 9 月，国家语言文字工作委员会在福建（先期在泰宁，后期在厦门）举办一期“普通话语音与方言调查培训班”，培训学员 30 名。1994 年中央机构编制委员会同意国家语言文字工作委员会成立普通话培训测试中心，刘照雄先生担任第一任主任。该中心在继续举办“中央普通话进修班”的同时，为了贯彻落实国家语言文字工作委员会、国家教育委员会（现为教育部）、广播电影电视部（现为广播电影电视总局）《关于开展普通话水平测试的决定》，在 1994 年 12 月举办了第一期国家级普通话水平测试员资格考核培训班，到 2003 年共举办 36 期，培训 3572 名国家级测试员。香港、澳门回归祖国的前后,港澳教师学习普通话形成热潮,国家语委普通话培训测试中心积极开办港澳普通话教师培训班,至今有1500多名教师在北京接受了培训测试。

50年代,普通话语音研究班使用的教材是讲授该课程的先生亲自编写的,大多是油印本。当时正式出版的普通话教材中徐世荣先生编著的系列教材颇丰。这些教材深入浅出,具有许多独到之处,在普通话教育教学方面做出突出贡献。其中《普通话语音知识》《普通话正音手册》等影响很大,多次再版。在徐先生主持下,普通话语音研究班还编写了《普通话轻声词汇编》(1964年 商务印书馆)一书。丁声树先生撰文、李荣先生制表的《汉语音韵讲义》是专门为帮助普通话语音研究班学员"通过今音掌握古音系统"的,言简意赅极具价值。这份讲义的油印本流传25年后,于1981年在《方言》第4期杂志上全文刊载,后由上海教育出版社正式出版。周殿福先生在为中央普通话进修班开设专题讲座的讲稿的基础上,也出版了《国际音标自学手册》(1985年 商务印书馆)。为了加强教材建设,时任普通话推广司司长的刘照雄先生亲自布置,首先编印了厉兵先生的《方言与音韵学》(1987年)供内部教学使用。接着,刘先生在《汉语拼音报》(现名《语言文字报》)连载《语音分析和发音练习》(1991年)共10讲,作为"普通语言学及国际音标"课的辅助材料。《普通话语音训练教程》是中央普通话进修班教材建设的重点项目,1991年开始筹划,并列入了国家语委普通话推广司1992年的工作计划。本书编者参考了徐世荣先生编著的《普通话语音知识》的体系,结合编者在教学中积累的经验和体会,注意参考语言学界的有关研究成果,努力吸取各种普通话教材的编写经验。本书的编写大纲由王均先生、刘照雄先生审阅。刘照雄先生还逐章逐句审阅了书稿，并亲自动笔修改有关章节。王均先生在原版序中指出，“本书无论在基础知识的介绍，还是在语音的分析描写方面，都提供了比较全面、丰富、细致、准确的材料。”“这本书在科学性方面，是经得起考验的。”本教程于 1993 年正式出版。1992 年，在刘照雄先生主持下，以当时普通话推广司的业务人员为基本力量，延聘全国语言学和方言学知名学者共同合作，研制《普通话水平测试大纲》。历时两年，于 1994 年 10 月正式出版。这个项目不仅是国家语委的重点研究课题，同时也被列为(93BYY010)国家社会科学基金项目。

中央普通话进修班为各地不断输送教学和推广普通话的新生力量。1980 年举办了第一期中央普通话进修班之后，教育部于 1981 年 1 月下发了《关于举办普通话训练班的通知》。《通知》明确指出，中央普通话进修班“培养出来的学员是推广普通话的骨干力量，各地应该重视这批力量，充分调动他们的积极性，发挥他们的业务专长，为各地培训推广普通话师资做出贡献”。通知中还强调，“各省、市、自治区应当根据当地情况，利用中央普通话进修班历次培训的学员，以及当地高等学校中文系的力量，普遍举办普通话训练班，为各地培训师资骨干，地、县也要采取各种形式积极培训师资。”充分发挥中央普通话进修班学员在各地的作用，成为各地教育部门重视推广普通话工作的具体体现。1982 年召开的全国学校推广普通话工作会议进一步强调，“要做好推广普通话工作必须抓好师资培训”，“教育部举办的中央普通话进修班将长期办下去”。

中央普通话进修班的学员在接受培训期间,认真学习国家语言文字方针政策,明确了推广普通话、为汉语规范化做贡献的历史使命。“师资就是动力”(徐世荣 1981)。学员返回各地后,为了在各地开展推广普通话工作,无论碰到什么困难,都坚持不懈,无怨无悔,义无反顾地无私奉献。凡是接受过培训的学员们,都自豪地称自己是推广普通话的“黄埔”学员,大家把50年代的学员称为“老黄埔”,把新时期的学员称为“新黄埔”。他们中的许多人成为现代汉语、汉语方言、语言研究方面的知名学者,更多的人成为当地教学和推广普通话的中坚分子。

国家通用语言文字法正式发布实施了。普通话已经成为我国法定的国家通用语言。推广普通话的历史证明,培训师资是推广普通话的关键。纵观50年全国推广普通话的历程,中央普通话进修班和它的前身普通话语音研究班为我国推广普通话工作培养了一大批优秀骨干人才,他们的辛勤劳动推动着普通话在全国的普及和提高。

编 者

2003年6月

修订版编写说明

一、本书为国家语言文字工作委员会中央普通话进修班使用的教材。中央普通话进修班为各省、市、自治区培训普通话教学示范师资。本教材适合各级各类师范院校、教师进修院校的教师、学生以及广大中小学教师学习普通话语音，提高普通话水平之用。

二、本教材注重普通话语音基础知识讲授与语音训练的结合。力求基础知识简明准确，语音训练的目的性、针对性强，语音训练兼顾对各方言区的覆盖面，并为普通话语音训练提供较丰富实用的材料。为了适合现任教师和未来教师（在校师范生）教学普通话语音的需要，编入普通话语音教学法的内容，包括分析发音的主要难点，介绍正音的要领，以及练习材料的使用方法。并结合常用字、常用词的语音训练，讲解普通话声母、韵母、声调等的教法。

三、本教材共十五讲。从第三讲至第十四讲每讲后安排“语音训练”的内容。发音练习材料按不同类型编组。

本书一般采用汉语拼音标音。为了更加准确细致地描写语音，必要时采用国际音标，均加方括号[ ]。

所附的各类正音字表里的字，均选自部颁《现代汉语常用字表》(3500个常用字)。※号前为2500个常用字范围内的字，※号后为1000个次常用字范围内的字。用①②③④○分别表示普通话声调的阴平、阳平、上声、去声、轻声。

为了准确地表示普通话发音的唇形、舌位，本书的单元音、辅音发音图示均采用《普通话发音图谱》(1963 周殿福 吴宗济编著)，并进行了个别调整。书中不一一标明。

第三版编写说明

本教程1993年初版，作为享誉全国的中央普通话进修班的教材，2004年由商务印书馆出版发行，重印多次。由于国家语言文字工作委员会普通话培训测试中心的真诚推荐，本书不仅成为教育部、国家语委举办的中央普通话进修班、国家级普通话水平测试员资格考核培训班的指定教材，也成为全国各地普通话教师培训和省级测试员培训用的参考用书。本教程不仅在内地，而且在港澳普通话教育中也发挥了突出的作用，成为普通话教师培训课程的选用教材。而且，曾应香港教育局（时称香港教育署）的邀约，以本书基础知识部分为蓝本，改编成《普通话语言知识》小册子作为普通话教学和评估的参考资料。

作为普通话专门训练语音用的教材而并未配有语音示范，一直是本教程的缺憾，广大读者曾多次热切呼吁。趁增订之机，本书增加录音部分，主要是声韵调、音变等的发音例词和语音训练部分的词语等内容，配录音光盘。并将录音部分独立成册编辑成《发音练习手册》（配录音光盘及分节二维码）供读者选用。为了保证录音普通话标准纯正，特邀两位国家级普通话水平测试员，一级甲等获得者，现任广州大学播音主持艺术系主任刘玉萍教授和曾任香港电台普通话台节目主持人编导遇静女士担任本教程的语音示范朗读者。本教程在增订过程中,除对原版教程中文字疏漏进行修订外,还更换和增加了部分附录内容。

为了方便读者,将“语音训练”的分组序号全书统一排列,使各章节训练内容序号没有重复,查找语音训练内容较为方便。

第一讲　普通话与学习普通话

一、普通话的形成

1. 汉语和汉语方言

汉语是我国的主要语言，也是世界上使用人数最多的语言，并且是世界上最发达的语言之一。

汉语是汉族的语言。用“汉语”来指称汉族的语言最早见于《世说新语》。（参见《汉藏语概论》马学良著，1991.11，北京大学出版社）

我国幅员辽阔，人口众多。全国各地都有说汉语的居民。由于山川阻隔和社会历史原因，远在上古时期汉语就有了方言的分歧。在一个时期内，我国语言学界把现代汉语划分为七大方言区。最近，我国学者将现代汉语划分为十大方言区，参见 1988 年由香港朗文出版公司出版的《中国语言地图集》。该地图集划分汉语方言最多分为五个层次：大区—区—片—小片—点，其中“区”“片”“点”是最基本的。区底下一般分若干片，片有时分为若干小片。有些区可以总括为一个大区。“点”指调查点。为了帮助学员了解汉语方言的概况，以下列出汉语方言十大方言区的“区”和“片”的划分：

(一)官话大区 66223(为使用人数估算,以万为单位,下同)

东北官话区 8200

1 吉沈片　2 哈阜片　3 黑松片

北京官话区 1802

1 京师片　2 怀承片　3 朝峰片　4 石克片

冀鲁官话区 8363

1 保唐片　2 石济片　3 沧惠片

胶辽官话区 2883

1 青州片　2 连登片　3 盖桓片

中原官话区 16941

1 郑曹片　2 蔡鲁片　3 洛徐片　4 信蚌片

5 汾河片　6 关中片　7 秦陇片　8 陇中片

9 南疆片

兰银官话区 1173

1 金城片　2 银吴片　3 河西片　4 塔密片

西南官话区 20000

1 成渝片　2 滇西片　3 黔北片　4 昆贵片

5 灌赤片　6 鄂北片　7 武天片　8 岑江片

9 黔南片　10 湘南片　11 桂柳片　12 常鹤片

江淮官话区 6725

1 洪巢片　2 泰如片　3 黄孝片

(未分区的官话,使用人口约 136 万人)

(二)晋语区 4570

1 并州片　2 吕梁片　3 上党片　4 五台片

5 大包片　6 张呼片　7 邯新片　8 志延片

（三）吴语区 6975

1 太湖片　2 台州片　3 瓯江片　4 婺州片

5 处衢片　6 宣州片

（四）徽语区 312

1 绩歙片　2 休黟片　3 祁德片　4 严州片　5 旌占片

（五）赣语区 3127

1 昌靖片　2 宜浏片　3 吉茶片　4 抚广片

5 鹰弋片　6 大通片　7 耒资片　8 洞绥片　9 怀岳片

（六）湘语区 3085

1 长益片　2 娄邵片　3 吉溆片

（七）闽语区 5507

闽南区　1 泉漳片　2 大田片　3 潮汕片

莆仙区

闽东区　1 侯官片　2 福宁片

闽北区

闽中区

琼文区　1 府城片　2 文昌片　3 万宁片

4 崖县片　5 昌感片

雷州区

邵将区

（八）粤语区 4021

1 广府片　2 邕浔片　3 高阳片　4 四邑片

5 勾漏片　6 吴化片　7 钦廉片

(九)平话区 200

(十)客家话区 3500

1 粤台片　2 粤中片　3 惠州片　4 粤北片

5 汀州片　6 宁龙片　7 于桂片　8 铜鼓片

此外,有的汉语方言(使用人数约 206 万)只能确定其不属于官话,有待调查研究。例如:畲话(即畲族说的汉语,有别于“畲语”)、海南儋州话、湖南乡话、广东绍州土话等。

各大方言区在语音系统上存在较大的差异,在词汇上也存在一定的分歧。因此,各大方言区甚至某些大方言区内部的方言片之间的居民用各自的地方话相互交际,都会存在一定的困难。但是,各方言的语音差异都有一定的对应关系。

2. 什么是普通话

普通话是我国规范的现代汉民族共同语,是我国的国家通用语言。它的含义是:以北京语音为标准音,以北方话为基础方言,以典范的现代白话文著作为语法规范。

“普通话”一词最早见于书面是在 1906 年朱文雄的《江苏新字母》一书中。他给“普通话”下的定义是“各省通行之话”。此后,鲁迅、瞿秋白、黎锦熙、陈望道等也先后在他们的著作和文章中提到过“普通话”。不过,那时所说的“普通话”还不是严格的学术用语,而是指与文言和方言土语相对的各省之间的通用语,即所谓的“蓝青官话”,它以北方话为基础,但还没有严格的规范和标准。

1955 年 10 月先后召开的全国文字改革会议和现代汉语规范问题学术会议,明确把汉民族共同语称为“普通话”,并把普通话的含义表述为“以北方话为基础方言,以北京语音为标准音”。1956

年国务院发布的《关于推广普通话的指示》中把“普通话”的含义调整补充为“以北京语音为标准音,以北方话为基础方言,以典范的现代白话文著作为语法规范的普通话”。从此“普通话”成为有明确含义的术语。普通话的“普通”二字是“普遍通行”“共通”的意思,并不是“平常普通”“普普通通”的意思。

普通话是汉民族共同语,但不是有了“普通话”这个词才有汉民族共同语。汉民族共同语的形成已经经历了相当长的时期。它的共同口语开始形成,难以指明确定的年代,但不会晚于 14 世纪。宋元以来的白话文学使白话取得了书面语言的地位。元代的“中原音韵”通过戏曲推广了北方话的语音。明清两代的所谓“官话”随着政治的力量和白话文传播到各地。辛亥革命特别是五四运动以后,反对文言文,提倡白话文,迅速促进了汉民族共同语的推广。“官话”这个名称逐步被“国语”代替,同时也称为“普通话”,这在历史上曾经标志着汉民族共同语的一个发展阶段。1955 年以后,我国确定用“普通话”指称汉民族共同语,替代“国语”“官话”的名称,是考虑到语言的群众性,考虑到汉语应当同少数民族语言平等。

二、推广普通话工作

中华人民共和国成立以后,国家历来重视推广普通话工作,把推广普通话作为我国长期的重要的一项语言政策。周恩来总理曾指出:“我国汉民族的语言还存在着很严重的方言分歧。…… 对于我国人民的政治、经济、文化生活都带来了不利的影响。……人们就越来越感觉到使用一种共同语言的迫切需要。因此,在我国

汉族人民中努力推广以北京语音为标准音的普通话就是一项重要的政治任务”。(见《当前文字改革的任务》1958)

在1955年10月,当时的教育部和中国文字改革委员会联合召开的全国文字改革会议上,在推广普通话方面明确了“普通话”的含义和推广普通话的方针、政策、步骤。同月,紧接着中国科学院召开了现代汉语规范问题学术会议,罗常培、吕叔湘作了《现代汉语规范化问题》的重要报告。1956年2月6日,国务院发布《关于推广普通话的指示》,调整补充了“普通话”的含义,要求“在文化教育系统和人民生活各方面推广这种普通话”。“从1956年秋季起,除少数民族地区外,在全国小学和中等学校的语文课内一律开始教学普通话”。同时对解放军部队、共青团,广播、电影、话剧、戏曲人员,报刊、通讯、出版部门,铁路、交通、邮电部门,外交人员等都提出了具体要求。同年3月12日,中央推广普通话工作委员会成立。当时,教育部、高教部、解放军总政治部、全国总工会、铁道部、广播事业局、文化部、共青团中央、交通部等相继发出有关推广普通话的指示或通知,使全国推广普通话工作蓬蓬勃勃地开展起来。1958年2月,第一届全国人民代表大会第五次会议批准通过了《汉语拼音方案》,为教学和推广普通话提供了有效的工具。

推广普通话是我国现代化建设的迫切需要。1986年在北京召开了全国语言文字工作会议,国家确定了新时期语言文字工作的方针、政策。大力推广和积极普及普通话是新时期语言文字工作的首要任务。1982年中华人民共和国宪法总纲第十九条明确规定“国家推广全国通用的普通话”,推广普通话确立了法律依据。在2000年10月31日,全国人民代表大会常务委员会第十八次会议通过《中华人民共和国国家通用语言文字法》，这是我国第一部语言文字方面的专项法律。它体现了国家的语言文字方针、政策，第一次以法律的形式明确了普通话和规范汉字作为国家通用语言文字的地位。这项法律对全面提高国民素质，发展科学文化，提高经济和社会信息化水平，增进各地区各民族之间的交流与沟通，增进中华民族凝聚力，均具有重要意义。

“大力推行，积极普及，逐步提高”是新时期推广普通话工作方针。推广和普及普通话，要以学校为基础，以各级师范院校和中小学校为重点，才能保证全社会逐步普及普通话。会讲普通话是合格教师的必备条件，能使用普通话进行教育、教学是对教师工作的基本要求，从这个意义上讲，普通话的确是教师的职业语言。国家要求现任教师和未来教师都应努力学习普通话，达到能讲标准的或比较标准的普通话的水平，并且义不容辞地承担起推广和教学普通话的任务。

三、普通话水平测试

普通话水平测试是中华人民共和国国家级考试。

我国语言工作者早在 20 世纪 80 年代初就开始研制普通话水平测试。到 1994 年 10 月国家语言文字工作委员会、国家教育委员会（现为教育部）、广播电影电视部（现属国家新闻出版广电总局）发布《关于开展普通话水平测试的决定》。以此为标志，普通话水平测试成为推广普通话工作逐步走向科学化、规范化、制度化的里程碑。2000 年 10 月，普通话水平测试正式写入《中华人民共和国国家通用语言文字法》。该法律第十九条明确规定:“凡以普通话作为工作语言的岗位,其工作人员应当具备说普通话的能力。以普通话作为工作语言的播音员、节目主持人和影视话剧演员、教师、国家机关工作人员的普通话水平,应当分别达到国家规定的等级标准;对尚未达到国家规定的普通话等级标准的,分别进行培训。”第二十四条还明确规定:“国务院语言文字工作部门颁布普通话等级标准。”普通话水平测试成为列入国家法律的名副其实的国家级考试。

1988 年年底,国家语言文字工作委员会成立“普通话水平测试等级标准”课题组,历时三年,该标准于 1991 年通过专家论证。1997 年由国家语言文字工作委员会正式颁布《普通话水平测试等级标准(试行)》。该标准把普通话水平划分为三个级别:一级可称为纯正的普通话;二级可称为比较标准的普通话;三级可称为熟练的普通话。每个级别内划分为甲乙两个等次。每个等级与测试所获得的相应成绩(分数)对比如下:

一级甲等: 97 分 ~ 100 分

一级乙等: 92 分 ~ 96.9 分

二级甲等: 87 分 ~ 91.9 分

二级乙等: 80 分 ~ 86.9 分

三级甲等: 70 分 ~ 79.9 分

三级乙等: 60 分 ~ 69.9 分

现行的普通话水平测试是依据国家语言文字工作委员会颁布的《普通话水平测试大纲》。测试内容共分为五个部分:1.单音节字词;2.多音节词语;3.选择判断;4.朗读;5.说话。

四、普通话语音教学

学习普通话必须兼顾语音、语法、词汇三个方面。如果语音比较正确，而用了方言中特殊的语法、特殊的词语，那么别人仍然不能了解。不过语法、词汇上的学习可以通过书面进行，而语音的学习必须专注地通过口、耳的训练。

汉语方言的分歧突出地表现在语音方面，不但各大方言区的语音系统差别很大，就是一个地区、一个方言内部也常在语音方面有明显的差异。普通话是在北方话的基础上建立起来的，它跟汉语其他方言在语法和词汇方面的差异是有限的。因此，方言区的人学习普通话完全不同于学习一种陌生的语言。但是，突出的语音差异是造成交际困难的主要原因。学习普通话要学习语法、词汇，而更重要的是掌握普通话语音系统和普通话的口头表达方式，以适应口头交际的需要。因此，我们首先应该在语言交际活动中大力推广以北京语音为标准的标准音。

学习普通话语音包括发音和正音两个部分。

发音是一种口耳技能的训练。要求掌握普通话的语音系统，即掌握普通话的声母、韵母、声调、音节以及轻声、儿化、变调等正确发音。要学好普通话语音应该充分利用汉语拼音这个有效的正音工具，同时学习必要的语音知识。

发音准确是语音学习最基本的要求。如果发音错误，又没有及时发现和纠正，反复练习这些错误的发音是徒劳无益的。我们要通过有效的语音训练方法，使语音达到相当准确的程度。这必须下一番苦功夫，不能幻想通过一次两次的练习就可以轻而易举地达到。少年儿童在学习普通话时，有的音发不准；有些成年人学习普通话会受方言影响；对有的音，比如鼻音(n)与边音(l)，前鼻尾音韵母与后鼻尾音韵母之间的区分就是不敏感，这可能跟他们的听音、分辨音的能力有关。要首先引导他们提高语音的分辨力，然后指导他们掌握正确的发音。在发音准确的基础上，还要通过反复练习，达到完全熟练的程度，这都是发音训练的重要环节。发音准确还是个最低的要求，只有通过继续反复训练，养成了普通话的发音习惯才达到了发音训练的较高要求。最熟练的标志是不假思索，脱口而出，又完全符合普通话的语音标准。

正音是指掌握汉字、词语普通话的标准读音，纠正受方言影响产生的偏离普通话的语音习惯，这属于一种记忆的训练。方音同普通话语音的差异不是漫无规律的，了解了这些规律就不必一个字音一个字音地死记，而可以一批一批地去记。当然正音训练不仅体现在字和词语上，还要通过朗读、会话的训练逐步运用到实际口头语言中。未经事先准备的即席发言可以真实地检测普通话语音水平的高低。

思考题：

1）什么是普通话？推广和普及普通话有什么重要的意义？作为教师和未来教师在推广普通话方面应该做些什么？

2）为什么普通话教学中特别重视语音教学？

3）找出你学习普通话存在的主要问题，并从发音和正音两个方面分析，制订一个学习计划，选择适合自己情况的练习材料进行训练。

第二讲　语音概说

一、语音和语音学

有声语言是人类社会特有的，是社会成员之间交流思想、传递信息的最有效的交际工具，是人类社会赖以生存和发展的必要条件。使用有声语言进行交际也是人类区别于其他动物的最重要的标志。语音作为语言的声音形式是语言的物质外壳，成为语义信息的载体。语音是最直接的记录思维活动的符号体系。

语音是说话人和听话人进行交际时的一种极其复杂的过程。我们可以把这个过程简单的归纳为三个阶段：发音——传递——感知。第一阶段是说话人将决定要说的内容变为语言形式，即大脑指令发音器官发音，是由心理现象转换成生理现象的过程。第二阶段是说话人产生的言语声波，通过空气在说话人和听话人之间传播。这时说话人同时也是自己言语的听话人。这种语音的传递过程是物理现象。第三阶段是听话人通过听觉器官使大脑感知，是由生理现象转换为心理现象的过程。从有声语言的交际过程可以看出，语音具有生理、物理、心理的特性。

语音学是研究语音的产生、变化以及变化规律的学问。从发音器官发音的生理特性研究语音的产生过程，称作“发音语音学”,也可以称为“生理语音学”。从物理声学的特性研究语音的传递过程,称作“声学语音学”。从生理和心理的特性研究语音的听觉和理解的过程,称作“感知语音学”,也称为“听觉语音学”。普通话语音教学最主要的任务是让学生掌握普通话语音的发音原理，讲授的语音知识基本属于发音语音学的范畴。

语音的生理、物理、心理的特性,属于语音的自然属性。语音是语言交际工具的声音形式,不能只作为纯粹的自然物质看待。它如果不同一定的语义相联系,也不能成其为语音。语音和意义的联系是由于人们长期的语言实践约定的、规定的,这种音义的结合关系体现了语音还有很重要的社会属性。语音的社会属性是从语言的交际功能出发,注重语音的民族特征和地方特征,研究语音的系统性。这种研究称为“音系学”。

二、语音的物理基础

声音是由物体振动引起的。语音也是一种声音,它是由人的发音器官发出来的,携带着言语信息的声波。每个声波都可以包含振幅、周期、频率这三个物理量。振动的幅度叫作“振幅”,是指物体的振动过程离开静止位置最大的位移。振动的周期指物体离开静止位置来回运动一次所需的时间。如果不断重复前一个周期的相同波形,便形成周期波。如果声波没有相同的波形的重复,就是非周期波。振动的频率指一秒钟里振动的次数。频率单位是赫兹(Hz),简称“赫”,代表“次/秒”。

语音是具有物理属性的，可以从音高、音强、音长、音色四个要素来分析。

音高——指声波频率，即每秒钟振动的次数的多少。在一定范围内，振动频率高，声音就高，振动频率低，声音就低。人的听觉可以感知到 20Hz～20000Hz 之间的声波。振动频率低于 20Hz 称为"次声"，不能引起听觉，高于 20000Hz 称为"超声"，则会引起痛觉。

语音的音高决定于声带的长短、松紧、厚薄。男性声带长、厚、松，因此比儿童和女性低一个八度左右。同一个人改变音高，需要把声带拉紧或放松。汉语的声调主要表现为音高的变化。

音强——是指声波振幅的大小。振幅大，声音就强；振幅小，声音就弱。如男性比女性低一个八度左右，而声音却往往比女性洪亮，就反映了音高与音强的不同。人耳对声音强度的感觉叫作"响度"。响度与音强有密切关系，但两者又不等同。实验证明，听觉并不是对任何一点音强的变化都有反应。人耳只能感受一定范围内的音强变化。例如客观上音强增大 10 倍，而主观上听觉响度只不过是原来的 2 倍。又如普通话轻声音节听感上较轻，而实际客观上音强并不那么弱。计算声音强度的单位叫作分贝(dB)。人耳能忍受的最大的声音强度是 130 分贝。

音长——指声波振动持续时间的长短，也称为"时长"。计算音长通常以毫秒(ms)为单位。从语言学的角度，音长也有重要的意义。如普通话轻声音节的主要特征之一就是音长比较短。

音色——也称作“音质”,指声音的特色和本质。我们听到的语音,不是指包含一个频率的纯音,而是一个包含几个纯音的复音,其中振动频率最低、振幅最大的那个成分发出的音叫作“基音”,其余成分叫作“陪音”。复音的波形是由纯音叠加在一起形成的(见图一)。音色的不同决定于基音之外还有数量不同的陪音,而陪音的振幅大小、频率高低又是各不相同。音色是语音最重要的要素。如元音中 a 和 i 的不同,就是音色的不同。

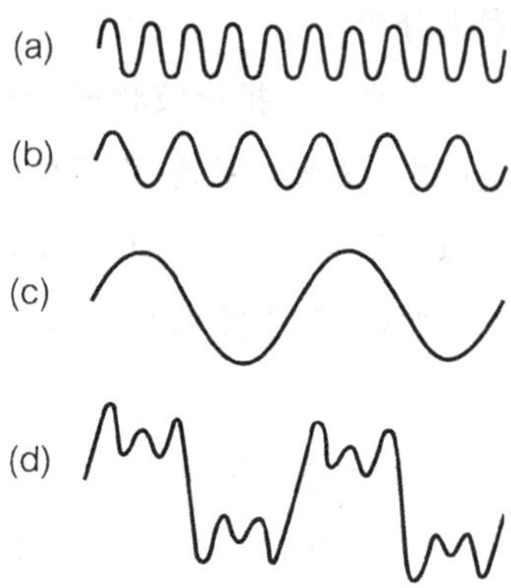

(a)(b)和(c)是不同频率的正弦分量。(a)的频率是(c)的五倍,(b)的频率是(c)的三倍,(d)是(a)(b)和(c)的非正弦总合。

图一　复合波的构成

三、语音的生理基础

语音是人类通过发音器官振动和调节产生的声音。从生理上了解语音的产生,对语音教学是最直接有效的途径。

声音由物体的振动引起,而产生振动需要有动力。产生语音的动力是人类呼吸的气流,而肺是产生动力的基地。由这种动力引起振动的物体叫作“声源”。语音的声源主要来自声带,也有来自发音器官可以构成阻碍和摩擦的唇、齿、舌、腭。声带处在甲状软骨、环状软骨、杓状软骨构成的喉头里面(见图二),它的前端连结在甲状软骨的内侧，后面分别延伸到杓状软骨前端。声带的形状并不像带子，而是像两片唇形的肌肉，呈白色，边缘较薄，在气流的振动下像旗子那样飘动。

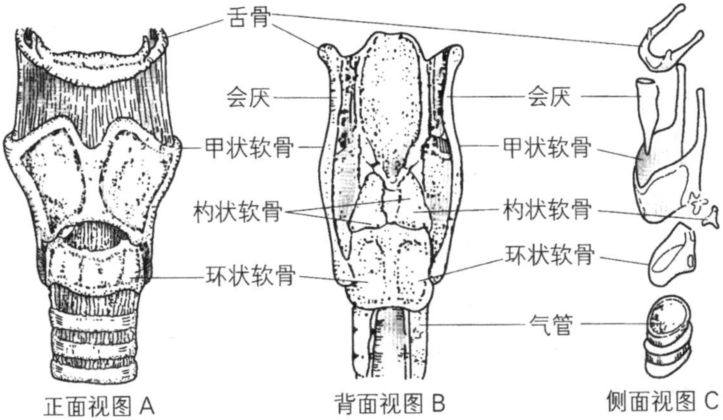

图二　喉的构造

未经过发音器官调节的称为“原始声波”。这种原始声波像是微弱的蜂鸣，它必须通过声腔的调节和共鸣才能成为人耳能听到的语音。人类的声腔包括口腔、鼻腔、咽腔三个部分。肺部的气流首先到达声带和小舌之间的咽腔。咽腔和口腔一样是可以调节的声腔，它形状和大小的改变对语音的音色有影响。鼻腔处在咽腔的上端。如果口腔某一部分封闭，同时软腭下降，打开鼻腔通路，气流从鼻腔中透出，就形成鼻音。鼻腔的形状是固定的，不能变化调节。不同的鼻音是靠口腔内不同部位的闭塞形成的。

口腔是声腔最重要的部分。由于可以活动的发音器官都集中在口腔，一切复杂的发音过程也都集中在口腔里进行。舌头是口腔中最积极、最活跃的发音器官。舌头可以分为舌尖、舌叶、舌面。舌面又可以分为舌面前、舌面中、舌面后(又称“舌根”)。舌头可以变化不同的形状,是由于舌肌调节动作的结果。口腔的上部为上腭,它把口腔和鼻腔隔开。上腭分为硬腭和软腭两部分(见图三)。硬腭是固定不动的,而软腭可以活动、升降,软腭上升使鼻腔通路关闭,软腭下降使鼻腔通路打开,形成了口音和鼻音以及鼻化音(口鼻音)的差别。上齿后方与硬腭的最前端之间是上齿龈(上牙床)。唇位于口腔的最前端,分为上唇和下唇。唇和齿是从外部可以直接观察到的发音器官。

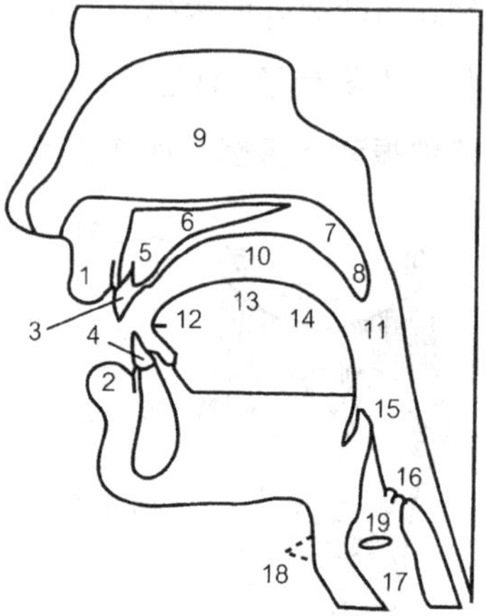

1、2上下唇;3、4上下齿;5齿龈;6硬腭;7软腭;8小舌;9鼻腔;10口腔;11咽腔;12舌尖;13前舌面;14后舌面;15会厌软骨;16食道;17气管;18喉头,外表是喉结;19声带

图三　发音器官图

四、语音知觉的心理基础

对语音的知觉和识别是有声语言交际的重要过程。我们知道,儿童听懂了话以后,才能学会说话。聋哑人无法学会说话,大多是因为听不见声音造成的。因此,语音分辨能力先于发音能力,而一旦掌握了发音能力,又会对语音分辨能力产生积极的影响。

人类的听觉系统包括人耳和大脑的听觉中心的神经网络。人耳是非常灵敏的听觉器官，包括外耳、中耳、内耳。外耳由最外面的耳廓、耳道、鼓膜构成。耳廓就是我们从外面看到的头部两侧的“耳朵”，具有一定的声音定向的功能。耳道是个长约2.5厘米略带弯曲的管子，由外廓通向鼓膜，可以使接受的声音共振放大，同时起保护鼓膜的作用。鼓膜是接受声音的膜片，起重要的传导的作用。（见图四）

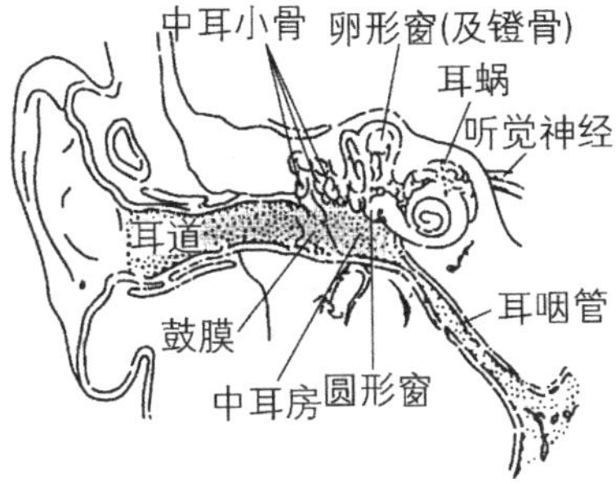

图四　耳的纵剖面图

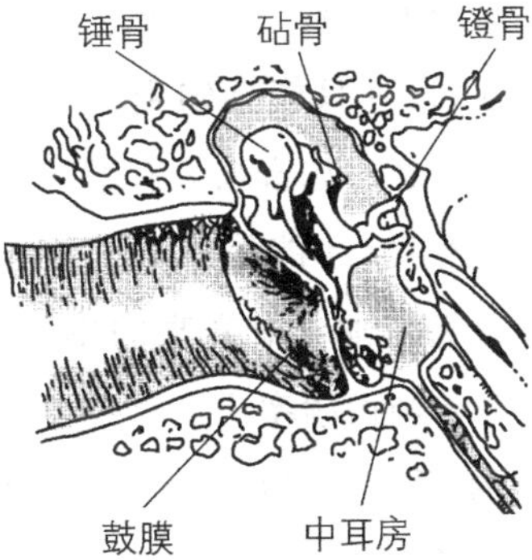

图五

中耳是个约2立方厘米的小骨腔，里面由三块听小骨：一块像锤子，叫“锤骨”；一块像铁砧，叫“砧骨”；一块像马镫，叫“镫骨”。（见图五）鼓膜的机械运动通过锤骨传到砧骨，砧骨与镫骨相连，形成一个机械链，将声音振动的压力继续提高，传导到内耳，还可以保护内耳不受特别强烈声音的伤害。

内耳最主要的器官是耳蜗。耳蜗像个蜗牛的外壳，实际是一条卷起来的管子，里面充满很黏的淋巴液。耳蜗隔膜外面包有前庭膜和基底膜。基底膜附着无数微小的毛细胞，组成一个细胞集合体，叫“柯替氏器官”。柯替氏器官直接和听觉神经相连，由听觉神经传到大脑的知觉中枢，引起声音的感觉。（见图六、图七）

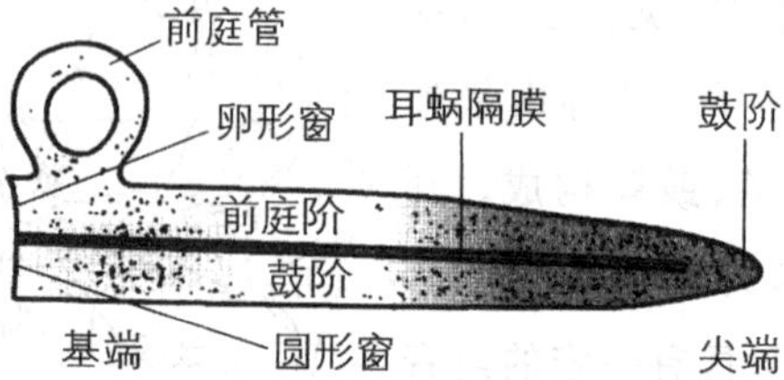

图六　展开的耳蜗的纵剖面

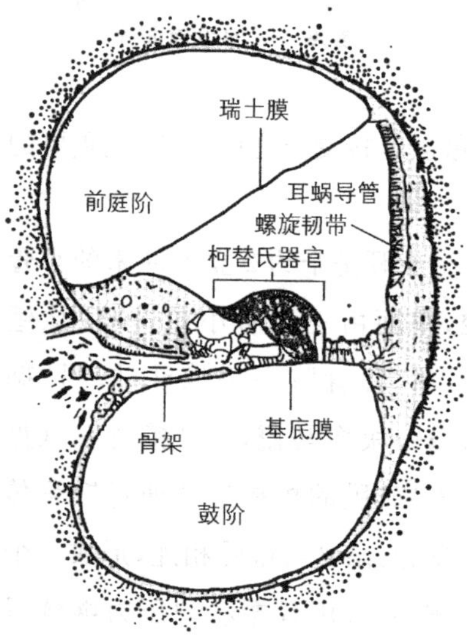

图七　耳蜗的横剖面

语音的知觉是主观听觉的心理现象(主观心理量)对客观的物理现象(客观物理量)的声音的反应,而这两者并不是一一对应的关系。从听觉上辨别音强,人耳只能感知到一定范围的声音。如音强只有增加到一定程度,才能使听觉上的响度有所增加。对音高的感知,并非单纯由频率决定。人类语音的频率一般在 500Hz 至 4000Hz 之间。在此范围内,人耳对频率低的语音感觉比较敏感,而随着频率的增加人耳的反应却越来越迟钝。对音长的感知,实验证明,音长的变化要达到原来音长的 1/3,才能引起听觉反应。

人的听觉感受并不是孤立的,常常同对话的环境,说话人的态度、姿势、口型等相联系,影响到人的判断。由于对话的环境和前后内容的联系,听话人产生一种心理期待,可以具有一定的抗干扰性和抗噪声性。

如果人们长期只习惯听、说一种语言或方言，那么他对语音的感知就会相对固定。当人们去感知一种不熟悉的语音，就容易从自己熟悉的语音出发去感知。学习另一种语言或方言的语音，就要通过反复刺激听觉器官，建立新的感知范畴。因此，语音教学中听音和辨音的训练是十分重要的。

人们思维和说话的时候，在大脑的神经系统中会出现语音的意象。说话时人们始终在监听自己的语音，是一种听觉反馈。由于语音的分辨能力先于发音能力，发音的准确常常依赖于听音的准确，明确这一点对于指导语音教学有重要的意义。

五、语音的基本概念

音节、音素、元音、辅音是普通语言学的概念。音节是最容易察觉到的语音的自然单位。从音节出发，人为地分析出最小的语音单位是音素。语音音素又可以分为元音和辅音两大类。元音音素可以独立构成音节，在音节中总是处于重要地位。而多数辅音要和元音结合在一起构成音节。

声母、韵母、声调是汉字字音结构的概念。声母是汉字字音结构的起始部分，韵母是声母后面的部分。声调则贯穿整个字音，是字音结构不可缺少的部分。这一点与音节结构不同。音节结构由元音或元音和辅音构成，汉语音节结构也可以说是由声母、韵母两部分构成。

“辅音”和“声母”不同。声母除零声母外是由辅音充当。而辅音可以充当声母,也可以作韵尾,在一些语言和方言里还可以自成音节。普通话中鼻辅音 n,既可以作声母,又可以作韵尾。鼻辅音 ng 不作声母,只作韵尾。

“元音”和“韵母”不同。元音可以作韵母(单元音即单韵母,复合元音即复韵母)。而韵母除由元音充当外,还可以由元音和辅音构成韵母。普通话有两个鼻辅音韵尾 -n、-ng。在一些语言或方言里,辅音不仅是韵尾,有的还可以作韵母。例如:厦门话口语中的“撞”读作[tŋ̍],“霜”读作[sŋ̍],“黄”读作[hŋ̍]。其中的[ŋ̍]称作鼻韵(鼻韵是鼻辅音作韵母,而鼻韵母是鼻辅音作韵尾),列入韵母表。

音系、音位是音系学的概念。音系是语音系统的简称。从语言的社会功能出发,不是把语音仅看成是物理或生理的差别,而把语音归纳为数目有限的有辨义作用的语音单位叫作“音位”。

附:汉语拼音与本书所用国际音标符号对照表

(一)声母

表 1

汉语拼音	国际音标	汉语拼音	国际音标
b	[p]	l	[l]
p	[p^h]或[p‘]	g	[k]
m	[m]	k	[k^h]或[k‘]
f	[f]	h	[x]
d	[t]	j	[tɕ]
t	[t^h]或[t‘]	q	[$tɕ^h$]或[tɕ‘]
n	[n]	x	[ɕ]

汉语拼音	国际音标	汉语拼音	国际音标
zh	[tʂ]	z	[ts]
ch	[tʂʰ]或[tʂ‘]	c	[tsʰ]或[ts‘]
sh	[ʂ]	s	[s]
r	[ʐ]	零声母	[Ø]

（二）韵母

表 2

汉语拼音	国际音标	汉语拼音	国际音标
a	[A]	iou	[iəʊ]
o	[o̜]	uai	[uaɪ]
e	[ɤ]	uei	[ueɪ]
ê	[E]	an	[an]
i	[i]	en	[ən]
u	[u]	in	[in]
ü	[y]	ün	[yn]
er	[ər]	ang	[ɑŋ]
-i(前)	[ɿ]	eng	[ɤŋ]
-i(后)	[ʅ]	ing	[iŋ]
ai	[aɪ]	ong	[ʊŋ]
ei	[eɪ]	ian	[iæn]
ao	[ɑʊ]	uan	[uan]
ou	[əʊ]	üan	[yæn]
ia	[iA]	uen	[uən]
ie	[iE]	iang	[iɑŋ]
ua	[uA]	uang	[uɑŋ]
uo	[uo̜]	ueng	[uɤŋ]
üe	[yE]	iong	[iʊŋ]
iao	[iɑʊ]		

(三) 声调

表 3

调类名称	汉语拼音声调符号	五度标记法
阴平声	ˉ	˥55
阳平声	ˊ	˧˥35
上　声	ˇ	˨˩˦214
去　声	ˋ	˥˩51

思考题:

1) 语音的四要素是什么?“高声说话”和“大声说话”是否完全相同?为什么?

2) 画一个发音器官图,并标出唇、齿、舌、腭以及口腔、鼻腔、咽腔的位置。

3) 从自己学习和教学普通话的亲身经历出发,体会语音感知和发音能力形成的过程。

第三讲　汉语拼音方案

汉语拼音方案是一套拼写以北京语音为标准音的普通话的拼音字母和拼音方式，它是中华人民共和国法定的拼音方案，是世界文献工作中拼写有关中国的专门名词和词语的国际标准。它的制订是中国人民文化生活中的一件大事。

一、方案制订经过

1949 年中华人民共和国建立之初，就开始进行有关制订汉语拼音方案的工作。1954 年 12 月，国务院设立中国文字改革委员会，对拼音方案进行了更全面的、系统的研究工作。1955 年 10 月，在全国文字改革会议上，分发几种方案草稿，征求意见。1956 年 2 月，中国文字改革委员会发表《汉语拼音方案（草案）》，提请政协全国委员会和政协各省、市、自治区委员会讨论，公开向全国各方面征求意见。同年 10 月，国务院设立汉语拼音方案审订委员会加以审议，提出"汉语拼音修正草案"，11 月 1 日，由国务院全体会议第六十次会议通过，提请全国人民代表大会讨论决定。1958 年 2 月 11 日，第一届全国人民代表大会第五次会议通过"关于《汉语拼音方案》的决议"，指出"汉语拼音方案作为帮助学习汉字和推广普通话的工具,应该首先在师范、中、小学进行教学,积累教学经验”。1958 年秋季,全国小学的语文课开始教学汉语拼音。

二、方案制订原则

汉语拼音方案主要是根据以下三个基本原则制订的:

1. 语音标准——拼写以北京语音为标准音的普通话。

拼音方案一定要以一个地方的现实存在的语音系统作为语音标准。约一千年来,北京一直是全国政治、经济、文化的中心。从元代的“中原之音”、明代的“中原雅音”、清代的“官音”、辛亥革命后的“国音”,大体上都是北京语音系统。以北京语音为标准音是汉语历史发展的必然结果。作为语音标准指的是北京语音的语音系统(可以简称为“音系”),不包括北京话中特别缺乏共同性的土语成分。历史证明,人为拼凑的语音是不可能作为语音标准而广泛普及的。

2. 音节结构——采用“音素化”的音节结构。

音节采用“音素化”的拼写法,指的是把音节分析成最小的语音单位——音素,使字母数减少到最少限度,而拼写的灵活性提高到最大限度。普通话语音系统可以分析出 32 个典型音素,用 26 个音素化的拉丁字母就可以拼写出普通话 400 个音节。例如:ɑ、i、n 这三个字母就可以拼写出 ɑ、ɑi、ɑn、nɑ、ni、nɑi、nɑn、niɑn 等音节。

3. 字母形式——采用国际通用的拉丁字母。

拉丁字母是很古老的文字符号。它是历史上书写拉丁文的字母，因此称作“拉丁字母”。它是古罗马帝国使用的文字的字母形式，又可以称作“罗马字母”。

拉丁字母是现在世界最通用的字母，使用的国家和地区已超过 100 个。它不是哪个国家的专有字母，而是国际通用的字母符号，也是现代科学中必须用到的符号。拉丁字母笔画简单，构形比较清楚，在阅读和书写上都很方便。用它来给汉字注音已有近 400 年的历史。采用拉丁字母是总结了从 1892 年以来我国人民创制拼音字母的丰富经验的结果。

三、方案内容简述

汉语拼音方案共分为五个部分：

1. 字母表

列出 26 个拉丁字母，其中字母 v“只用来拼写外来语、少数民族语言和方言”。

字母表规定了字母的顺序、名称、体式。

字母顺序　汉语拼音方案字母表采用国际通用的拉丁字母排列顺序，即：abcdefghijklmnopqrstuvwxyz。掌握了这个排列顺序对使用工具书和编制索引、资料卡片、名单等都很有用处。

字母名称　规定字母名称是为了称说字母的方便，我们称为“字母名称音”。确定汉语拼音字母名称音的原则是以汉语的特点为依据，又符合拉丁字母一般的命名方法。

每个字母代表的音值称作“本音”。汉语拼音字母名称的本音都是汉语语音中所有的。5 个元音字母(a、o、e、i、u)以本音作为名称。辅音字母发音不响亮,必须附加一个元音构成名称。

辅音字母附加元音 ê 的有 14 个,其中前附加的有:f(êf) l(êl) m(êm) s(ês),后附加的有:b(bê) c(cê) d(dê) g(gê) k(kê) n(nê) p(pê) t(tê) v(vê) z(zê)。附加元音 a 的有 4 个:其中前附加的有:r(ar),后附加的有:h(ha) w(wa) y(ya)。其余 3 个字母的名称音分别是:j(jie) q(qiu) x(xi)。

按字母表的顺序读字母名称音,可以分成四句,每句押韵,便于记忆。下面是用汉语拼音注音的字母名称音:

a	bê	cê	dê,	e	êf	gê;
ha	i	jie	kê,	êl	êm	nê;
o	pê	qiu,	ar	ês	tê;	
u	vê	wa,	xi	ya	zê。	

字母体式 采用传统的拉丁字母的体式,共有四种:印刷体、手写体、大写、小写。这四种体式各有各的用处:印刷体主要是为了阅读清楚;手写体主要是为了书写迅速,方案规定“字母的手写体依照拉丁字母的一般书写习惯”。小写是一般用的字母,大写是特殊用的字母,如用于句子开头、专有名词的开头等。我国小学语文教学中用的是一种“单线体”,它笔画粗细均匀,不加装饰线,便于拼音的初等教育。

附:汉语拼音字母体式表(略)

2. 声母表

列出 21 个辅音声母,它的顺序是按照辅音的发音部位和发音方法排列的:

表 4

		①		②	③	④	
第一行	双唇音、齿唇音	b	p	m	f		发音部位由前到后
第二行	舌尖中音	d	t	n		l	
第三行	舌面后音	g	k	(ng)	h		
第四行	舌面前音	j ⑤	q		x		发音部位由后到前
第五行	舌尖后音	zh	ch		sh	r	
第六行	舌尖前音	z	c		s		
		不送气清音	送气清音	浊音	清音	浊音	

横行是按发音部位排列的：第一行是双唇音、齿唇音（也称作“唇齿音”），第二行是舌尖中音，第三行是舌面后音（也称作“舌根音”）（辅音 ng 不是声母，只作韵尾，故放在括号中），第四行是舌面前音，第五行是舌尖后音（翘舌音），第六行是舌尖前音（平舌音）。前三行的发音部位是由前到后，后三行则是由后向前。竖行是按发音方法排列的（参见列表）：①塞音 ②鼻音 ③擦音 ④边音 ⑤塞擦音。第一竖行是不送气音，第二竖行是送气音。第一、二、四竖行为清音，第三、五竖行为浊音。

声母表只规定了声母的音值，并未规定声母名称。拼音下面标注了注音字母和汉字。由于汉字没有单独表示辅音音素的字，对照的汉字只取这个汉字字音开头的辅音，不包括它的元音。例如:“玻、坡、摸、佛”只取这四个字音“bo、po、mo、fo”中的“b、p、m、f”,不包括它们后面的元音 o。

声母表中 zh、ch、sh 是用双字母表示一个声母。方案规定:“在给汉字注音的时候,为了使拼式简短,zh ch sh 可以省作 ẑ ĉ ŝ”。

3. 韵母表

韵母表共列有 39 个韵母。表格内列出 35 个,表格外有 4 个。

表格内横行按 a 行、i 行、u 行、ü 行排列。竖行按单韵母、复韵母、鼻韵母排列:

表 5

	i	u	ü
a	ia	ua	
o		uo	
e	ie		üe
ai		uai	
ei		uei	
ao	iao		
ou	iou		
an	ian	uan	üan
en	in	uen	ün
ang	iang	uang	
eng	ing	ueng	
ong	iong		

表格外附注中还有 4 个韵母:ê、er、-i(前)、-i(后)。它们虽放在表格外,仍是韵母表中的正式韵母。(-i(前)和-i(后)也可以合并为一个舌尖韵母-i,韵母总数就是 38 个了)

韵母表还规定了以下的拼写规则：

1）y、w 的使用

拼写音节的时候，如果 i 行、u 行、ü 行的韵母前面没有辅音声母，即成为零声母音节的时候，为了避免音节界限的混淆，改换或添加隔音字母 y、w。

改换 y 的有：i 行 ia-ya ie-ye iao-yao iou-you ian-yan iang-yang iong-yong。

添加 y 的有：i 行 i-yi in-yin ing-ying；ü 行 ü-yu üe-yue üan-yuan ün-yun。注意：拼写时，在 i 上标调要去掉 i 上面的点。添加 y 后 ü 行的韵母要去掉 ü 上两点。

改换 w 的有：u 行 ua-wa uo-wo uai-wai uei-wei uan-wan uen-wen uang-wang ueng-weng。

添加 w 的有：u 行 u-wu。

2）ü 行韵母两点的省略

ü 行韵母当前拼声母 j、q、x 的时候，要省略 ü 的两点。例如：jū(居)、quē(缺)、xuān(宣)。零声母音节，韵母前添加 y 的时候，也要省略 ü 的两点(参见 1)。只有声母 n、l 后面的 ü，保留 ü 的两点。实际拼写上，普通话 ü 带点的只有 nü、lü、nüe、lüe 4 个音节。

3）iou、uei、uen 的省写

iou、uei、uen 前拼辅音声母的时候，要省略中间的 o 或 e，写作 iu、ui、un。例如：niú(牛)、guī(规)、lùn(论)。这种省写，在实际语音中也是有根据的。iou、uei、uen 是基本形式，而实际拼写中一般不出现。注意：iou、uei 省写作 iu、ui 后，声调符号要标在后一个字母上，如：niú guī。

4）儿化音节的拼写

儿化音节的拼写形式，就是在被儿化的音节末尾加上字母 r，表示儿化音节，读作儿化韵。例如：花儿 huār，玩儿 wánr，虫儿 chóngr。

5）方案规定“在给汉字注音的时候，为了使拼式简短，ng 可以省作“ŋ”。

4. 声调符号

方案采用符号标调法。阴平、阳平、上声、去声四个声调分别用符号 ˉ ˊ ˇ ˋ 标记，与这四个声调的实际调形相合，便于教学。轻声不标调。方案规定“声调标在主要母音（即主要元音）上”。注意：韵母省写形式 iu、ui 和主要元音 i 的标调（参见上条“韵母表”）。

5. 隔音符号

隔音符号是为了拼音“分词连写”设计的。当多音节词连写的时候，a、o、e 开头的音节连接在其他音节后面，容易发生音节界限混淆，要用隔音符号“’”隔开。例如：皮袄 pí’ǎo 海鸥 hǎi’ōu 企鹅 qǐ’é。凡是 a、o、e 开头的音节连接在其他音节后面的时候，就要用隔音符号隔开，这是正规的写法。如果音节界限不发生相混，隔音符号当然可以省略，但这只是一种变通，不是正规的写法，也不便于掌握和拼音教学。

思考题：

1）为什么说制订汉语拼音方案是经过极其慎重的步骤和程序的？

2）制订汉语拼音方案的原则是什么？

3）为什么说汉语拼音方案的制订是“中国人民文化生活中的一件大事”？从现代生活和科技的发展方面，列举重要事例说明这个问题。

拼音练习

1. 背诵字母表，掌握字母名称音，参见语音训练（一）。默写字母表，掌握大写和小写字母的写法。

2. 按字母表的字母顺序（音序）排列下面几组音节：

lan tian yin ou ai zhang pen zuo hun

feifa（非法） fanu（发怒） fang’ai（妨碍）

fabiao（发表） fanzui（犯罪）

lian lüe lun la lu long lü luo（参见《新华字典》或《现代汉语词典》的音节表，注意带有 ü 和 üe 音节的位置）

3. 默写声母表，要按顺序写，注意 zh、ch、sh 在 z、c、s 之前。

4. 按“行”默写韵母表。

5. 按拼写规则给下列字、词注音（用小写字母，按词连写）：

以　翁　用　无　压　望　英

问　瓦　业　阳　完　我　音

要　尾　严　外　由

军乐　冤屈　略语　均匀　纪律

预选　女婿　学院　疟疾　剧院

流水　归队　轮流　困倦　求婚

亲爱　爸爸　萝卜　金鱼儿　进攻

骄傲　一点儿　纪念　木偶　小熊儿

6. 拼音改错：

quong(穷)　xa(下)　wui(委)

jou (救)　sing (兴)　kuei(亏)

lue (略)　yng (英)　yuan(原)

dan'gan(胆敢)　shuzhier(树枝儿)

yan'u (厌恶)　xiaokuar(小筐儿)

语音训练(一)

汉语拼音字母名称音发音练习

字母名称音其中元音字母读“本音”,没有另定名称。辅音字母都在前面或后面附加了元音(详见前文)。为了字母名称音声调上的一致,我们一律用普通话阴平调(第一声)读字母名称音。

按照顺序读 26 个字母名称音,可以分成四行,行末字母押韵,很像读一首诗歌,即：

a　b　c　d,　e　f　g;

h　i　j　k,　l　m　n;

o　p　q,　r　s　t;

u　v　w,　x　y　z.

发音难点及纠正、训练的方法：

1. 辅音字母附加的元音 ê

21 个辅音字母中附加元音 ê 的有 14 个。发好 ê 这个音对掌握字母名称音是重要的。ê 就是单韵母 ê,在普通话里除叹词“诶”外,单用的机会并不多。它还出现在 ie、üe (其中 e 即 ê,由于它只出现在这两个韵母中，是有条件的，不会与 e 相混，因此省略了 ê 上的 ^ ）中。发音中受方音影响，容易出现下面的偏差：

1）元音舌位偏高，开口度太小，发成前半高不圆唇元音 [e]，个别的甚至接近元音 i。这个问题南方方言区的人容易出现，如江浙人。

发音的时候，注意把舌位适当降低，开口度加大。也可以参考下面的训练方法。

2）元音舌位偏低，开口度比前半低不圆唇元音[ɛ]的开口度还大，成了[æ]。北方方言区的人容易出现这个问题。可以采用所谓“析出法”训练。用韵母 ie（或者音节 ye，汉字“椰”、“夜”等）引导；从 i 出发，当舌位滑动到 ê 时适当延长，保持住舌位和唇形，稍停之后再继续发音便得到 ê 这个音。注意要用阴平调（第一声）或阳平调（第二声）训练。这种方法对纠正舌位太低，开口度大的偏差有明显效果。

3）把单元音 ê 读作复合元音 ei 或 ai。对此要在找准舌位的同时，特别注意舌位不能移动。

2. r 字母的名称音

r 字母的名称音是 ar，即在辅音字母 r“本音”前加上元音 a。r 字母的“本音”则是如同”儿化”的卷舌色彩。r 的字母名称音实际就是 a 带有卷舌动作，或说成是 a 的“儿化”，宽式标音为[ar]，严式标音为[ɐr]。（参见 1982 年 8 月 17 日国家标准局、中国文字改革委员会联合发出的国标 [1982]339 号文件）有的书上从注音字母“丫儿”出发，认为 r 的字母名称读作“a’er”，这是不够准确的。

“ar”中 a 的发音受卷舌动作的影响实际比发一个单韵母 a[A]的元音舌位要稍高。南方方言区的人要注意体会卷舌动作。

3. l 字母的名称音

l 的字母名称音是 l 字母“本音”前加元音 ê[E]。发音容易出现两种问题：

1) 把本音 l 发成辅音声母 r 或与 r 字母名称音 ar 相近。纠正的方法:先练习辅音字母 l 的“本音”(参考声母 l 的语音训练)。注意一定要将舌尖抵在上齿龈(上牙床)上,不要使舌尖离开,让气流从舌头两边透出,直到这个名称音发完。同时注意前附加的元音开口度不要太大。

2) 有人受外语影响读音近似“êlu”。要把“本音”后面所带的元音 u 去掉。

4. 受方音影响出现的问题

元音字母 e 的舌位靠前；o 出现动程等。辅音字母 j、q、x 读如 zie、ciu、si。辅音字母 n、l“本音”相混等。要在后面的声母、韵母教学中逐步解决。

第四讲　声母(一)

一、什么是声母

声母就是汉字字音结构的起始部分。普通话有22个声母，其中21个是由辅音充当声母，此外还包括一个零声母。零声母也是一种声母(见第五讲)。

声母绝大多数由辅音充当。辅音的主要特征(与元音比较)是：(1)气流在发音器官中(主要指口腔)受到一定程度的阻碍或阻塞；(2)气流较强；(3)发音器官参与节制气流的部分肌肉紧张。

二、声母的分类

我们可以根据充当声母的辅音的发音部位和发音方法给声母分类。

1. 按发音部位分类

发音部位——指发辅音时，参与节制气流的发音器官的部位。辅音发音时在发音器官形成的阻碍，一般是两个部分接触或接近

(形成间隙)构成的。普通话有 22 个辅音,其中 21 个可以作声母(舌面后鼻音 ng 只作韵尾,不作声母;而舌尖中鼻音 n 既可以作声母,又可以作韵尾)。普通话的辅音声母可以按发音部位分为三大类,细分为七个部位。

1)唇音　以下唇为主动器官,普通话又细分为两个发音部位:

双唇音:上唇和下唇闭合构成阻碍。普通话有 3 个:b、p、m。

齿唇音(也称作"唇齿音"):下唇和上齿靠拢构成阻碍。普通话只有 1 个 f。

2)舌尖音　以舌尖为主动器官,普通话又细分为三个发音部位:

舌尖前音:舌尖向上门齿背接触或接近构成阻碍。普通话有 3 个:z、c、s。

舌尖中音:舌尖和上齿龈(即上牙床)接触构成阻碍。普通话有 4 个:d、t、n、l。

舌尖后音:舌尖向硬腭的最前端接触或接近构成阻碍。普通话有 4 个:zh、ch、sh、r。

(针对汉语方言中舌尖前音和舌尖后音相混的情况,一般教学通俗的把前者叫作"平舌音",把后者叫作"翘舌音")

3)舌面音　以舌面为主动器官,普通话又细分为两个发音部位:

舌面前音:舌面前部向硬腭前部接触或接近构成阻碍。普通话有 3 个:j、q、x。

舌面后音(也称作"舌根音"):舌根向硬腭和软腭的交界处接触或接近构成阻碍。普通话声母有 3 个:g、k、h。(普通话辅音韵尾 ng 也同属这个发音部位。不过,它的发音部位稍有不同,是舌根和软腭接触。)

2. 按发音方法分类

发音方法——指发辅音时,构成阻碍和克服阻碍的方式。辅音构成阻碍的方式:一类是发音器官闭塞形成阻碍。如:塞音、塞擦音、鼻音。另一类是发音器官主动部分向被动部分接近,形成适度的间隙,迫使气流摩擦经过。如:擦音、边音、半元音(无擦通音)。其他语言还有另一大类——闪颤辅音,普通话语音系统中没有这类辅音。

辅音还可以分为鼻音和口音两大类。发鼻音时,在口腔一定的部位阻塞,同时软腭下降,声带振动,气流从鼻腔中透出成声。而口音发音时软腭上升,阻塞鼻腔通路,气流从口腔中透出成声。普通话的鼻辅音有 3 个,其中 m、n 作声母,ng 作韵尾,n 也可以作韵尾。普通话其余的辅音全都是口音。

对辅音形成阻碍的发音过程,可以细分为三个阶段:成阻——阻碍的形成;持阻——阻碍的持续;除阻——阻碍的解除。

普通话辅音声母的发音方法有以下五种:

1) 塞音　成阻时发音部位完全形成闭塞;持阻时,气流积蓄在阻碍的部位之后;除阻时受阻部位突然解除阻塞,使积蓄的气流透出,爆发破裂成声。因此也叫“爆发音”“破裂音”。塞音一发即逝,也叫“暂音”或“促音”,其他辅音的持阻阶段可以延长叫“久音”。普通话有 6 个塞音:b、p、d、t、g、k。

2) 鼻音　成阻时发音部位完全闭塞,封闭口腔通路;持阻时,软腭下垂,打开鼻腔通路,声带颤动,气流到达口腔和鼻腔,气流在口腔受到阻碍,由鼻腔透出成声;除阻时口腔阻碍解除。鼻音是鼻腔和口腔的双重共鸣形成的。鼻腔是不可调节的发音器官。不同音质的鼻音是由于发音时在口腔的不同部位阻塞,造成不同的口腔共鸣状态而形成的。普通话有3个鼻音:m、n、ng,其中只有m、n作辅音声母。

3)擦音　成阻时发音部位之间接近,形成适度的间隙;持阻时,气流从窄缝中间摩擦成声;除阻时发音结束。普通话有6个擦音:f、h、x、sh、s、r。

4)边音　普通话只有一个舌尖中的边音:l。舌尖和上齿龈(上牙床)稍后的部位接触,使口腔中间的通道阻塞;持阻时声带颤动,气流从舌头两边与上腭两侧、两颊内侧形成的夹缝中通过,透出成声;除阻时发音结束。

5)塞擦音　是以“塞音”开始,以“擦音”结束。由于塞擦音的“塞”和“擦”是同部位的,“塞音”的除阻阶段和“擦音”的成阻阶段融为一体,两者结合得很紧密。我们把它看成一个声母。普通话有6个塞擦音:j、q、zh、ch、z、c。

普通话的辅音声母还包括“送气音”与“不送气音”、“清音”与“浊音”的区别。

普通话只有塞音和塞擦音区分送气音和不送气音。

送气音——这类辅音发音时气流送出比较快和持久,由于除阻后声门大开,流速较快,在声门以及声门以上的某个狭窄部位造成摩擦,形成“送气音”。普通话送气的塞音p、t、k,发音除阻后紧接一个位置略前的“喉门擦音”[h]。(送气音国际音标通常描写为[ʰ])普通话送气音发音除阻后如果后面紧接一个开口度大的元音(开元音),一般带有“喉门擦音”,如果紧接一个开口度小的元音(闭元音),或者接一个部位相近的元音,如 qi [tɕ^{h}i] ci [ts^{h}ɿ] chi [tʂ^{h}ʅ],就会使同部位的擦音延长一些。(为了教学的方便,送气音也可以描写为[ʻ]。)普通话有 6 个送气音:p、t、k、q、ch、c。

不送气音——指发音时,没有送气音特征,又同送气音形成对立的音(普通话限于塞音和塞擦音)。普通话有 6 个不送气音:b、d、g、j、zh、z。

“清音”和“浊音”是指发音时声带是否振颤。颤动声带的音叫“浊音”,不颤动声带的音叫“清音”。普通话有 5 个浊辅音:m、n、l、r、ng,其中只有 4 个浊辅音作声母:m、n、l、r。普通话除了 5 个浊辅音外,其余都是清音,它们是:b、p、f、d、t、g、k、h、j、q、x、zh、ch、sh、z、c、s。理论上,每个清辅音都可以配上一个浊辅音。但普通话除 sh—r 被认为是一对清浊相配的辅音外,没有其他清辅音与浊辅音的相配,特别是塞音和塞擦音没有这种对立。因此,普通话不必过于强调清浊的区别。

三、声母的发音

让我们逐一学习普通话的 21 个辅音声母。

b [p] 双唇不送气清塞音(见图八)

双唇闭合,不太紧,同时软腭上升,关闭鼻腔通路;气流到达双唇后蓄气;凭借积蓄在口腔中的气流突然打开双唇成声。

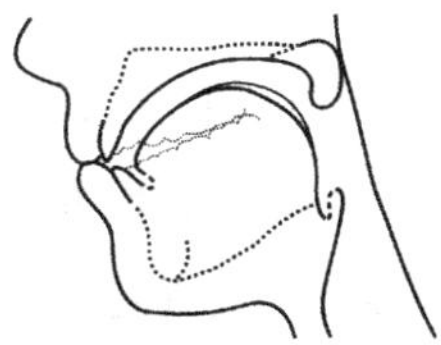

图八

发音例词:

b-b 把柄 bǎbǐng 百般 bǎibān 摆布 bǎibù 败笔 bàibǐ
斑白 bānbái 颁布 bānbù 搬兵 bānbīng 板报 bǎnbào
版本 bǎnběn 半百 bànbǎi 褒贬 bāobiǎn 包办 bāobàn
宝贝 bǎobèi 保镖 bǎobiāo 报表 bàobiǎo 暴病 bàobìng
抱病 bàobìng 卑鄙 bēibǐ 北边 běibian 步兵 bùbīng
不必 búbì 补白 bǔbái 病变 bìngbiàn 禀报 bǐngbào
兵变 bīngbiàn 冰雹 bīngbáo 表白 biǎobái 标榜 biāobǎng
标本 biāoběn 辩白 biànbái 辩驳 biànbó 臂膀 bìbǎng
弊病 bìbìng 碧波 bìbō 鄙薄 bǐbó 本部 běnbù
辨别 biànbié 奔波 bēnbō 壁报 bìbào

p [p^h]或[p‘]双唇送气清塞音(见图九)

成阻和持阻阶段与 b 相同。除阻时,声门(声带开合处)大开,从肺部呼出一股较强气流成声。

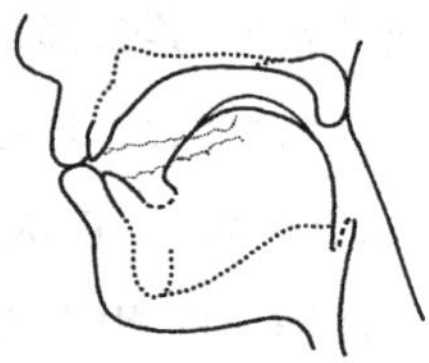

图九

发音例词:

p-p 排炮 páipào 澎湃 péngpài 批判 pīpàn 批评 pīpíng
劈啪 pīpā 匹配 pǐpèi 偏僻 piānpì 偏旁 piānpáng
琵琶 pípa 瓢泼 piáopō 拼盘 pīnpán 品评 pǐnpíng
乒乓 pīngpāng 评判 píngpàn

m [m] 双唇鼻音(见图十)

双唇闭合,软腭下垂,打开鼻腔通路;声带颤动,气流同时到达口腔和鼻腔,在口腔的双唇后受到阻碍,气流从鼻腔透出成声。

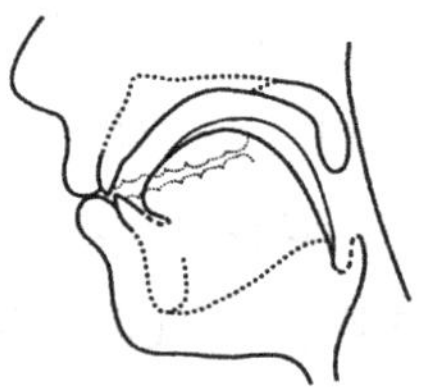

图十

发音例词：

m-m 麻木 mámù　骂名 màmíng　埋没 máimò　买卖 mǎimai
麦苗 màimiáo　卖命 màimìng　满面 mǎnmiàn　满目 mǎnmù
谩骂 mànmà　盲目 mángmù　冒名 màomíng　冒昧 màomèi
眉目 méimù　眉毛 méimao　美满 měimǎn　美貌 měimào
美妙 měimiào　美名 měimíng　门面 ménmian　蒙昧 méngmèi
梦寐 mèngmèi　牧民 mùmín　木棉 mùmián　木马 mùmǎ
磨灭 mómiè　命名 mìngmíng　命脉 mìngmài　名目 míngmù
明媚 míngmèi　渺茫 miǎománg　描摹 miáomó　苗木 miáomù
面目 miànmù　面貌 miànmào　密码 mìmǎ　密谋 mìmóu
秘密 mìmì　米面 mǐmiàn　弥漫 mímàn　迷茫 mímáng
迷漫 mímàn

f [f] 齿唇清擦音(见图十一)

下唇向上门齿靠拢，形成间隙；软腭上升，关闭鼻腔通路；使气流从齿唇缝的间隙摩擦通过而成声。

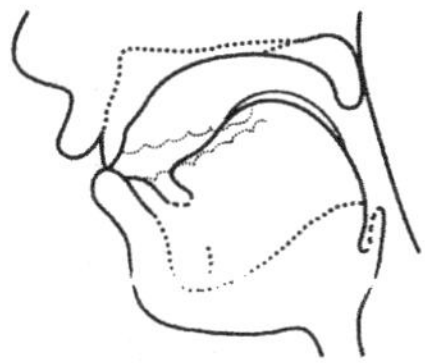

图十一

发音例词：

f-f 发放 fāfàng　发奋 fāfèn　发福 fāfú　翻覆 fānfù
繁复 fánfù　反复 fǎnfù　犯法 fànfǎ　方法 fāngfǎ
防范 fángfàn　防风 fángfēng　防腐 fángfǔ　仿佛 fǎngfú
非法 fēifǎ　非凡 fēifán　肺腑 fèifǔ　分发 fēnfā
粪肥 fènféi　奋发 fènfā　丰富 fēngfù　蜂房 fēngfáng
夫妇 fūfù　福分 fúfèn　伏法 fúfǎ　复方 fùfāng

d [t] 舌尖中不送气清塞音（见图十二）

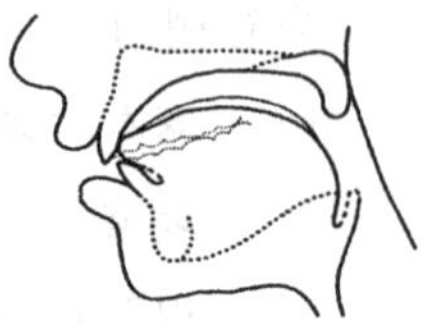

图十二

舌尖抵住上齿龈，形成阻塞；软腭上升，关闭鼻腔通路；气流到达口腔后蓄气，突然解除阻塞成声。

发音例词：

d-d 搭档 dādàng　达到 dádào　答对 dáduì　大地 dàdì
打倒 dǎdǎo　打动 dǎdòng　打赌 dǎdǔ　大胆 dàdǎn
大度 dàdù　带动 dàidòng　单调 dāndiào　单独 dāndú
担待 dāndài　担当 dāndāng　当初 dāngchū　当代 dāngdài
当地 dāngdì　荡涤 dàngdí　导弹 dǎodàn　捣蛋 dǎodàn
到达 dàodá　道德 dàodé　到底 dàodǐ　得当 dédàng
得到 dédào　等待 děngdài　滴答 dīdā　低档 dīdàng
敌对 díduì　抵挡 dǐdǎng　地点 dìdiǎn　地段 dìduàn
颠倒 diāndǎo　点滴 diǎndī　电灯 diàndēng　调度 diàodù
调动 diàodòng　叮当 dīngdāng　丁冬 dīngdōng　顶点 dǐngdiǎn
定单 dìngdān　丢掉 diūdiào　动荡 dòngdàng　动工 dònggōng
兜底 dōudǐ　斗胆 dǒudǎn　抖动 dǒudòng　独到 dúdào
独断 dúduàn　断定 duàndìng　对待 duìdài　对调 duìdiào

t [t^h]或[t‘]舌尖中送气清塞音（见图十三）

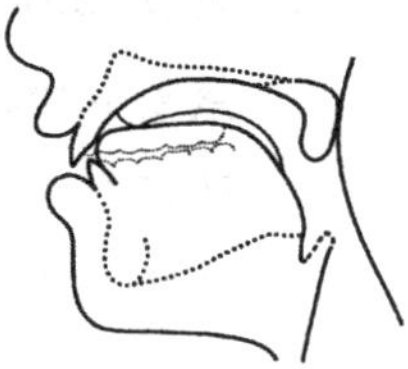

图十三

成阻、持阻阶段与 d 相同。除阻阶段声门大开，从肺部呼出一股较强的气流成声。

发音例词：

t-t 塌台 tātái　抬头 táitóu　贪图 tāntú　痰桶 tántǒng
谈天 tántiān　谈吐 tántǔ　坦途 tǎntú　探讨 tàntǎo

探听 tàntīng	逃脱 táotuō	淘汰 táotài	疼痛 téngtòng
梯田 tītián	体态 tǐtài	体贴 tǐtiē	剃头 tìtóu
天体 tiāntǐ	天堂 tiāntáng	甜头 tiántou	调停 tiáotíng
跳台 tiàotái	贴题 tiētí	铁塔 tiětǎ	铁蹄 tiětí
厅堂 tīngtáng	听筒 tīngtǒng	通途 tōngtú	通体 tōngtǐ
头疼 tóuténg	头天 tóutiān	吐痰 tǔtán	团体 tuántǐ
推托 tuītuō	吞吐 tūntǔ	脱逃 tuōtáo	妥帖 tuǒtiē

n [n] 舌尖中鼻音(见图十四)

舌尖抵住上齿龈,形成阻塞;软腭下垂,打开鼻腔通路;声带颤动,气流同时到达口腔和鼻腔,在口腔受到阻碍,气流从鼻腔透出成声。

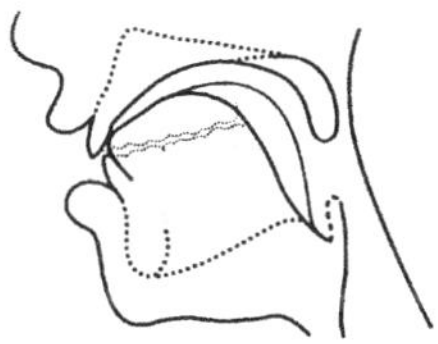

图十四

发音例词:

n-n 奶牛 nǎiniú　男女 nánǚ　恼怒 nǎonù　能耐 néngnai

泥泞 nínìng　农奴 nóngnú　牛奶 niúnǎi

l [l] 舌尖中边音(见图十五)

舌尖抵住上齿龈的后部,阻塞气流从口腔中路通过的通道;软腭上升,关闭鼻腔通路;声带颤动;气流到达口腔后从舌头跟两颊内侧形成的空隙通过而成声。

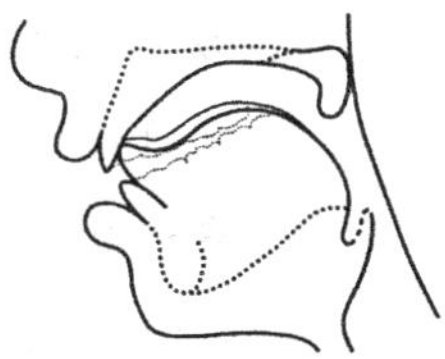

图十五

发音例词:

l-l 拉力 lālì　蜡疗 làliáo　来历 láilì　来路 láilù

劳累 láolèi　劳力 láolì　老路 lǎolù　磊落 lěiluò

理疗 lǐliáo　利率 lìlǜ　利落 lìluo　历来 lìlái

料理 liàolǐ　流利 liúlì　琉璃 liúlí　流露 liúlù
流落 liúluò　辘轳 lùlu　驴骡 lǘluó　履历 lǚlì
罗列 luóliè　裸露 luǒlù　拉练 lāliàn　拉拢 lālǒng
来临 láilín　牢笼 láolóng　老练 lǎoliàn　勒令 lèlìng
凛冽 lǐnliè　理论 lǐlùn　立论 lìlùn　莅临 lìlín
力量 lìliàng　流浪 liúlàng　留恋 liúliàn　流连 liúlián
露脸 lòuliǎn　沦落 lúnluò　轮流 lúnliú　论理 lùnlǐ
伦理 lúnlǐ　褴褛 lánlǚ　拦路 lánlù　联络 liánluò
零落 língluò　连累 liánlei　量力 liànglì　林立 línlì
邻里 línlǐ　凌乱 língluàn　伶俐 línglì　领路 lǐnglù
领略 lǐnglüè

g [k] 舌面后不送气清塞音(见图十六)

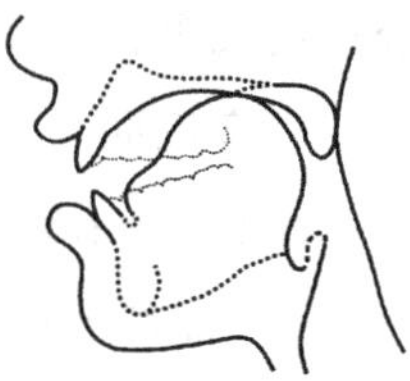
图十六

舌面后部隆起抵住硬腭和软腭交界处,形成阻塞;软腭上升,关闭鼻腔通路;气流在形成阻塞的部位后积蓄;突然解除阻塞而成声。

发音例词:

g-g 改革 gǎigé　改观 gǎiguān　改过 gǎiguò　干果 gānguǒ
尴尬 gāngà　感官 gǎnguān　感光 gǎnguāng　杠杆 gànggǎn
高歌 gāogē　高贵 gāoguì　搞鬼 gǎoguǐ　更改 gēnggǎi
梗概 gěnggài　功过 gōngguò　公告 gōnggào　公共 gōnggòng
巩固 gǒnggù　古怪 gǔguài　骨干 gǔgàn　骨骼 gǔgé
雇工 gùgōng　故宫 Gùgōng　瓜葛 guāgé　挂钩 guàgōu
拐棍 guǎigùn　观感 guāngǎn　观光 guānguāng
灌溉 guàngài　光顾 guānggù　广告 guǎnggào

规格 guīgé　　归功 guīgōng　　归公 guīgōng
鬼怪 guǐguài　　桂冠 guìguān　　国歌 guógē
果敢 guǒgǎn　　过关 guòguān

k [$\mathrm{k^h}$]或[k‘] 舌面后送气清塞音(见图十七)

成阻、持阻阶段与 g 相同。除阻阶段声门大开,从肺部呼出一股较强气流成声。

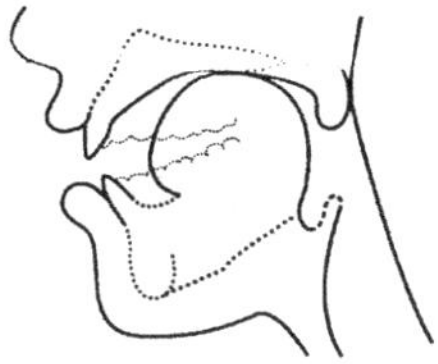

图十七

发音例词:

k-k 开课 kāikè　　开口 kāikǒu　　开阔 kāikuò
坎坷 kǎnkě　　慷慨 kāngkǎi　　苛刻 kēkè
可口 kěkǒu　　刻苦 kèkǔ　　空旷 kōngkuàng
苦口 kǔkǒu　　夸口 kuākǒu　　宽阔 kuānkuò
亏空 kuīkong　　困苦 kùnkǔ

h [x] 舌面后清擦音(见图十八)

舌面后部隆起接近硬腭和软腭的交界处,形成间隙;软腭上升,关闭鼻腔通路;使气流从形成的间隙摩擦通过而成声。

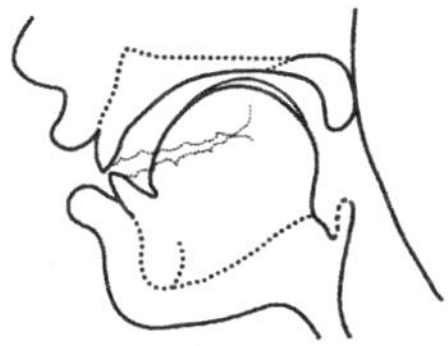

图十八

发音例词:

h-h 海涵 hǎihán　　憨厚 hānhòu　　含混 hánhùn　　含糊 hánhu
喊话 hǎnhuà　　航海 hánghǎi　　行话 hánghuà　　豪华 háohuá
好汉 hǎohàn　　好话 hǎohuà　　浩瀚 hàohàn　　合乎 héhū
合伙 héhuǒ　　和好 héhǎo　　和缓 héhuǎn　　黑话 hēihuà
横祸 hènghuò　　红火 hónghuǒ　　后患 hòuhuàn　　后悔 hòuhuǐ
呼喊 hūhǎn　　呼号 hūhào　　呼唤 hūhuàn　　胡话 húhuà

护航 hùháng	互惠 hùhuì	花卉 huāhuì	化合 huàhé
怀恨 huáihèn	欢呼 huānhū	还魂 huánhún	缓和 huǎnhé
幻化 huànhuà	黄花 huánghuā	黄昏 huánghūn	皇后 huánghòu
惶惑 huánghuò	谎话 huǎnghuà	挥霍 huīhuò	挥毫 huīháo
徽号 huīhào	回合 huíhé	回话 huíhuà	悔恨 huǐhèn
毁坏 huǐhuài	会合 huìhé	汇合 huìhé	回话 huíhuà
绘画 huìhuà	昏花 hūnhuā	浑厚 húnhòu	混合 hùnhé
火红 huǒhóng	火候 huǒhou	火花 huǒhuā	祸害 huòhai

ng[ŋ] 舌面后鼻音

舌面后部隆起和软腭接触,形成阻塞;声带颤动,软腭下垂,打开鼻腔通路;气流经咽腔直接从鼻腔透出成声。

ng 在普通话里不做声母,但它是个辅音,列在此处一并学习。)

思考题:

1) 什么是发音部位?什么是发音方法?熟记普通话每个声母的发音部位、发音方法,并注意相同发音部位、相同发音方法中声母与声母之间的细微差别。

2) 鼻音 m、n、ng 都是软腭下降,气流从鼻腔中透出成声,为什么形成不同的辅音?

3) 塞音和塞擦音发音过程中有哪些不同?

语音训练(二)

声母发音练习

1. 送气音的发音训练

普通话辅音声母中,塞音(b,p;d,t;g,k)和塞擦音(j,q;zh,

ch;z,c)分送气不送气。海南、广西、湖南和闽南部分地区的人发送气音有困难。

普通话送气音声母(p,t,k,q,ch,c)发音训练要寻找突破口，先体会到其中一个送气音,其他送气音就容易发了。如:训练送气音 p 的发音,可以模仿吹蜡烛的吐气方法。这是每个人都容易体会到的,是个有效的方法。训练送气音 c 的发音,可以模仿车胎漏气的声音。可以借助带有送气音的象声词来体会,如:劈啪(p-p)、扑通(p-t)、喀嚓(k-ch)、噌(ceng)等;模仿锣镲的敲击、撞击的声音:堂(t)、哐(k)、嚓(c)、锵(q);或者模仿火车开动时的放气声:qica,qica,……。

第 1 组（听辨）

pa	ta	ka	qia	cha	ca
po	te	ke	qi	chi	ci
pan	tai	kang	que	chang	can
pin	tun	kuang	quan	chen	cong

第 2 组

p-p 劈啪 pīpā　批评 pīpíng　匹配 pǐpèi　偏旁 piānpáng
澎湃 péngpài　乒乓 pīngpāng　评判 píngpàn　琵琶 pípa
婆婆 pópo　批判 pīpàn

t-t 贪图 tāntú　抬头 táitóu　探讨 tàntǎo　体贴 tǐtiē
团体 tuántǐ　天堂 tiāntáng　谈吐 tántǔ　逃脱 táotuō
梯田 tītián　淘汰 táotài

k-k 开口 kāikǒu　刻苦 kèkǔ　坎坷 kǎnkě　慷慨 kāngkǎi
旷课 kuàngkè　可靠 kěkào　开阔 kāikuò　宽阔 kuānkuò

困苦 kùnkǔ　夸口 kuākǒu

q-q 齐全 qíquán　气球 qìqiú　弃权 qìquán

欠缺 qiànquē　乔迁 qiáoqiān　亲切 qīnqiè

情趣 qíngqù　恰巧 qiàqiǎo　牵强 qiānqiǎng

轻巧 qīngqiǎo

ch-ch 长处 chángchù　出差 chūchāi　超产 chāochǎn

初创 chūchuàng　传抄 chuánchāo　车床 chēchuáng

穿插 chuānchā　驰骋 chíchěng　乘车 chéngchē

出场 chūchǎng

c-c 从此 cóngcǐ　猜测 cāicè　残存 cáncún　仓促 cāngcù

催促 cuīcù　粗糙 cūcāo　草丛 cǎocóng　苍翠 cāngcuì

摧残 cuīcán　措辞 cuòcí

2. 送气音与不送气音的区分

我们在发音中可以体会到,送气音比不送气的气流要强而持久。不送气音在持阻阶段气流到达口腔,遇到阻碍后,积蓄气流。除阻时只凭停蓄在口腔中的气流发出破裂音。而发送气音,不只靠在持阻阶段积蓄的气流发出破裂音,还在除阻的同时,声门大开,从肺部呼出较强的气流,并伴有声门擦音[h]或声门以上发音过程构成的狭窄部位的摩擦。我们可以做个小试验体会送气与不送气的区别,找一张纸条夹在一只手的食指和中指之间,放在上唇前,对比塞音 b-p,d-t,g-k 的发音,当发不送气音 b,d,g 时,纸条微动或几乎感觉不到在动;而发送气音 p,t,k 时,纸条被明显吹动。

塞音、塞擦音中带有颤动声带的“浊音”声母的江浙（吴语）、湖南（老湘语）等地的人，常将一部分普通话读送气音的字读作不送气的“浊音”声母。练习发音的时候，气流要加强，控制声带不颤动，并能区分送气与不送气。

山西、陕西部分地区有送气音与不送气音的区别，但一部分不送气的字读作送气的字（多为古浊音声母字），如：“跪”读如 kui（晋中），“步”读如 pu（西安），“读”读如 tu（晋南）。

送气音和不送气音对比的音节有 103 对。pou、dei、zhei、diu、zhua 没有对比的音节。

第 3 组

ba—pa　bai—pai　bei—pei　bao—pao

ban—pan　ben—pen　bang—pang

beng—peng　da—ta　de—te　dai—tai

dao—tao　dou—tou　dan—tan

dang—tang　deng—teng　ga—ka

ge—ke　gai—kai　gao—kao　gou—kou

gan—kan　gen—ken　gang—kang

geng—keng　zha—cha　zhe—che　zhi—chi

zhai—chai　zhao—chao　zhou—chou

zhan—chan　zhen—chen　zhang—chang

zheng—cheng　za—ca　ze—ce　zi—ci

zai—cai　zao—cao　zou—cou　zan—can

zen—cen　zang—cang　zeng—ceng

bi—pi　bie—pie　biao—piao　bian—pian

bin—pin bing—ping di—ti die—tie

diao—tiao dian—tian ding—ting

ji—qi jia—qia jie—qie jiao—qiao

jiu—qiu jian—qian jin—qin

jiang—qiang jing—qing bu—pu bo—po

du—tu duo—tuo dui—tui duan—tuan

dun—tun dong—tong gu—ku gua—kua

guo—kuo guai—kuai gui—kui

guan—kuan gun—kun guang—kuang

gong—kong zhu—chu zhuo—chuo

zhuai—chuai zhui—chui zhuan—chuan

zhun—chun zhuang—chuang zhong—chong

zu—cu zuo—cuo zui—cui zuan—cuan

zun—cun zong—cong ju—qu jue—que

juan—quan jun—qun jiong—qiong

第 4 组

八 bā — 趴 pā　　白 bái — 排 pái

被 bèi — 佩 pèi　　抱 bào — 炮 pào

办 bàn — 判 pàn　　奔 bēn — 喷 pēn

棒 bàng — 胖 pàng　　蹦 bèng — 碰 pèng

大 dà — 踏 tà　　德 dé — 特 tè

带 dài — 太 tài　　导 dǎo — 讨 tǎo

斗 dòu — 透 tòu　　单 dān — 贪 tān

当 dāng — 汤 tāng　　灯 dēng — 腾 téng

嘎 gā — 卡 kǎ
改 gǎi — 凯 kǎi
够 gòu — 扣 kòu
根 gēn — 肯 kěn
更 gèng — 坑 kēng
这 zhè — 彻 chè
摘 zhāi — 拆 chāi
周 zhōu — 抽 chōu
振 zhèn — 趁 chèn
争 zhēng — 撑 chēng
字 zì — 次 cì
早 zǎo — 草 cǎo
攒 zǎn — 残 cán
脏 zāng — 仓 cāng
比 bǐ — 匹 pǐ
标 biāo — 漂 piāo
兵 bīng — 平 píng
加 jiā — 恰 qià
教 jiào — 桥 qiáo
讲 jiǎng — 枪 qiāng
不 bù — 铺 pù
读 dú — 图 tú
堆 duī — 推 tuī
吨 dūn — 吞 tūn

哥 gē — 科 kē
搞 gǎo — 考 kǎo
干 gàn — 看 kàn
刚 gāng — 康 kāng
扎 zhā — 插 chā
只 zhǐ — 吃 chī
找 zhǎo — 炒 chǎo
占 zhàn — 搀 chān
张 zhāng — 昌 chāng
杂 zá — 擦 cā
在 zài — 菜 cài
揍 zòu — 凑 còu
怎 zěn — 岑 cén
增 zēng — 层 céng
别 bié — 撇 piě
边 biān — 偏 piān
记 jì — 气 qì
界 jiè — 窃 qiè
锦 jǐn — 勤 qín
精 jīng — 清 qīng
波 bō — 坡 pō
多 duō — 拖 tuō
端 duān — 团 tuán
东 dōng — 通 tōng

古 gǔ — 苦 kǔ
刮 guā — 夸 kuā
过 guò — 扩 kuò
怪 guài — 快 kuài
规 guī — 亏 kuī
关 guān — 宽 kuān
棍 gùn — 困 kùn
光 guāng — 筐 kuāng
工 gōng — 空 kōng
主 zhǔ — 础 chǔ
桌 zhuō — 戳 chuō
追 zhuī — 吹 chuī
专 zhuān — 穿 chuān
准 zhǔn — 蠢 chǔn
装 zhuāng — 窗 chuāng
中 zhōng — 充 chōng
租 zū — 粗 cū
做 zuò — 错 cuò
最 zuì — 脆 cuì
钻 zuàn — 窜 cuàn
尊 zūn — 存 cún
宗 zōng — 葱 cōng
距 jù — 去 qù
决 jué — 瘸 qué
捐 juān — 圈 quān
军 jūn — 群 qún
炯 jiǒng — 穷 qióng

第 5 组

b-p	补票 bǔpiào	编排 biānpái	包赔 bāopéi
	爆破 bàopò	背叛 bèipàn	奔跑 bēnpǎo
p-b	旁边 pángbiān	排版 páibǎn	配备 pèibèi
	皮包 píbāo	跑步 pǎobù	赔本 péiběn
d-t	冬天 dōngtiān	大体 dàtǐ	带头 dàitóu
	代替 dàitì	动态 dòngtài	短途 duǎntú
t-d	台灯 táidēng	态度 tàidù	土地 tǔdì
	推动 tuīdòng	特点 tèdiǎn	停顿 tíngdùn
g-k	顾客 gùkè	概括 gàikuò	观看 guānkàn

	赶快 gǎnkuài	广阔 guǎngkuò	高空 gāokōng
k-g	开关 kāiguān	宽广 kuānguǎng	考古 kǎogǔ
	客观 kèguān	苦功 kǔgōng	口供 kǒugòng
j-q	机器 jīqì	尽情 jìnqíng	急切 jíqiè
	技巧 jìqiǎo	精确 jīngquè	健全 jiànquán
q-j	奇迹 qíjì	全局 quánjú	抢救 qiǎngjiù
	请假 qǐngjià	前进 qiánjìn	
zh-ch	展出 zhǎnchū	支持 zhīchí	忠诚 zhōngchéng
	正常 zhèngcháng	职称 zhíchēng	争吵 zhēngchǎo
ch-zh	成长 chéngzhǎng	处置 chǔzhì	城镇 chéngzhèn
	超重 chāozhòng	车站 chēzhàn	纯正 chúnzhèng
z-c	早操 zǎocāo	紫菜 zǐcài	自从 zìcóng
	座次 zuòcì	佐餐 zuǒcān	宗祠 zōngcí
c-z	存在 cúnzài	村子 cūnzi	操作 cāozuò
	错字 cuòzì	词组 cízǔ	辞藻 cízǎo

附：送气音字字表

p-

pa　①趴 ②扒爬※耙 ④怕※帕

pai　①拍 ②排牌※徘 ③迫(～击炮)排(～子车)
④派※湃

pan　①番(～禺，县名)攀※潘 ②胖(心广体～)盘
④判盼叛※畔

pang　①乓膀(～肿) ②旁膀(～胱)※庞磅(～礴)螃

	④胖
pao	①抛泡(眼～) ②炮(～制)袍※刨咆 ③跑 ④泡炮
pei	①※胚 ②陪培赔 ④佩配※沛
pen	①喷 ②盆 ④喷(～香)
peng	②朋棚蓬膨※彭硼澎篷 ③捧 ④碰
pi	①批披劈※坯 ②皮疲脾※啤枇 ③匹否(～极泰来)劈(～叉) ④辟僻※屁譬
pian	①片(～子)扁(一叶～舟)偏篇※翩②便(～宜) ④片骗
piao	①漂(～浮)飘 ②朴※瓢 ③漂(～白) ④票漂
pie	①撇 ③撇(～捺)
pin	①拼 ②贫※频 ③品 ④※聘
ping	①乒 ②平评苹凭瓶萍※冯(暴虎～河)坪屏
po	①朴(～刀)※颇②婆繁(姓)④朴(～树)迫破魄
pou	①剖
pu	①仆(前～后继)扑铺(～床)②仆(～人)葡※菩脯蒲 ③朴普谱 ④铺堡(十里～)暴(一～十寒)※瀑
t-	
ta	①他它她塌 ③塔 ④踏
tai	②台抬 ④太态泰
tan	①贪摊滩 ②坛谈弹痰 ③坦毯 ④叹炭探
tang	①汤趟(～水) ②唐堂塘膛糖 ③倘躺 ④烫趟
tao	①叨(～光)涛掏淘 ②逃桃陶萄淘 ③讨 ④套

te　　④特

teng　②疼腾

ti　　①梯踢 ②提题蹄 ③体 ④剃惕替

tian　①天添 ②田甜填

tiao　①挑 ②条调 ③挑(～动) ④跳

tie　　①帖(妥～)贴 ③帖(请～) ④帖(字～)

ting　①厅听 ②亭庭停蜓 ③挺艇

tong　①通 ②同桐铜童 ③统桶筒 ④同(胡～)通(打了三～鼓)痛

tou　①偷 ②头投 ④透

tu　　①秃突 ②图徒途涂屠 ③土吐(～痰) ④吐(呕～)兔

tuan　②团

tui　①推 ③腿 ④退

tun　①吞 ②屯

tuo　①托拖脱 ②驼 ③妥

k-

ka　③卡

kai　①开 ③凯慨

kan　①刊看(～守)堪 ③砍 ④看

kang　①康糠 ②扛 ④抗炕

kao　③考烤 ④靠

ke　①科棵颗 ②壳咳 ③可渴④可(～汗)克刻客课

ken　③肯垦恳

keng　①坑

kong ①空 ③孔恐 ④空(～白)控

kou ③口 ④扣寇

ku ①枯哭 ③苦 ④库裤酷

kua ①夸 ③垮 ④挎跨

kuai ④会(～计)块快

kuan ①宽 ③款

kuang ①筐 ②狂 ④旷况矿框

kui ①亏 ②葵 ④愧

kun ①昆 ③捆 ④困

kuo ④扩括阔

q-

qi ①七妻戚期欺漆 ②齐其奇骑棋旗 ③乞岂企启起 ④气弃汽砌器

qia ③卡(关～) ④洽恰

qian ①千迁牵铅谦签 ②前钱钳潜 ③浅遣④欠纤歉

qiang ①枪腔 ②强墙 ③抢强(～迫)

qiao ①悄雀(～子)锹敲 ②乔侨桥瞧 ③巧悄(～然无声) ④壳(地～)

qie ①切 ②茄 ③且 ④切(～记)窃

qin ①侵亲 ②芹琴禽勤

qing ①青顷轻倾清蜻 ②情晴 ③请 ④庆亲(～家)

qiong ②穷

qiu ①丘龟(～兹,古代西域国名)秋 ②仇(姓)求球

qu ①区曲(～直)驱屈趋 ②渠 ③曲(歌～)取 ④去趣

quan　①圈 ②权全泉拳 ③犬 ④劝券

que　①缺 ④却雀确鹊

qun　②裙群

ch-

cha　①叉(交～)差(～别)插 ②叉(木板～住了)茶查察 ③叉(～腿) ④叉(劈～)岔差(～不多)

chai　①拆差(出～)

chan　②单(～于,匈奴君主的称号)馋缠 ③产铲④颤

chang ①昌 ②长场(～院)肠尝常偿 ③厂场敞 ④畅倡唱

chao　①抄吵(～～)钞超 ②朝潮 ③吵炒

che　①车 ③扯 ④彻撤

chen　②臣尘辰沉陈晨 ④衬称(～心)趁

cheng ①称(名～)撑 ②成呈诚承城乘盛程惩 ④秤

chi　①吃 ②池驰迟持匙(羹～) ③尺齿耻 ④斥赤翅

chong ①冲充 ②虫种(姓)重崇 ④冲(～床)

chou　①抽 ②仇绸酬稠愁筹 ③丑 ④臭

chu　①出初 ②除厨锄 ③处(～理)础储楚 ④处(到～)畜(牲～)触

chuan ①川穿 ②传船 ③喘 ④串

chuang①创(～伤)疮窗②床 ③闯 ④创(～造)

chui　①吹炊 ②垂锤

chun　①春 ②纯唇 ③蠢

c-

ca　①擦

cai ①猜 ②才材财裁 ③采彩睬踩 ④菜

can ①参餐 ②残蚕惭 ③惨 ④灿

cang ①仓苍舱 ②藏

cao ①操 ②槽 ③草

ce ④册厕侧测策

ceng ②层曾

ci ①差(参～) ②词辞慈磁 ③此 ④次刺

cong ①匆葱聪 ②从丛

cou ④凑

cu ①粗 ④促醋

cuan ④窜

cui ①催摧 ④脆翠

cun ①村 ②存 ④寸

cuo ④错

3. 齿唇音 f 的发音训练

福建、广东潮州、海南文昌、湖南双峰以及湖北的沔阳、巴东等地的方言里没有齿唇音 f(属中古轻唇声母)。普通话读 f 声母的字,在闽方言口语(白读)中一般读作双唇塞音[p][p‘],而在书面语(文读)中一般读作擦音[x]或[h]。虽然这些方言没有 f 声母,但单独学习它的本音并不十分困难。江西南昌、湖南长沙方言中齿唇音 f,齿唇作用不明显,带有双唇摩擦,音值接近双唇清擦音[ɸ]。

学习普通话 f 声母特别注意上唇不要参与发音,发音时舌根不要抬高。除音节 fu、fo 外,双唇不要拢圆,发音时自然展唇。

第 6 组

fa	fan	fang	fei	fen
feng	fou	fu	fo	
发 fā	翻 fān	方 fāng	非 fēi	分 fēn
风 fēng	否 fǒu	复 fù	佛 fó	

第 7 组

f-f　发奋 fāfèn　反复 fǎnfù　方法 fāngfǎ　芬芳 fēnfāng

丰富 fēngfù　夫妇 fūfù　吩咐 fēnfù　肺腑 fèifǔ

非凡 fēifán　放风 fàngfēng　仿佛 fǎngfú　非法 fēifǎ

f 声母字可以利用汉字声旁记忆。

f 声母代表字的类推:

伐 fá — 阀 fá　筏 fá

凡 fán — 帆 fān　矾 fán

反 fǎn — 返 fǎn　饭 fàn　贩 fàn

方 fāng — 坊 fáng　芳 fāng　防 fáng　妨 fáng

房 fáng　肪 fáng　仿 fǎng　访 fǎng

纺 fǎng　放 fàng

非 fēi — 菲 fēi　啡 fēi　诽 fěi　匪 fěi

分 fēn — 芬 fēn　吩 fēn　纷 fēn　氛 fēn　粉 fěn

份 fèn　忿 fèn

峰 fēng — 锋 fēng　蜂 fēng

风 fēng — 枫 fēng　疯 fēng　讽 fěng

夫 fū — 肤 fū　麸 fū　芙 fú　扶 fú

付 fù — 符 fú　府 fǔ　俯 fǔ　腐 fǔ　附 fù　咐 fù

甫 fǔ — 敷 fú　辅 fǔ　脯 fǔ　傅 fù　缚 fù

佛 fú — 拂 fú　沸 fèi　费 fèi

复 fù — 腹 fù　覆 fù

福 fú — 幅 fú　辐 fú　蝠 fú　副 fù　富 fù

利用汉字声旁判断读音：

1）声旁读 b 的字：

肥 féi　肺 fèi（声旁读 bei）否 fǒu　愤 fèn　赴 fù

2）声旁与读 b、p 的字有关：

反 fǎn（板 bǎn）— 返 fǎn　饭 fàn　贩 fàn

方 fāng（旁 páng）— 放 fàng　纺 fǎng　访 fǎng

仿 fǎng　房 fáng　肪 fáng

妨 fáng　坊 fáng

非 fēi（悲 bēi　排 pái）— 诽 fěi　啡 fēi　菲 fēi　匪 fěi

分 fēn（扮 bàn　盆 pén）— 份 fèn　粉 fěn　忿 fèn

氛 fēn　纷 fēn　吩 fēn

甫 fǔ（捕 bǔ）— 辅 fǔ　脯 fǔ

（逼 bī）— 富 fù　副 fù　蝠 fú　辐 fú　幅 fú　福 fú

（博 bó）— 缚 fù　敷 fú

附：齿唇音 f 声母字字表(3500 常用字以内)

fa　①发 ②乏伐罚阀※筏 ③法 ④发(理～)

fan　①帆番翻 ②凡烦繁※矾樊 ③反返 ④犯饭泛范贩

fang ①方坊芳 ②防坊妨房※肪 ③仿访纺 ④放

fei　①飞非※菲啡②肥③匪※诽菲④肺废沸※吠

fen　①分芬吩纷※氛②坟※焚③粉④分份奋粪愤※忿

feng ①丰风封疯峰※枫②逢缝※冯③讽④凤奉缝

fo　②佛

fou　③否

fu　①夫肤※麸孵敷②伏扶佛服俘浮符幅福※凫芙拂袱辐蝠③抚斧府俯辅腐※甫脯④父付负妇附咐服赴复副傅富腹覆※赋缚

4. 舌面后音 h 的发音训练

汉语方言中大都有舌面后清擦音声母 h[x]或近似于这个音的音。受方言影响出现的主要问题是发音部位靠后，如讲吴语的人；甚至发成喉部的擦音，如讲闽语的人。纠正的时候，防止舌头过于后缩，舌面后部隆得太高。由于擦音的部位比塞音难掌握，可以先体会同部位的 g、k，然后配上元音 e 构成音节进行引导，利于体会 h 的发音部位。例如：ge—he ke—he ge—ha ke—ha 词语的练习选用前一个音节声母是 g、k 的音节引导。如果前面的音节的韵尾是-ng 更利于纠正发音(※前面的词语)。

第 8 组

g-h	刚好 gānghǎo	钢花 gānghuā	共和 gònghé
	更换 gēnghuàn	公海 gōnghǎi	公函 gōnghán
	工会 gōnghuì	光滑 guānghuá	光辉 guānghuī
	※ 改行 gǎiháng	改换 gǎihuàn	改悔 gǎihuǐ
	干旱 gānhàn	干活 gànhuó	干货 gānhuò

	感化 gǎnhuà	高呼 gāohū	高喊 gāohǎn
	隔阂 géhé	篝火 gōuhuǒ	勾画 gōuhuà
	沟壑 gōuhè	古话 gǔhuà	怪话 guàihuà
	官话 guānhuà	关怀 guānhuái	规划 guīhuà
	归还 guīhuán	鬼话 guǐhuà	国画 guóhuà
	过后 guòhòu		
k-h	抗旱 kànghàn	坑害 kēnghài	空话 kōnghuà
	狂欢 kuánghuān	※看护 kānhù	开航 kāiháng
	开花 kāihuā	开会 kāihuì	考核 kǎohé
	可恨 kěhèn	刻画 kèhuà	口号 kǒuhào
	枯黄 kūhuáng	苦海 kǔhǎi	快活 kuàihuo
	宽厚 kuānhòu		

h 声母字可以利用汉字声旁记忆。

h (hu-)声母代表字类推：

户 hù — 护 hù　沪 hù

胡 hú — 糊 hú　湖 hú　葫 hú　蝴 hú

化 huà — 花 huā　哗 huā　华 huá　桦 huà　货 huò

换 huàn — 涣 huàn　焕 huàn　唤 huàn　痪 huàn

皇 huáng — 凰 huáng　惶 huáng　煌 huáng　蝗 huáng

荒 huāng — 慌 huāng　谎 huǎng

晃 huǎng — 恍 huǎng　幌 huǎng

回 huí — 茴 huí　蛔 huí　徊 huái

挥 huī — 辉 huī　浑 hún

悔 huǐ — 诲 huì　晦 huì

红 hóng — 虹 hóng 鸿 hóng

洪 hóng — 哄 hǒng 烘 hōng

利用汉字声旁判断 h 声母字：

1) 声旁读 g 的字：

划 huá 滑 huá 猾 huá 槐 huái 哄 hǒng 烘 hōng

红 hóng 虹 hóng 鸿 hóng 狐 hú 晃 huàng 恍 huǎng

幌 huǎng 溃(～脓)huì

2) 声旁读 k 的字：

混 hùn 馄 hún

3) 声旁读 j 的字：

浑 hún 荤 hūn 挥 huī 辉 huī

4) 声旁与读 k 的字有关：

灰 huī (盔 kuī) — 恢 huī

会 huì (脍 kuài) — 绘 huì

5) 声旁是以 i、u、ü 开头的字：

i- — 贿 huì

u- — 讳 huì 煌 huáng 凰 huáng 蝗 huáng 惶 huáng

ü- — 缓 huǎn 魂 hún

5. 齿唇音 f 与舌面后音 h (hu-) 的区分

普通话声母 f 和 h 发音方法相同，都是擦音，只是发音部位不同。f 是由下唇内缘和上齿接近，而 h 是舌面后同软腭与硬腭的交界处接近。发 f 的时候，舌面后不要抬高，同时唇形不要拢圆。发音 h 的时候则要避免齿唇部位的接触。方言中除闽方言没有 f

声母外,其他方言主要是 h 声母字混入 f 声母字。

f-h(hu-) 对比的音节有 8 对(方言中把 huai 读作 fai,普通话没有 fai 这个音节)。

第 9 组 fu—hu fa—hua fo—huo

fei—hui fan—huan fen—hun

fang—huang feng—hong

服 fú — 湖 hú　发 fā — 花 huā　佛 fó — 活 huó

非 fēi — 挥 huī　范 fàn — 换 huàn

方 fāng — 慌 huāng　风 fēng — 轰 hōng

第 10 组

f-h(hu-) 发话 fāhuà　发狠 fāhěn　发慌 fāhuāng

发挥 fāhuī　发火 fāhuǒ　反悔 fǎnhuǐ

繁华 fánhuá　返回 fǎnhuí　饭盒 fànhé

防洪 fánghóng　防护 fánghù　放火 fànghuǒ

废话 fèihuà　分毫 fēnháo　分化 fēnhuà

粉红 fěnhóng　丰厚 fēnghòu　风华 fēnghuá

缝合 fénghé　奉还 fènghuán　凤凰 fènghuáng

腐化 fǔhuà　浮华 fúhuá　伏法 fúfǎ

符合 fúhé　富豪 fùháo　复合 fùhé

复活 fùhuó　附和 fùhè　附会 fùhuì

h(hu-)-f 豪放 háofàng　豪富 háofù　毫发 háofà

耗费 hàofèi　号房 hàofáng　浩繁 hàofán

河防 héfáng　何妨 héfáng　合法 héfǎ

和风 héfēng　横幅 héngfú　洪峰 hóngfēng

洪福 hóngfú　　后方 hòufāng　　花房 huāfáng
花费 huāfèi　　花粉 huāfěn　　话锋 huàfēng
画幅 huàfú　　划分 huàfēn　　化肥 huàféi
荒废 huāngfèi　　黄蜂 huángfēng　　挥发 huīfā
恢复 huīfù　　回复 huífù　　会费 huìfèi
混纺 hùnfǎng　　伙夫 huǒfū

第 11 组

浮水 fúshuǐ — 湖水 húshuǐ
航空 hángkōng — 防空 fángkōng
花费 huāfèi — 花卉 huāhuì
幅度 fúdù — 弧度 húdù
华丽 huálì — 乏力 fálì
犯病 fànbìng — 患病 huànbìng
公费 gōngfèi — 工会 gōnghuì
分钱 fēnqián — 婚前 hūnqián
烘箱 hōngxiāng — 风箱 fēngxiāng
船夫 chuánfū — 传呼 chuánhū
富丽 fùlì — 互利 hùlì
发展 fāzhǎn — 花展 huāzhǎn

6. 舌尖中鼻音 n 的发音训练

在武汉、成都、长沙等地的方言里，n、l 可以自由变读；这些地方的人在初学普通话时，发 n 常常不是纯粹的鼻音，听起来带有 l 的色彩。这是因为他们发 n 的时候，口腔没有完全封闭，有气流从舌头一侧或两侧透出。纠正的方法:可以先体会 n 的本音。舌尖抵住上齿龈,这是着力点,同时舌的两侧跟上腭的两侧形成弧形闭合;软腭下降,气流只能从鼻腔透出;声带振动。n 发音时可以延长,发准本音之后,便可以利用下面的词语进行训练。

第 12 组 n—na　n—ne　n—ni　n—nu

n—nü　an—na　en—ne　yin—ni

第 13 组

-n～n- 搬弄 bānnòng　本能 běnnéng　电钮 diànniǔ

断奶 duànnǎi　繁难 fánnán　愤怒 fènnù

观念 guānniàn　艰难 jiānnán　今年 jīnnián

叛逆 pànnì　前年 qiánnián　亲昵 qīnnì

神女 shénnǚ　新年 xīnnián　信念 xìnniàn

忍耐 rěnnài

这组训练材料选用前一个音节的韵尾是 -n 的词语,可以利用"顺同化"的原理,促使发准后面一个音节开头鼻音声母 n。这组材料反复训练过后,在巩固的基础上再选用其他带 n 声母的音节训练。

n 声母字可以利用汉字声旁记忆。

n 声母代表字的类推:

那 nà — 哪 nǎ　娜 nà　挪 nuó

内 nèi — 纳 nà　呐 nà　钠 nà

尼 ní — 泥 ní　呢 ní　昵 nì

宁 níng — 拧 nǐng　狞 níng　柠 níng　泞 nìng

扭 niǔ — 纽 niǔ　钮 niǔ

奴 nú — 努 nǔ　怒 nù

农 nóng — 浓 nóng　脓 nóng

利用汉字声旁判断 n 声母字：

1）声旁读卷舌 er 的字：

你 nǐ　腻 nì　聂 niè　镊 niè　您 nín

懦 nuò　糯 nuò　耐 nài

2）声旁读 r 的字：

匿 nì　诺 nuò　溺 nì

3）声旁与读 r 的字有关：

乃 nǎi（仍 réng）— 奶 nǎi

内 nèi（芮 ruì）— 纳 nà　呐 nà　钠 nà

4）声旁读 zh、ch、sh 的字：

zh — 粘 nián　碾 niǎn

ch — 钮 niǔ　纽 niǔ　扭 niǔ

sh — 奈 nài　尿 niào

5）声旁是以 i 开头的字：

挠 náo　拟 nǐ　蔫 niān　凝 níng　拗 niù

7. 边音 l 的发音训练

普通话声母只有一个舌尖中的边音。它发音时，舌尖抵住上齿龈，但舌的前半部下凹，舌的两侧跟上腭两侧保持适度的距离；软腭上升，封闭了鼻腔通路，声带振动；气流从舌的两侧跟两颊的内侧形成的间隙通过，从口腔里透出。受方言影响，有些地区的人学习普通话初期，边音声母 l 的发音容易带有鼻化音色彩，这主要是由于软腭提升不够,有气息从鼻腔残漏。纠正的方法有两个:一个是如果发音人能发准确单元音 a,不带鼻化,可以在声母 l 的前后各加一个 a,l 被夹在中间反复读 ala,用这个方法促使软腭提升;另一个是在带 l 声母的音节前加上 ga、ge 或 ka、ke 等音节,借助舌面后音声母 g、k,也可以帮助体会软腭的提升动作。

第 14 组 a—la　　a—le　　a—lai
a—lao　　a—lei　　a—lou
ga—la　　ga—le　　ga—lai
ga—lao　　ga—lei　　ga—lou
ge—la　　ge—le　　ge—lai
ge—lao　　ge—lei　　ge—lou

在有些方言里,如说合肥话、扬州话的人在学习普通话时,在开口呼、合口呼韵母前,可以发准声母 l,而在齐齿呼、撮口呼前容易发成鼻音。对此,可以将齐齿呼、撮口呼的音节夹在中间进行训练。

第 15 组 la—la—li—la　　la—la—lia—la
la—la—lie—la　　la—la—liao—la
la—la—liu—la　　la—la—lü—la
la—la—lüe—la

只要其中有一个音节发音比较准确了,就可以参照上面的方法,用这个音节引导发音。但是,当音节中声母 l 的发音还不准确的时候,要避免用韵尾是鼻音的音节训练。下面一组的材料就是属于这类情况,要放到巩固提高时进行训练。

第 16 组 la—la—lan—la　　la—la—lang—la

la—la—leng—la　　la—la—lian—la

la—la—lin—la　　la—la—liang—la

la—la—ling—la

下面的词语练习要根据练习人的实际情况选择。

第 17 组

拉力 lālì	蜡疗 làliáo	来历 láilì	来路 láilù
劳累 láolèi	劳力 láolì	劳碌 láolù	老路 lǎolù
磊落 lěiluò	冷落 lěngluò	理疗 lǐliáo	利率 lìlù
利落 lìluo	料理 liàolǐ	流利 liúlì	流露 liúlù
流落 liúluò	辘轳 lùlu	罗列 luóliè	裸露 luǒlù

第 18 组

拉拢 lālǒng	来临 láilín	牢笼 láolóng	老练 lǎoliàn
勒令 lèlìng	理论 lǐlùn	力量 lìliàng	流浪 liúlàng
流量 liúliàng	留恋 liúliàn		

第 19 组

拉链 lāliàn	拦路 lánlù	褴褛 lánlǚ	朗朗 lǎnglǎng
联络 liánluò	连累 liánlei	量力 liànglì	林立 línlì
凌乱 língluàn	零落 língluò	玲珑 línglóng	伶俐 línglì
领路 lǐnglù	笼络 lǒngluò	沦落 lúnluò	轮流 lúnliú
伦理 lúnlǐ			

第 19 组的词语音节搭配对学习声母 l 比较困难，不要安排在初学阶段，放到巩固提高时候训练。

l 声母字可以利用汉字声旁记忆。

l 声母代表字的类推：

腊 là — 蜡 là　猎 liè

辣 là — 喇 lǎ　癞 lài　懒 lǎn

兰 lán — 拦 lán　栏 lán　烂 làn

览 lǎn — 揽 lǎn　缆 lǎn　榄 lǎn

蓝 lán — 篮 lán　滥 làn

劳 láo — 捞 lāo　唠 láo　涝 lào

雷 léi — 擂 lèi　蕾 lěi

累 lèi — 骡 luó　螺 luó

力 lì — 荔 lì　劣 liè　勒 lè　肋 lèi

历 lì — 沥 lì　雳 lì

立 lì — 粒 lì　拉 lā　啦 lā

里 lǐ — 哩 lǐ　厘 lí　狸 lí　理 lǐ　鲤 lǐ　量 liàng

利 lì — 梨 lí　犁 lí　俐 lì　莉 lì　痢 lì

离 lí — 漓 lí　篱 lí　璃 lí

瞭 liáo — 疗 liáo　辽 liáo

菱 líng — 陵 líng　棱 léng　凌 líng

令 lìng — 伶 líng　玲 líng　铃 líng　蛉 líng　翎 líng

零 líng　龄 líng　岭 lǐng　领 lǐng　冷 lěng

列 liè — 咧 liě　烈 liè　裂 liè　例 lì

连 lián — 莲 lián　链 liàn

两 liǎng — 俩 liǎ　辆 liàng

良 liáng — 粮 liáng　郎 láng　廊 láng　狼 láng

琅 láng　榔 láng　朗 lǎng　浪 làng

凉 liáng — 谅 liàng　晾 liàng　掠 lüè

燎 liáo — 撩 liāo　僚 liáo　嘹 liáo　潦 liáo　缭 liáo
镣 liào

林 lín — 淋 lín　琳 lín　婪 lán

流 liú — 琉 liú　硫 liú

留 liú — 溜 liū　榴 liú　瘤 liú　馏 liù

娄 lóu — 搂 lǒu　楼 lóu　篓 lǒu　屡 lǚ　缕 lǚ

龙 lóng — 咙 lóng　胧 lóng　聋 lóng　笼 lóng　垄 lǒng

卢 lú — 庐 lú　芦 lú　炉 lú　颅 lú　驴 lǘ

录 lù — 碌 lù　绿 lǜ　氯 lǜ

吕 lǚ — 侣 lǚ　铝 lǚ

仑 lún — 抡 lūn　伦 lún　沦 lún　论 lùn　轮 lún

罗 luó — 逻 luó　萝 luó　锣 luó　箩 luó

洛 luò — 落 luò　络 luò　骆 luò　烙 lào　酪 lào　略 lüè
赂 luò

利用汉字声旁判断 l 声母字：

1）声旁读 g 的字：

络 luò　烙 lào　酪 lào　裸 luǒ　骆 luò　洛 luò　落 luò

2）声旁读 h 的字：

芦 lú　炉 lú　庐 lú　颅 lú　驴 lǘ　虑 lǜ　虏 lǚ

3）声旁读 j 的字：

蓝 lán　篮 lán　滥 làn　澜 lán　廉 lián　镰 lián
凉 liáng　谅 liàng　晾 liàng

4）声旁读 q 的字：

脸（“佥”读 qiān）liǎn　敛 liàn

5）声旁读 x 的字：

腊 là　蜡 là　猎 liè

8. 鼻音 n 和边音 l 的区分

n-l 对比的音节有 22 对。lou、lia、lun、nen 没有对比的音节（nou“耨”是文言所用的音节）。

第 20 组

na—la	ne—le	nai—lai	nei—lei
nao—lao	nan—lan	nang—lang	
neng—leng	ni—li	nie—lie	
niao—liao	niu—liu	nian—lian	
nin—lin	niang—liang	ning—ling	
nu—lu	nou—lou	nuan—luan	
nong—long	nüe—lüe		

第 21 组

拿 ná — 拉 lā	奈 nài — 赖 lài
内 nèi — 类 lèi	脑 nǎo — 老 lǎo
南 nán — 兰 lán	囊 náng — 郎 láng
能 néng — 棱 léng	你 nǐ — 里 lǐ
捏 niē — 列 liè	鸟 niǎo — 辽 liáo
牛 niú — 流 liú	年 nián — 连 lián
您 nín — 林 lín	娘 niáng — 良 liáng
宁 níng — 零 líng	奴 nú — 路 lù

诺 nuò — 落 luò　　暖 nuǎn — 卵 luǎn

农 nóng — 龙 lóng　　女 nǚ — 旅 lǚ

虐 nüè — 略 lüè

第 22 组

n-l	哪里 nǎlǐ	纳凉 nàliáng	奶酪 nǎilào
	耐劳 nàiláo	脑力 nǎolì	内涝 nèilào
	内陆 nèilù	内乱 nèiluàn	能力 nénglì
	能量 néngliàng	泥疗 níliáo	逆流 nìliú
	年历 niánlì	年龄 niánlíng	年轮 niánlún
	凝练 níngliàn	农历 nónglì	农林 nónglín
	努力 nǔlì	女郎 nǚláng	暖流 nuǎnliú
l-n	来年 láinián	烂泥 lànní	老娘 lǎoniáng
	累年 lěinián	冷暖 lěngnuǎn	历年 lìnián
	连年 liánnián	两难 liǎngnán	林农 línnóng
	流脑 liúnǎo	留念 liúniàn	遛鸟 liùniǎo
	落难 luònàn		

注意:要先安排 n、l 单独的训练,对比练习应放到分别训练之后。

第五讲　声母(二)

四、声母的发音(续前)

j [tɕ] 舌面前不送气清塞擦音(见图十九)

舌尖抵住下门齿背,使前舌面贴紧前硬腭,软腭上升,关闭鼻腔通路。在阻塞的部位后面积蓄气流,突然解除阻塞时,在原形成闭塞的部位之间保持适度的间隙,使气流从间隙透出而成声。

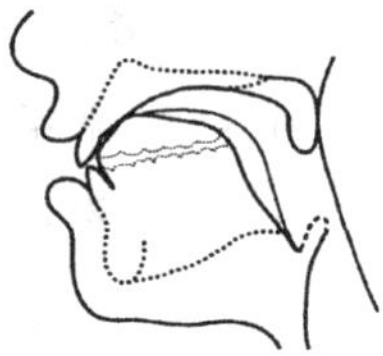

图十九

发音例词:

j-j	激进 jījìn	积极 jījí	击剑 jījiàn	机警 jījǐng
	集结 jíjié	即将 jíjiāng	寂静 jìjìng	计较 jìjiào
	寄居 jìjū	季节 jìjié	家教 jiājiào	家景 jiājǐng
	家具 jiājù	家眷 jiājuàn	夹击 jiājī	佳节 jiājié
	加紧 jiājǐn	加剧 jiājù	嘉奖 jiājiǎng	嫁接 jiàjiē
	间架 jiānjià	坚决 jiānjué	艰巨 jiānjù	间接 jiànjiē
	检举 jiǎnjǔ	见机 jiànjī	建交 jiànjiāo	健将 jiànjiàng
	将军 jiāngjūn	将近 jiāngjìn	将就 jiāngjiu	僵局 jiāngjú
	奖金 jiǎngjīn	讲解 jiǎngjiě	讲究 jiǎngjiu	讲课 jiǎngkè

交际 jiāojì	交接 jiāojiē	交卷 jiāojuàn	胶卷 jiāojuǎn
焦距 jiāojù	矫健 jiǎojiàn	矫捷 jiǎojié	脚尖 jiǎojiān
教具 jiàojù	接见 jiējiàn	接近 jiējìn	阶级 jiējí
洁净 jiéjìng	结交 jiéjiāo	结晶 jiéjīng	结局 jiéjú
节俭 jiéjiǎn	捷径 jiéjìng	竭尽 jiéjìn	解决 jiějué
借鉴 jièjiàn	金橘 jīnjú	紧急 jǐnjí	进军 jìnjūn
近郊 jìnjiāo	近景 jìnjǐng	京剧 jīngjù	精简 jīngjiǎn
经济 jīngjì	经久 jīngjiǔ	警句 jǐngjù	警觉 jǐngjué
境界 jìngjiè	竞技 jìngjì	究竟 jiūjìng	酒精 jiǔjīng
就近 jiùjìn	救济 jiùjì	拘谨 jūjǐn	居家 jūjiā
举荐 jǔjiàn	聚集 jùjí	绝迹 juéjì	军舰 jūnjiàn

q [tɕ^h]或[tɕ‘] 舌面前送气清塞擦音(见图二十)

成阻阶段与 j 相同。与 j 不同的是当前舌面与前硬腭分离并形成适度间隙的时候，声门开启，气流压力增强，擦的阶段用较强气流发出。

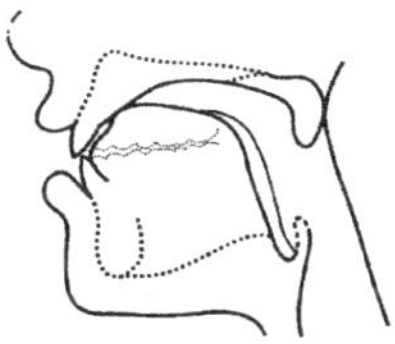

图二十

发音例词：

q-q	漆器 qīqì	七窍 qīqiào	凄切 qīqiè	齐全 qíquán
	骑墙 qíqiáng	祈求 qíqiú	弃权 qìquán	气枪 qìqiāng
	气球 qìqiú	恰巧 qiàqiǎo	牵强 qiānqiǎng	千秋 qiānqiū
	前驱 qiánqū	欠缺 qiànquē	抢亲 qiǎngqīn	窃取 qièqǔ
	亲戚 qīnqi	亲切 qīnqiè	清漆 qīngqī	轻巧 qīngqiǎo
	情趣 qíngqù	请求 qǐngqiú	求全 qiúquán	取巧 qǔqiǎo
	全球 quánqiú	缺欠 quēqiàn	缺勤 quēqín	确切 quèqiè

x [ɕ] 舌面前清擦音(见图二十一)

舌尖抵住下齿背,使前舌面接近硬腭前部,形成适度的间隙,气流从空隙摩擦通过。

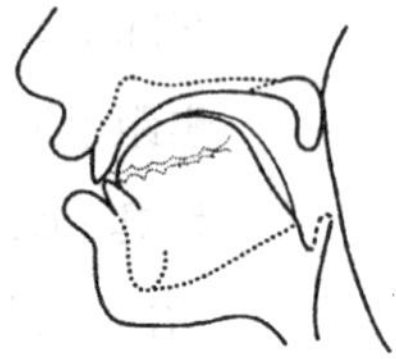

图二十一

发音例词:

x-x	嬉笑 xīxiào	习性 xíxìng	喜讯 xǐxùn	细心 xìxīn
	狭小 xiáxiǎo	下乡 xiàxiāng	下旬 xiàxún	鲜血 xiānxuè
	纤细 xiānxì	闲心 xiánxīn	显现 xiǎnxiàn	险些 xiǎnxiē
	现象 xiànxiàng	现行 xiànxíng	相信 xiāngxìn	乡下 xiāngxia
	详细 xiángxì	想象 xiǎngxiàng	象形 xiàngxíng	消息 xiāoxi
	小学 xiǎoxué	歇息 xiēxi	心胸 xīnxiōng	新鲜 xīnxiān
	新型 xīnxíng	信箱 xìnxiāng	信心 xìnxīn	兴修 xīngxiū
	行凶 xíngxiōng	行星 xíngxīng	凶险 xiōngxiǎn	雄心 xióngxīn
	休想 xiūxiǎng	虚心 xūxīn	喧嚣 xuānxiāo	选修 xuǎnxiū
	学习 xuéxí	学校 xuéxiào	血型 xuèxíng	循序 xúnxù

zh [tʂ] 舌尖后不送气清塞擦音(见图二十二)

舌头前部上举,舌尖抵住硬腭最前端,同时软腭上升,关闭鼻腔通路。在形成阻塞的部位后积蓄气流,突然解除阻塞时,在原形成闭塞的部位之间保持适度的距离,使气流从间隙透出而成声。

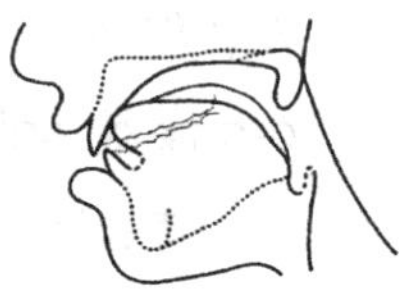

图二十二

发音例词:

zh-zh	扎针 zhāzhēn	债主 zhàizhǔ
	站住 zhànzhù	战争 zhànzhēng
	长者 zhǎngzhě	招展 zhāozhǎn

招致 zhāozhì　　昭彰 zhāozhāng
折中 zhézhōng　　折纸 zhézhǐ
真正 zhēnzhèng　　真挚 zhēnzhì
珍重 zhēnzhòng　　珍珠 zhēnzhū
诊治 zhěnzhì　　针织 zhēnzhī
争执 zhēngzhí　　证章 zhèngzhāng
政治 zhèngzhì　　支柱 zhīzhù
执照 zhízhào　　执政 zhízhèng
纸张 zhǐzhāng　　指正 zhǐzhèng
制止 zhìzhǐ　　忠贞 zhōngzhēn
终止 zhōngzhǐ　　种植 zhòngzhí
周转 zhōuzhuǎn　　蜘蛛 zhīzhū
主张 zhǔzhāng　　注重 zhùzhòng
住宅 zhùzhái　　住址 zhùzhǐ
助长 zhùzhǎng　　专职 zhuānzhí
专政 zhuānzhèng　　转折 zhuǎnzhé

ch [tʂ^{h}]或[tʂ‘] 舌尖后送气清塞擦音(见图二十三)

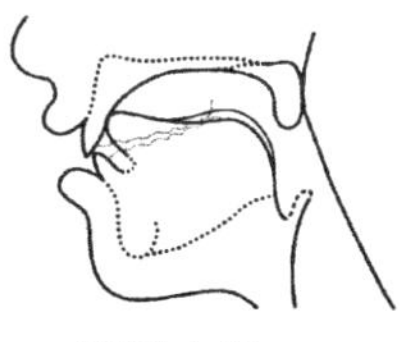
图二十三

成阻阶段与 zh 相同。与 zh 不同的，是在突然解除阻塞时，声门开启，气流压力增强，擦的阶段用较强气流发出。

发音例词：

ch-ch 叉车 chāchē　　查抄 cháchāo
拆穿 chāichuān　　铲除 chǎnchú
长处 chángchù　　长城 Chángchéng
超产 chāochǎn　　超出 chāochū

车床 chēchuáng　　成虫 chéngchóng
城池 chéngchí　　惩处 chéngchǔ
踟蹰 chíchú　　驰骋 chíchěng
充斥 chōngchì　　重唱 chóngchàng
抽查 chōuchá　　踌躇 chóuchú
愁肠 chóucháng　　臭虫 chòuchong
初创 chūchuàng　　出差 chūchāi
出产 chūchǎn　　出场 chūchǎng
出处 chūchù　　橱窗 chúchuāng
除尘 chúchén　　穿插 chuānchā
传抄 chuánchāo　　唇齿 chúnchǐ
戳穿 chuōchuān

sh [ʂ] 舌尖后清擦音(见图二十四)

舌头前部上举,接近硬腭最前端,形成适度的间隙;同时软腭上升,关闭鼻腔通路;使气流从间隙摩擦通过而成声。

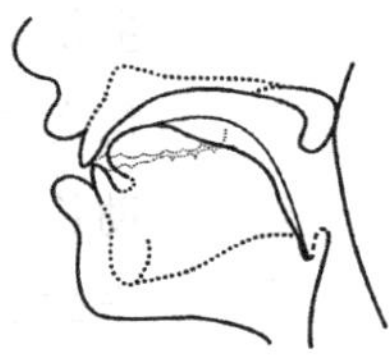
图二十四

发音例词:

sh-sh 杀伤 shāshāng　　山水 shānshuǐ
山势 shānshì　　闪身 shǎnshēn
闪烁 shǎnshuò　　膳食 shànshí
伤神 shāngshén　　赏识 shǎngshí
上身 shàngshēn　　上升 shàngshēng
上声 shǎngshēng　　上述 shàngshù
烧伤 shāoshāng　　少数 shǎoshù
舍身 shěshēn　　设施 shèshī

射手 shèshǒu　　深山 shēnshān

身受 shēnshòu　　身世 shēnshì

神圣 shénshèng　　声势 shēngshì

生疏 shēngshū　　省事 shěngshì

施舍 shīshě　　尸首 shīshǒu

时事 shíshì　　事实 shìshí

誓师 shìshī　　收拾 shōushi

首饰 shǒushi　　手势 shǒushì

手术 shǒushù　　受伤 shòushāng

舒适 shūshì　　书生 shūshēng

熟睡 shúshuì　　述说 shùshuō

甩手 shuǎishǒu　　双声 shuāngshēng

水手 shuǐshǒu　　税收 shuìshōu

顺手 shùnshǒu　　说书 shuōshū

硕士 shuòshì

r [ʐ] 舌尖后浊擦音（见图二十五）

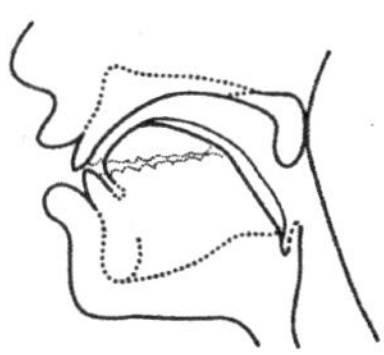

图二十五

舌头前部上举，接近硬腭最前端，形成适度间隙；同时软腭上升，关闭鼻腔通路；声带颤动，气流从间隙中摩擦通过。

发音例词：

r-r 嚷嚷 rāngrang　忍让 rěnràng　忍辱 rěnrǔ　人人 rénrén

仍然 réngrán　容忍 róngrěn　荣辱 róngrǔ　柔软 róuruǎn

柔弱 róuruò　濡染 rúrǎn　如若 rúruò　软弱 ruǎnruò

闰日 rùnrì

z [ts] 舌尖前不送气清塞擦音(见图二十六)

舌尖抵住上门齿背形成阻塞,在阻塞的部位后积蓄气流;同时软腭上升,关闭鼻腔通路;突然解除阻塞时,在原形成阻塞的部位之间保持适度的距离,使气流从间隙透出而成声。

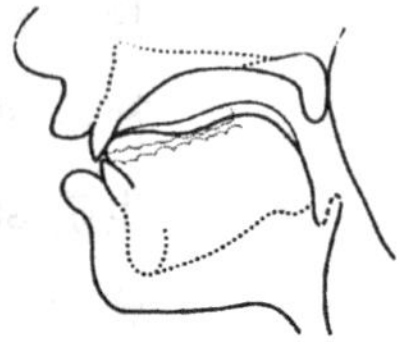

图二十六

发音例词:

z-z 咂嘴 zāzuǐ　栽赃 zāizāng　再造 zàizào　在座 zàizuò
藏族 Zàngzú　遭罪 zāozuì　造作 zàozuò　自在 zìzài
自尊 zìzūn　宗族 zōngzú　总则 zǒngzé　走卒 zǒuzú
走嘴 zǒuzuǐ　祖宗 zǔzong　罪责 zuìzé　做作 zuòzuo

c [tsʰ]或[ts‘] 舌尖前送气清塞擦音(见图二十七)

成阻阶段与 z 相同。与 z 不同的是在突然解除阻塞时,声门开启,气流压力增强,因而,擦的阶段用较强气流发出成声。

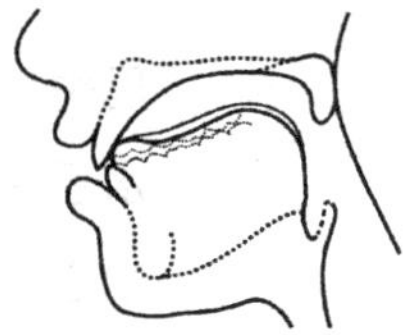

图二十七

发音例词:

c-c 猜测 cāicè　残存 cáncún　仓促 cāngcù　苍翠 cāngcuì
草丛 cǎocóng　参差 cēncī　从此 cóngcǐ　催促 cuīcù
措辞 cuòcí　粗糙 cūcāo　葱翠 cōngcuì　草草 cǎocǎo
苍翠 cāngcuì

s [s] 舌尖前清擦音(见图二十八)

舌尖接近上门齿背,形成间隙;同时软腭上升,关闭鼻腔通路;使气流从间隙摩擦而通过成声。

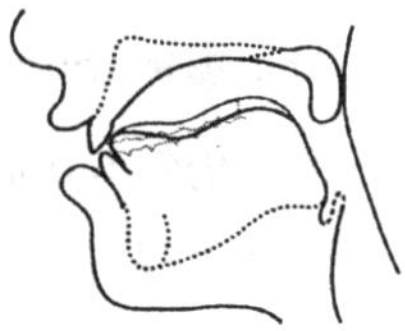

图二十八

发音例词：

s-s	洒扫 sǎsǎo	缫丝 sāosī	色素 sèsù	僧俗 sēngsú
	思索 sīsuǒ	四散 sìsàn	松散 sōngsǎn	送死 sòngsǐ
	搜索 sōusuǒ	诉讼 sùsòng	速算 sùsuàn	琐碎 suǒsuì

五、零声母

每个汉语音节都可以分析成声母和韵母两部分，每个汉字字音结构也都有声母、韵母和声调三部分构成。没有辅音声母的音节称为零声母音节。零声母也是一种声母。零声母的“零”不等于“没有”，它占一个位置，这个位置是个“虚位”，在研究语音的历史演变或进行方言比较研究时具有实际的意义。

汉语拼音方案规定的是拼写方式，当然声母表里没有设计出字母来表示零声母(方言研究一般用[Ø]表示)。汉语拼音方案的韵母表中规定了隔音字母 y、w 的用法，目前小学拼音教学把它们当作声母教，实际就是在 21 个辅音声母之外加上了零声母。

实验语音学证明，零声母往往也有特定的、具有某些辅音特性的起始方式。普通话零声母可以分为两类，一类是开口呼零声母，一类是非开口呼零声母。

非开口呼零声母即除开口呼以外的齐齿呼、合口呼、撮口呼三种零声母的起始方式：

齐齿呼零声母音节用汉语拼音表示，是以隔音字母 y 开头，由于起始部分没有辅音声母，实际发音带有轻微摩擦，是半元音[j]，半元音仍属辅音类。合口呼零声母音节用汉语拼音表示，是以隔音字母 w 开头,实际发音带有轻微摩擦,是半元音 [w]。撮口呼零声母音节用汉语拼音表示,是以隔音字母 y (yu) 开头,实际发音带有轻微的摩擦,是半元音[ɥ]。由此可见,y、w 两个隔音字母的设计有语音学的依据,它们不只是在音节与音节相连中起分隔音节的作用,而且表示一定的实际读音,这与纯粹起隔音作用的隔音符号不同。

开口呼零声母没有拼音字母表示。不经过专门的语音训练,人们一般感觉不到以 ɑ、o、e 开头的音节还有辅音形式存在,因为这些音节开头的辅音形式没有辨义作用。普通话开口呼零声母主要有两种起始形式:

一种是以喉塞音 [ʔ] 开始。喉塞音即声带处声门紧闭,发音时突然放开成声。可以体会诵读诗歌以"啊"抒情时的发音,或全身用力(如搬重物)时所发的开口呼音。另一种是以舌面后浊擦音 [ɣ] 或以舌面后近音 [ɰ]开始。近音即无擦通音,比擦音摩擦轻微。这个音是舌面后(舌根)向软腭接近,形成间隙,声带振动,气流通过间隙发出轻微的摩擦而成声。发音强调用力时多以喉塞音起始,反之则可能以舌面后近音 (或舌面后浊擦音)起始。这两种形式常见于口语语流中,由于它们不起辨义作用,人们往往不加注意。

发音例词:

零声母—零声母

※(开口呼零声母—开、齐、合、撮零声母)

恩爱 ēn'ài	偶尔 ǒu'ěr	阿姨 āyí	安逸 ānyì
熬夜 áoyè	恶意 èyì	扼要 èyào	而已 éryǐ
欧阳 Ōuyáng	安稳 ānwěn	安慰 ānwèi	额外 éwài

讹误 éwù	耳闻 ěrwén	哀怨 āiyuàn	按语 ànyǔ
阿谀 ēyú	厄运 èyùn	恩怨 ēnyuàn	

※(齐齿呼零声母—开、齐、合、撮零声母)

沿岸 yán'àn	要隘 yào'ài	阴暗 yīn'àn	银耳 yín'ěr
幼儿 yòu'ér	因而 yīn'ér	友爱 yǒu'ài	婴儿 yīng'ér
诱饵 yòu'ěr	演义 yǎnyì	艳阳 yànyáng	洋溢 yángyì
扬言 yángyán	谣言 yáoyán	摇曳 yáoyè	耀眼 yàoyǎn
野营 yěyíng	一样 yíyàng	医药 yīyào	意义 yìyì
益友 yìyǒu	抑扬 yìyáng	异样 yìyàng	阴影 yīnyǐng
营业 yíngyè	悠扬 yōuyáng	友谊 yǒuyì	油印 yóuyìn
蚰蜒 yóuyán	眼窝 yǎnwō	厌恶 yànwù	阎王 Yánwang
延误 yánwù	药物 yàowù	要闻 yàowén	夜晚 yèwǎn
业务 yèwù	依偎 yīwēi	医务 yīwù	仰望 yǎngwàng
遗忘 yíwàng	疑问 yíwèn	贻误 yíwù	以外 yǐwài
以往 yǐwǎng	以为 yǐwéi	义务 yìwù	译文 yìwén
异物 yìwù	因为 yīnwèi	引文 yǐnwén	鹦鹉 yīngwǔ
游艺 yóuyì	游玩 yóuwán	言语 yányǔ	沿用 yányòng
演员 yǎnyuán	眼晕 yǎnyùn	谚语 yànyǔ	养育 yǎngyù
仰泳 yǎngyǒng	遥远 yáoyuǎn	业余 yèyú	医院 yīyuàn
遗愿 yíyuàn	疑云 yíyún	意愿 yìyuàn	抑郁 yìyù
易于 yìyú	异域 yìyù	音乐 yīnyuè	银元 yínyuán
隐约 yǐnyuē	英勇 yīngyǒng	影院 yǐngyuàn	应用 yìngyòng
忧郁 yōuyù	优裕 yōuyù	优越 yōuyuè	游泳 yóuyǒng
犹豫 yóuyù	由于 yóuyú	有余 yǒuyú	

※(合口呼零声母—开、齐、合、撮零声母)

外耳 wài'ěr	玩偶 wán'ǒu	晚安 wǎn'ān	万恶 wàn'è
巍峨 wēi'é	问安 wèn'ān	外延 wàiyán	外衣 wàiyī
外因 wàiyīn	蜿蜒 wānyán	喂养 wèiyǎng	丸药 wányào
万一 wànyī	汪洋 wāngyáng	威严 wēiyán	偎依 wēiyī
伟业 wěiyè	文言 wényán	文艺 wényì	乌鸦 wūyā
乌有 wūyǒu	呜咽 wūyè	无疑 wúyí	武艺 wǔyì
五一 Wǔyī	午夜 wǔyè	外围 wàiwéi	外文 wàiwén
外屋 wàiwū	玩味 wánwèi	万物 wànwù	忘我 wàngwǒ
威望 wēiwàng	威武 wēiwǔ	为伍 wéiwǔ	文物 wénwù
无畏 wúwèi	五味 wǔwèi	蛙泳 wāyǒng	外语 wàiyǔ
委员 wěiyuán	谓语 wèiyǔ	位于 wèiyú	无援 wúyuán

※(撮口呼零声母—开、齐、合、撮零声母)

余额 yú'é	鱼饵 yú'ěr	悦耳 yuè'ěr	员额 yuán'é
庸医 yōngyī	拥有 yōngyǒu	用意 yòngyì	鱼鹰 yúyīng
渔业 yúyè	语言 yǔyán	语音 yǔyīn	雨衣 yǔyī
寓言 yùyán	寓意 yùyì	预约 yùyuē	鸳鸯 yuānyāng
园艺 yuányì	原野 yuányě	原因 yuányīn	原样 yuányàng
远洋 yuǎnyáng	愿意 yuànyì	怨言 yuànyán	月牙 yuèyá
乐音 yuèyīn	云游 yúnyóu	运营 yùnyíng	用武 yòngwǔ
渔网 yúwǎng	欲望 yùwàng	冤枉 yuānwang	原文 yuánwén
援外 yuánwài	愿望 yuànwàng	云雾 yúnwù	韵味 yùnwèi
永远 yǒngyuǎn	踊跃 yǒngyuè	用语 yòngyǔ	愉悦 yúyuè
御用 yùyòng	运用 yùnyòng	孕育 yùnyù	

思考题：

1）总结自己在发音训练中区分舌尖后音 zh、ch、sh 舌尖前音 z、c、s 和舌面前音 j、q、x 的体会。

2）读一读零声母的发音例词，注意自己所处方言中读什么声母，看看是否带有规律性。

语音训练(三)

1. 舌面前音 j、q、x 的发音训练

普通话声母 j、q、x 是舌面前音。发音的主要问题是：发音部位靠前，接近舌尖前音 z、c、s。一些分“尖团”的方言，常常在齐齿呼、撮口呼前面既可以拼声母 j、q、x（团音），也可以拼声母 z、c、s（尖音）。而普通话在齐齿呼、撮口呼前面只拼 j、q、x，不拼 z、c、s（不分“尖团”）。北方方言百分之八十与普通话一样不分“尖团”（分“尖团”的只有河北、河南、江苏、山东、山西、广西等其中一部分地区），但并不是说北方人发 j、q、x 就没有问题了，包括东北人、北京人（多数为女性）在内，常出现部位靠前，甚至把 j、q、x 发成 z、c、s 的情况。讲粤语的人则容易用舌叶音代替舌面前的 j、q、x。

练习发音时，舌面前部隆起，抵住或接近硬腭最前端，构成阻碍。让舌尖深深地垂到下门齿背后，一定不使舌尖或舌叶在发音中起作用。也可以用 g、k、h 与前高元音 i 拼合，从舌面中后部开始，逐渐把舌面与上腭构成阻碍前移，当舌尖抵住下门齿背时，要放慢一点，直到部位准确为止。这种由后向前的移动办法，可以充分体会舌面音发音部位的前后，这也正是北方话一部分历史上读 g、k、h 的字演变为 j、q、x 的过程。由于普通话没有这样的音节，

也不会同其他音节相混。

2. 舌尖前音 z、c、s 的发音训练

汉语只有少数方言没有声母 z、c、s,如湖北钟祥,而多数人学习没有大的困难。受方言影响出现的主要问题是发音部位比普通话靠后。普通话的 z、c、s 是舌尖前音,舌尖与上门齿背构成阻碍,也有人是舌尖抵住下齿背,听起来音色没有差别(参见《普通话发音图谱》)。而有的方言,如广东潮州、海南、江苏常熟,是舌尖与上齿龈构成阻碍,听起来有的像"翘舌音"的色彩。练习发音的时候,首先要找准部位,舌尖抵在上齿背后,或者让舌尖抵住下齿背,控制舌尖不要抬起。

3. 舌面前音 j、q、x 与舌尖前音 z、c、s 的区分

需要区分这两组的是分"尖团"的方言,或有舌叶音的方言,如粤语。(参见"一")注意:在普通话语音系统里,齐齿呼、撮口呼的韵母只同舌面前音 j、q、x 相拼,不同 z、c、s 相拼。广州话舌叶音声母字在普通话里分别读作 z、c、s;zh、ch、sh; j、q、x 三组声母。广州人学习普通话的 j、q、x 声母,在齐齿呼、撮口呼韵母前,常常是部位明显靠前,像是 z、c、s;而当发 zi [tsɿ]、ci [ts‘ɿ]、si [sɿ]、zhi [tʂʅ]、chi [tʂ‘ʅ]、shi [ʂʅ] 等一类音节时,把前面的声母发成舌叶音,后面的舌尖元音读作舌面的前高元音 i,听起来很像是 ji、qi、xi。纠正的方法参见前面"一"、"二"。

第 23 组 za—jia　zi—ji　ca—qia

ci—qi　sa—xia　si—xi

资 zī — 机 jī　　紫 zǐ — 几 jǐ　　自 zì — 计 jì
疵 cī — 期 qī　　词 cí — 齐 qí　　此 cǐ — 起 qǐ
次 cì — 气 qì　　思 sī — 西 xī　　死 sǐ — 洗 xǐ
四 sì — 细 xì

第 24 组

z、c、s — j、q、x

资金 zījīn　字迹 zìjì　字句 zìjù　自己 zìjǐ
自家 zìjiā　自觉 zìjué　瓷器 cíqì　刺激 cìjī
词句 cíjù　赐教 cìjiào　思想 sīxiǎng　思绪 sīxù
私交 sījiāo　私情 sīqíng　私心 sīxīn　司机 sījī
丝线 sīxiàn　死角 sǐjiǎo　死心 sǐxīn　四季 sìjì

j、q、x — z、c、s

缉私 jīsī　集资 jízī　祭祀 jìsì　妻子 qīzǐ
其次 qícì　袖子 xiùzi　下策 xiàcè　席子 xízi
习字 xízì　细瓷 xìcí

4. 舌尖后音 zh、ch、sh 的发音训练

普通话有舌尖后音声母 zh、ch、sh、r，而许多汉语方言没有这套声母，也是普通话语音教学的难点之一。

主要存在的问题是：

1) 发音部位靠前。练习人往往舌尖对着上齿龈发音，就以为到位了。指导练习时，注意舌头稍稍后缩，舌头前部上举，舌尖接触(zh、ch)或接近(sh)硬腭的前端。也可以用夸张的办法，尽量使舌尖后缩。尽管这样发音不很准确，初学阶段可以试试，体会“翘舌”的感觉。

2) 舌头肌肉过于紧张,常伴有拢唇的动作。指导发音时,要使舌尖轻巧的接触或接近硬腭前端,舌肌放松,不紧张。

3) 舌尖过于后卷,或者接触上腭的面积过大,听起来部位靠后。可以参考前面的正音方法。

普通话读 zh、ch、sh 的字在方言中大多读舌尖前音 z、c、s。学习 zh、ch、sh 的发音的同时,要下功夫记忆普通话zh、ch、sh 声母字。为了帮助记忆,可以参考下面的两个附表。

在直接记忆 zh、ch、sh 声母字的同时,还可以采用其他辅助方法。例如,从音节的拼合规律入手,会发现普通话声母 z、c、s 决不同韵母 ua、uai、uang 相拼,利用这个规律对韵母是 ua、uai、uang 的字,就可以放心地读 zh、ch、sh 了。

另外,从舌尖前音 z、c、s 和舌尖后音 zh、ch、sh 字数的比例上看,舌尖后音约占两者总和的 70%,而舌尖前音只约占 30%。可以利用舌尖前音字少的特点,记忆少量的舌尖前音字,可以帮助分辨对比的舌尖后音字。有些舌尖前音的音节只包含极少数常用字(3500 个常用字以内的),下面列出:

ca ①擦

ceng ②层曾 ④※蹭

cou ④凑

cuan ②※攒 ④窜※篡

sen ①森

seng ①※僧

za ①扎(～腰带) ②杂※砸

zen　③怎

zou　③走 ④奏※揍

zuan　①钻(～孔) ④钻(～石)

(与以上舌尖前音音节对比的舌尖后音常用字、次常用字共129个)

附：1. 舌尖后音声母字记忆表

凡　例

1. 下列汉字按照声母 zh、ch、sh 的顺序排列。

2. 类推部分中的代表字,不是常用字的加注汉语拼音。括号中的例外字不限于常用字。

一、利用代表字类推

(1) 代表字为 zh 声母的:

丈— 丈 zhàng　仗 zhàng　杖 zhàng

止— 止 zhǐ　趾 zhǐ　址 zhǐ　齿 chǐ　耻 chǐ　扯 chě

专— 专 zhuān　砖 zhuān　转 zhuàn　传 chuán

支— 支 zhī　枝 zhī　肢 zhī　吱 zhī　翅 chì

中— 中 zhōng　忠 zhōng　钟 zhōng　盅 zhōng　衷 zhōng
种 zhǒng　肿 zhǒng　仲 zhòng　冲 chōng

长— 长 zhǎng　张 zhāng　涨 zhǎng　胀 zhàng　帐 zhàng
账 zhàng

正— 正 zhèng　征 zhēng　症 zhèng　怔 zhèng　证 zhèng
政 zhèng　惩 chéng

主— 主 zhǔ　住 zhù　注 zhù　柱 zhù　拄 zhǔ　驻 zhù

蛀 zhù

占— 占 zhàn　沾 zhān　站 zhàn　战 zhàn　粘 zhān

毡 zhān　苫 shàn　(例外字：钻 zuān)

召— 召 zhào　照 zhào　招 zhāo　昭 zhāo　沼 zhǎo

超 chāo　绍 shào

只— 只 zhī　织 zhī　职 zhí　帜 zhì　识 shí

执— 执 zhí　挚 zhì　势 shì

至— 至 zhì　侄 zhí　致 zhì　窒 zhì　室 shì

贞— 贞 zhēn　侦 zhēn

朱— 朱 zhū　珠 zhū　蛛 zhū　株 zhū　殊 shū

旨— 旨 zhǐ　指 zhǐ　脂 zhī

争— 争 zhēng　挣 zhèng　睁 zhēng　狰 zhēng　筝 zhēng

折— 折 zhé　哲 zhé　浙 Zhè　誓 shì　逝 shì

者— 者 zhě　诸 zhū　猪 zhū　煮 zhǔ　著 zhù　储 chǔ

署 shǔ　薯 shǔ　暑 shǔ　奢 shē

直— 直 zhí　值 zhí　置 zhì　殖 zhí

知— 知 zhī　智 zhì　蜘 zhī

珍— 珍 zhēn　诊 zhěn　疹 zhěn　趁 chèn

真— 真 zhēn　镇 zhèn　慎 shèn

振— 振 zhèn　震 zhèn

章— 章 zhāng　障 zhàng　彰 zhāng　樟 zhāng

啄— 啄 zhuó　琢 zhuó

翟— 翟 zhái　戳 chuō

詹(zhān)— 詹 zhān　瞻 zhān　赡 shàn

朝— 朝 zhāo　潮 cháo　嘲 cháo

爪— 爪 zhuǎ　抓 zhuā

枕— 枕 zhěn　忱 chén　沉 chén

之— 之 zhī　芝 zhī

治— 治 zhì　始 shǐ

周— 周 zhōu　绸 chóu　稠 chóu

州— 州 zhōu　洲 zhōu　酬 chóu

撞— 撞 zhuàng　幢 chuáng

卓— 卓 zhuó　桌 zhuō　罩 zhào　绰 chuò

乍(zhà)— 炸 zhà　榨 zhà　诈 zhà　窄 zhǎi　(例外字：咋 zá　怎 zěn　昨 zuó　作 zuò)

斩— 斩 zhǎn　崭 zhǎn　(例外字：暂 zàn　惭 cán)

壮— 壮 zhuàng　妆 zhuāng　装 zhuāng　状 zhuàng　(例外字：奘 zàng)

隹(zhuī)— 锥 zhuī　椎 zhuī　准 zhǔn　(例外字：榫 sǔn　睢 suī)

遮— 遮 zhē　蔗 zhè

(2) 代表字为 ch 声母的：

叉— 叉 chā　杈 chā　衩 chǎ

斥— 斥 chì　拆 chāi　(例外字：诉 sù)

出— 茁 zhuó　拙 zhuō　出 chū　础 chǔ

池— 池 chí　驰 chí　弛 chí　施 shī

产— 产 chǎn　铲 chǎn

场— 场 chǎng　肠 cháng　畅 chàng

成— 成 chéng　城 chéng　诚 chéng　盛 shèng
抄— 抄 chāo　吵 chǎo　钞 chāo　炒 chǎo
辰— 震 zhèn　辰 chén　晨 chén　唇 chún
呈— 呈 chéng　程 chéng　逞 chěng　(例外字：锃 zèng)
昌— 昌 chāng　猖 chāng　唱 chàng　倡 chàng
垂— 垂 chuí　捶 chuí　锤 chuí　睡 shuì
春— 春 chūn　椿 chūn　蠢 chǔn
喘— 喘 chuǎn　揣 chuāi
厨— 厨 chú　橱 chú
筹— 筹 chóu　畴 chóu
查— 喳 zhā　渣 zhā　查 zhā　碴 chá
搀— 搀 chān　馋 chán
颤— 颤 chàn　擅 shàn
尝— 尝 cháng　偿 cháng
撤— 辙 zhé　撤 chè　澈 chè
乘— 乘 chéng　剩 shèng
橙— 橙 chéng　澄 chéng
丞(chéng)— 蒸 zhēng　拯 zhěng　丞 chéng
尺— 尺 chǐ　迟 chí
虫— 浊 zhuó　烛 zhú　虫 chóng　触 chù
愁— 愁 chóu　瞅 chǒu
车— 阵 zhèn　车 chē
吹— 吹 chuī　炊 chuī
刍(chú)— 皱 zhòu　刍 chú　雏 chú

(3) 代表字为 sh 声母的：

少— 吵 chǎo　抄 chāo　炒 chǎo　钞 chāo　少 shào
　　沙 shā　纱 shā　砂 shā

市— 市 shì　柿 shì

申— 申 shēn　伸 shēn　呻 shēn　绅 shēn　神 shén
　　审 shěn　婶 shěn

生— 生 shēng　胜 shèng　牲 shēng　笙 shēng
　　甥 shēng

式— 式 shì　试 shì　拭 shì

师— 师 shī　狮 shī　筛 shāi　(例外字：蛳 sī)

诗— 峙 zhì　痔 zhì　持 chí　诗 shī　侍 shì　恃 shì
　　(例外字：寺 sì)

叔— 叔 shū　淑 shū

尚— 掌 zhǎng　常 cháng　尚 shàng　赏 shǎng　裳 cháng

受— 受 shòu　授 shòu

舍— 舍 shě　啥 shá

刷— 刷 shuā　涮 shuàn

删— 删 shān　珊 shān　(例外字：册 cè)

稍— 稍 shāo　捎 shāo　梢 shāo　哨 shào

率— 率 shuài　摔 shuāi　蟀 shuài

善— 善 shàn　膳 shàn

暑— 暑 shǔ　署 shǔ　薯 shǔ　曙 shǔ

衫— 衫 shān　杉 shān

单(shàn)— 阐 chǎn　蝉 chán　单 shàn

勺— 酌 zhuó　灼 zhuó　勺 sháo　芍 sháo

舌— 舌 shé　舍 shě　啥 shá

失— 秩 zhì　失 shī

十— 针 zhēn　汁 zhī　十 shí　什 shén

史— 史 shǐ　驶 shǐ

寿— 铸 zhù　筹 chóu　畴 chóu　寿 shòu

疏— 疏 shū　蔬 shū　梳 shū

属— 嘱 zhǔ　瞩 zhǔ　属 shǔ

栓— 栓 shuān　拴 shuān

说— 说 shuō　税 shuì

二、利用汉字声旁的声母读音判断

（1）zh 声母字

1）声旁读作 d 的字：

查 zhā　渣 zhā　喳 zhā　摘 zhāi　绽 zhàn

招 zhāo　昭 zhāo　沼 zhǎo　召 zhào　照 zhào

滞 zhì　终 zhōng　昼 zhòu　坠 zhuì　重 zhòng

追 zhuī

2）声旁读作 t 的字：

治 zhì　撞 zhuàng

（2）ch 声母字

声旁读作 d 的字：

喳 chā　查 chá　碴 chá　蝉 chán　阐 chǎn

铛 chēng　澄 chéng　橙 chéng　侈 chǐ　重 chóng

初 chū　颤 chàn　戳 chuō　揣 chuāi

声旁读作 t 的字：

幢 chuáng　纯 chún

(3) sh 声母字

声旁读作 d 的字：

税 shuì　说 shuō　擅 shàn

声旁读作 t 的字：

蛇 shé　社 shè　始 shǐ

(4) 声旁与读作 d、t 的字有关：

占 zhàn　(店 diàn　点 diǎn) — 沾 zhān　粘 zhān
毡 zhān　战 zhàn　站 zhàn

者 zhě　(都 dū　堵 dǔ　赌 dǔ) — 诸 zhū　猪 zhū
煮 zhǔ　著 zhù　暑 shǔ　署 shǔ

真 zhēn　(颠 diān　填 tián) — 镇 zhèn　慎 shèn

周 zhōu　(调 diào　雕 diāo) — 稠 chóu　绸 chóu

隹 zhuī　(堆 duī　推 tuī) — 椎 zhuī　锥 zhuī　准 zhǔn
稚 zhì　谁 shuí

卓 zhuó　(掉 diào) — 桌 zhuō　罩 zhào　绰 chuò

垂 chuí　(唾 tuò) — 锤 chuí　捶 chuí　睡 shuì

尚 shàng (躺 tǎng　趟 tàng) — 掌 zhǎng　常 cháng
敞 chǎng　赏 shǎng　裳 cháng

勺 sháo　(钓 diào) — 酌 zhuó　芍 sháo

罙 shēn　(探 tàn) — 深 shēn

是 shì　(提 tí　堤 dī) — 匙 chí

寿 shòu　(涛 tāo) — 铸 zhù　筹 chóu　畴 chóu

也 yě　(地 dì　他 tā)— 池 chí　驰 chí　弛 chí　施 shī

附：2. 舌尖后音声母常用字字表(选自 3500 字)

凡　例

1. 本表选自部颁《现代汉语常用字表》(3500)。

2. 符号①②③④分别表示普通话声调的阴平、阳平、上声、去声。

3. 符号※前面的字是常用字(2500)范围内的，其后面的字是次常用字(1000)范围内的。

zh-

zha　① 扎查渣※喳 ② 扎轧闸炸※铡 ③ 眨 ④ 炸榨※乍诈栅

zhai　① 摘※斋 ② 宅择 ③ 窄 ④ 债寨

zhan　① 占沾粘※毡瞻 ③ 斩盏展崭 ④ 占战站颤※栈绽蘸

zhang　① 张章※彰樟 ③ 长涨掌 ④ 丈仗帐胀涨障※杖账

zhao　① 招 朝※昭 ③爪找※沼 ④ 召兆赵照罩

zhe　① 折遮 ② 折哲※辙 ③ 者 ④ 这浙※蔗

zhen　① 贞针侦珍真※斟榛 ③ 诊枕※疹 ④ 阵振震镇

zheng　① 正争挣症睁筝蒸※怔狰 ③ 整※拯 ④ 正证郑政挣症

zhi　① 之支只汁芝枝知肢织脂蜘※吱 ② 执直侄值职植殖 ③ 止只旨址纸指※趾 ④ 至志识帜制质治致秩智置※挚掷窒滞稚

zhong　① 中忠终钟※盅衷 ③ 肿种 ④ 中众种重※仲

zhou　① 舟周洲粥 ② ※轴 ③ ※肘帚 ④ 宙昼皱骤※咒轴

zhu　① 朱珠株诸猪蛛 ② 术(白～)竹逐烛 ③ 主煮属嘱※拄④ 助住注驻柱祝着铸筑※贮蛀

zhua　① 抓 ③ 爪

zhuai　③ 转(～文)

zhuan　① 专砖 ③ 转 ④ 传转赚※撰

zhuang　① 庄装※妆桩 ④ 壮状撞※幢

zhui　① 追※椎锥 ④ 坠缀赘

zhun　① ※谆 ③ 准

zhuo　① 捉桌※拙卓 ② 浊啄※灼茁酌琢

ch-

cha　① 叉(～子)差(～别)插※杈喳 ② 茶查察※茬碴 ③ 叉(～开腿)※衩(裤～) ④ 叉(劈～)岔差※杈刹衩(开～)

chai　① 拆差 ② 柴※豺

chan　① ※掺搀 ② 单馋缠※蝉 ③ 产铲※阐 ④ 颤

chang　① 昌※猖 ② 长场肠尝常偿 ③ 厂场敞 ④ 畅倡唱

chao　① 抄吵钞超※绰 ② 巢朝潮 ③ 吵炒

che　① 车 ③ 扯 ④ 彻撤※澈

chen　② 臣尘辰沉陈晨※沉 ④ 衬称趁

cheng　① ※铛 ② 成呈诚承城乘盛程惩※澄橙 ④ 秤

chi　① 吃※嗤痴 ② 池驰迟持匙※弛 ③ 尺齿耻※侈 ④ 斥赤翅

chong　① 冲充 ② 虫种重崇 ③ ※宠 ④ 冲

chou ① 抽 ② 仇绸酬稠愁筹※畴 ③ 丑 ④ 臭

chu ① 出初 ② 除厨锄※雏橱 ③ 处础储楚 ④ 处畜触※矗

chuai ① ※揣(怀～) ③ ※揣(～测) ④ ※揣(囊～)

chuan ① 川穿 ② 传船 ③ 喘 ④ 串

chuang ① 创疮窗 ② 床※幢 ③ 闯 ④ 创

chui ① 吹炊 ② 垂锤※捶

chun ① 春※椿 ② 纯唇※淳醇 ③ 蠢

chuo ① 戳 ④ 绰

sh-

sha ① 杀沙纱※杉刹砂煞 ② ※啥 ③ 傻 ④ 厦※煞霎

shai ① 筛 ③ 色(～子) ④ 晒

shan ① 山删衫扇※杉苫珊栅 ③ 闪陕※掺(～手) ④ 单(姓)扇善※苫擅膳赡

shang ① 伤商 ③ 上(～声)晌赏 ④ 上尚

shao ① 捎烧梢稍 ② 勺※芍 ③ 少 ④ 少绍捎哨稍

she ① 奢赊 ② 舌折蛇 ③ 舍 ④ 设社舍射涉摄※赦

shei ② 谁

shen ① 申伸身参深※呻绅 ② 什神 ③ 沈审婶 ④ 肾甚渗慎

sheng ① 升生声牲※笙甥 ② 绳 ③ 省 ④ 圣胜乘盛剩

shi ① 尸失师诗狮施湿※虱 ② 十什(～锦)石时识实拾食蚀 ③ 史使始驶※矢屎 ④ 士氏示世市式似(～的)势事侍饰试视柿是适室逝释誓※拭恃嗜

shou ① 收 ② 熟 ③ 手守首 ④ 寿受授售兽瘦

shu ① 书叔殊梳舒疏输蔬※抒枢淑 ② 熟※秫赎
③ 暑属鼠数薯※黍署蜀曙 ④ 术束述树竖数※恕庶墅漱

shua ① 刷 ③ 耍

shuai ① 衰摔 ③ 甩 ④ 帅率※蟀

shuan ① 拴※栓 ④ ※涮

shuang ① 双霜 ③ 爽

shui ③ 水 ④ 说(游～)税睡

shun ③ 吮 ④ 顺※瞬

shuo ④ 数(～见不鲜)※烁硕

5. 舌尖前音 z、c、s 与舌尖后音 zh、ch、sh 的区分

这两组音的区分在学习普通话声母中占有重要的地位。多数方言是 zh、ch、sh 混入 z、c、s。

这两组音对比的音节有 47 对。zei、zhua、shua、zhuai、chuai、shuai、zhuang、chuang、shuang、song、(shei)等音节没有对比的音节。

第 25 组 zha—za cha—ca sha—sa zhe—ze
che—ce she—se zhi—zi chi—ci
shi—si zhai—zai chai—cai shai—sai
zhao—zao chao—cao shao—sao
zhou—zou chou—cou shou—sou
zhan—zan chan—can shan—san
zhen—zen chen—cen shen—sen

zhang—zang　chang—cang　shang—sang
zheng—zeng　cheng—ceng　sheng—seng
zhu—zu　chu—cu　shu—su　zhuo—zuo
chuo—cuo　shuo—suo　zhui—zui
chui—cui　shui—sui　zhuan—zuan
chuan—cuan　shuan—suan　zhun—zun
chun—cun　shun—sun　zhong—zong
chong—cong

第 26 组 闸 zhá—杂 zá　插 chā—擦 cā　沙 shā—撒 sā
折 zhé—则 zé　彻 chè—测 cè　社 shè—色 sè
只 zhǐ—紫 zǐ　持 chí—词 cí　是 shì—四 sì
寨 zhài—在 zài　柴 chái—才 cái　照 zhào—造 zào
超 chāo—操 cāo　少 shǎo—扫 sǎo　宙 zhòu—奏 zòu
臭 chòu—凑 còu　收 shōu—搜 sōu　站 zhàn—赞 zàn
产 chǎn—惨 cǎn　山 shān—三 sān　诊 zhěn—怎 zěn
张 zhāng—脏 zāng　常 cháng—藏 cáng
商 shāng—桑 sāng　争 zhēng—增 zēng
生 shēng—僧 sēng　逐 zhú—足 zú
出 chū—粗 cū　卓 zhuó—昨 zuó
戳 chuō—撮 cuō　说 shuō—缩 suō
坠 zhuì—最 zuì　吹 chuī—催 cuī
睡 shuì—碎 suì　专 zhuān—钻 zuān
串 chuàn—篡 cuàn　栓 shuān—酸 suān
谆 zhūn—尊 zūn　春 chūn—村 cūn

顺 shùn —损 sǔn　　中 zhōng —宗 zōng

虫 chóng —从 cóng

第 27 组

zh-z 张嘴 zhāngzuǐ	振作 zhènzuò	赈灾 zhènzāi
正在 zhèngzài	正字 zhèngzì	正宗 zhèngzōng
知足 zhīzú	职责 zhízé	指责 zhǐzé
治罪 zhìzuì	制作 zhìzuò	猪鬃 zhūzōng
主宰 zhǔzǎi	铸造 zhùzào	转赠 zhuǎnzèng
装载 zhuāngzài	壮族 Zhuàngzú	追踪 zhuīzōng
准则 zhǔnzé	沼泽 zhǎozé	
z-zh 杂志 zázhì	栽种 zāizhòng	在职 zàizhí
增长 zēngzhǎng	资助 zīzhù	自治 zìzhì
自重 zìzhòng	自传 zìzhuàn	自主 zìzhǔ
总账 zǒngzhàng	总之 zǒngzhī	阻止 zǔzhǐ
组织 zǔzhī	罪状 zuìzhuàng	遵照 zūnzhào
坐镇 zuòzhèn	作战 zuòzhàn	作者 zuòzhě
作主 zuòzhǔ	载重 zàizhòng	宗旨 zōngzhǐ
ch-c 差错 chācuò	长辞 chángcí	场次 chǎngcì
车次 chēcì	陈醋 chéncù	成材 chéngcái
冲刺 chōngcì	出操 chūcāo	除草 chúcǎo
储藏 chǔcáng	穿刺 chuāncì	纯粹 chúncuì
船舱 chuáncāng	尺寸 chǐcùn	揣测 chuǎicè
蠢才 chǔncái	春蚕 chūncán	初次 chūcì
c-ch 财产 cáichǎn	采茶 cǎichá	残喘 cánchuǎn

操场 cāochǎng 操持 cāochí 草创 cǎochuàng
磁场 cíchǎng 促成 cùchéng 错处 cuòchù
彩绸 cǎichóu 餐车 cānchē 辞呈 cíchéng
粗茶 cūchá 仓储 cāngchǔ

sh-s 上司 shàngsi 上溯 shàngsù 上诉 shàngsù
哨所 shàosuǒ 深思 shēnsī 深邃 shēnsuì
申诉 shēnsù 神色 shénsè 神速 shénsù
生死 shēngsǐ 绳索 shéngsuǒ 胜似 shèngsì
石笋 shísǔn 世俗 shìsú 誓死 shìsǐ
食宿 shísù 收缩 shōusuō 手松 shǒusōng
疏散 shūsàn 疏松 shūsōng 输送 shūsòng
殊死 shūsǐ 熟思 shúsī

s-sh 散失 sànshī 丧失 sàngshī 扫射 sǎoshè
扫视 sǎoshì 私事 sīshì 死守 sǐshǒu
四声 sìshēng 松手 sōngshǒu 宿舍 sùshè
诉说 sùshuō 素食 sùshí 随身 suíshēn
随手 suíshǒu 随时 suíshí 岁数 suìshu
缩手 suōshǒu 缩水 suōshuǐ 所属 suǒshǔ
桑树 sāngshù 算术 suànshù 私塾 sīshú
琐事 suǒshì 唆使 suōshǐ

第 28 组 战时 zhànshí —暂时 zànshí
初步 chūbù —粗布 cūbù
三色 sānsè —山色 shānsè
臭钱 chòuqián —凑钱 còuqián

主力 zhǔlì —阻力 zǔlì

摘花 zhāihuā —栽花 zāihuā

照旧 zhàojiù —造就 zàojiù

诗人 shīrén —私人 sīrén

推迟 tuīchí —推辞 tuīcí

商数 shāngshù —桑树 sāngshù

师长 shīzhǎng —司长 sīzhǎng

杂技 zájì —札记 zhájì

终止 zhōngzhǐ —宗旨 zōngzhǐ

春装 chūnzhuāng —村庄 cūnzhuāng

支援 zhīyuán —资源 zīyuán

出息 chūxi —粗细 cūxì

木柴 mùchái —木材 mùcái

实数 shíshù —食宿 shísù

商业 shāngyè —桑叶 sāngyè

生人 shēngrén —僧人 sēngrén

山脚 shānjiǎo —三角 sānjiǎo

重来 chónglái —从来 cónglái

出操 chūcāo —粗糙 cūcāo

杀人 shārén —仨人 sārén

撤身 chèshēn —侧身 cèshēn

志愿 zhìyuàn —自愿 zìyuàn

鱼翅 yúchì —鱼刺 yúcì

近视 jìnshì —近似 jìnsì

收集 shōují —搜集 sōují

资助 zīzhù —支柱 zhīzhù

仿照 fǎngzhào —仿造 fǎngzào

6. 舌尖后音 r 的发音训练

凡是没有声母 zh、ch、sh 的方言，自然没有这个舌尖后音部位的浊音声母 r。在学习掌握了 zh、ch、sh 声母发音的基础上学好 r 很方便。r 是个浊擦音，与它同部位的还有一个清擦音 sh。可以先发一个声带不颤动的清音声母 sh，气流不断，发音部位不变，加入声带颤动的发音动作，就可以得到一个浊擦音 r 了。注意：r 的实际音值没有擦音摩擦得那样重，因此也描写为浊通音[ɻ]。练习 r 的发音时，摩擦不要过重，舌尖轻巧一些，舌肌不要过于紧张。

普通话 r 声母字在方言里有多种读法。没有 zh、ch、sh 声母，而有 z、c、s 的方言，常见把普通话 r 声母字读作舌尖前浊擦音[z]，例如山西太原、盂县，以及成都、苏州、温州等。有读作边音 l[l]的，如闽语、南昌、扬州、济南等方言。有读作鼻音 n[n]的，如汉口。有读零声母齐齿呼、撮口呼的，如山东东部。也有些方言虽有声母 r，但不拼合口呼。凡是普通话的 r 声母和零声母的合口呼字读作齿唇浊音[v]，如西北方言。(实际对应是有条件的，此处只作粗略的描述)

普通话读舌尖后音声母 r 的字并不多，3500 个常用字中只有 55 个，它们是：

ran　②然燃③染

rang　①嚷②※瓤③壤嚷※攘④让

rao　②饶③扰④绕

re　③惹④热

ren　②人仁任③忍④刃认任※纫韧

reng　①扔②仍

ri　④日

rong　②荣绒容熔融※茸蓉溶榕③※冗

rou　②柔揉※蹂④肉

ru　②如※儒蠕③乳辱④入※褥

ruan　③软

rui　③※蕊④锐瑞

run　④润※闰

ruo　④若弱

第六讲　韵母（一）

一、什么是韵母

韵母是汉字字音结构声母后面的部分。

普通话有 39 个韵母，其中 23 个由元音（单元音或复合元音）充当，16 个由元音附带鼻辅音韵尾构成。因此，普通话的韵母是由元音或以元音为主要成分构成的。元音的主要特征是：(1)气流在口腔中不受阻碍；(2)气流较弱；(3)发音器官肌肉均衡紧张；(4)正常发音时声带振动。

韵母的内部结构可以细分为韵头、韵腹、韵尾三部分。韵母中声音最响亮的部分是韵腹，它前面的是韵头，后面的是韵尾，如：uai、ian 均是韵头、韵腹、韵尾俱全的。但不是每个韵母都具备这三个部分。如：ia、uo 只有韵头和韵腹，而 ei、ao 只有韵腹和韵尾。单韵母只有韵腹，没有韵头和韵尾。普通话韵母中的韵头只有 i-、u-、ü- 三个。韵尾只有四个，其中两个元音韵尾 -i、-u（包括汉语拼音的拼写形式-o，如 ao、iao 中的 -o）和两个辅音韵尾 -n、-ng。韵母中韵腹是不可缺少的。

二、韵母的分类

普通话的韵母可以分成三大类：

单韵母——单元音韵母，是由单元音充当韵母。普通话有 10 个单韵母：a、o、e、ê、i、u、ü、-i(前)、-i(后)、er。

复韵母——复合元音韵母，是由复合元音充当韵母。普通话有 13 个复韵母：ai、ei、ao、ou、ia、ie、ua、uo、üe、iao、iou、uai、uei。

鼻韵母——复合鼻尾音韵母，是由元音带上鼻辅音韵尾构成的韵母。普通话有 16 个：an、en、in、ün、ang、eng、ing、ong、ian、uan、üan、uen、iang、uang、ueng、iong。

汉语传统语音学为了表述声韵的拼合关系，根据韵母开头的实际发音分析为“四呼”，也是韵母的一种分类方法：

开口呼——指没有韵头，韵腹又不是 i、u、ü 的韵母。普通话有 15 个韵母属开口呼：a、o、e、ai、ei、ao、ou、an、en、ang、eng、ê、-i(前)、-i(后)、er。

齐齿呼——指韵头或韵腹是 i 的韵母。普通话有 9 个韵母属齐齿呼：i、ia、ie、iao、iou、ian、in、iang、ing。

合口呼——指韵头或韵腹是 u 的韵母。普通话有 10 个韵母属合口呼：u、ua、uo、uai、uei、uan、uen、uang、ueng、ong。

撮口呼——指韵头或韵腹是 ü 的韵母。普通话有 5 个韵母属撮口呼：ü、üe、üan、ün、iong。

韵母 ong、iong,汉语拼音方案根据开头的字母分别列入 a 行和 i 行,而"四呼"的分类根据实际语音应分别归入合口呼和撮口呼。

三、单韵母(单元音)

单韵母是由单纯元音构成的。元音的发音过程是,声带振颤,气流到达口腔,经过舌头和唇形状态的调节变化,使共鸣腔(主要是口腔)造成不同的共鸣方式,产生不同的音色。

元音的发音主要靠舌位和唇形的调节变化。舌头是在口腔的调音作用中最活跃、最积极的。舌位是指舌面隆起接近上腭最高的部位,它构成了舌面隆起与上腭之间最狭窄的部位。唇形是指发元音时嘴唇形状的圆展程度。元音的发音条件有三条:(1)舌位的前后;(2)舌位的高低和口的开合(口的开合即下颌开度,表现为上下齿间的距离,是随着舌位的高低而自然变化的,此处不独立为一条);(3)唇形的圆展。我们只粗略地分为两类:圆唇元音和不圆唇元音。

描写元音的发音条件,通常用舌面元音图表示(见图二十九)。这幅不规则的四边形元音图是根据发元音时舌位在口腔里最高点确定下来的。在发元音时不产生摩擦的前提下,首先找出两个极限点:最前最高(前高)——即舌尖抵住下齿背,舌面隆起接近硬腭的部位,如[i];最后最低(后低)——即舌尖离开下齿背,舌身后缩,舌体降到最低,而舌面略稍突起的高点对着软腭,就是元音[ɑ]。

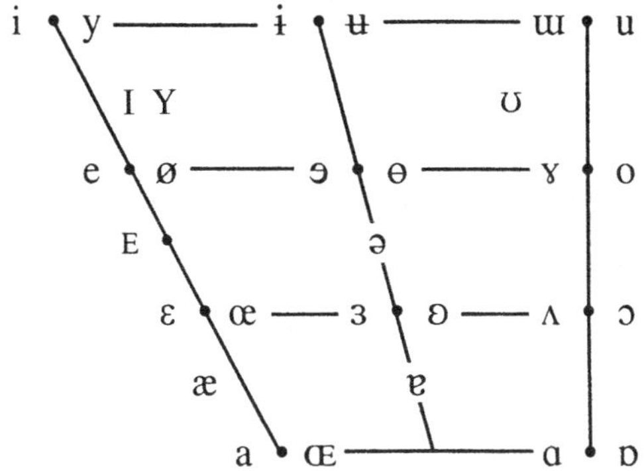

图二十九　国际音标舌面元音图

国际音标在前列和后列的高元音与低元音之间又划分出半高、半低两级，这样就分析出八个标准元音，前元音有 4 个：[i][e][ɛ][a]，后元音有 4 个：[ɑ][ɔ][o][u]。著名语言学家琼斯(D.Jones)如此描述："标准元音 e，ɛ，a 是 i 跟 ɑ 当中的一串前元音；选择这三个元音的原则是让 i 跟 e，e 跟 ɛ，ɛ 跟 a，a 跟 ɑ 之间的听感距离差不多一样。标准元音 ɔ，o，u 是一串后元音，它们之间继续保持相同的听感距离。"介于半高和半低之间的元音叫中元音，介于前元音和后元音之间的叫央元音。竖线左面标写的是不圆唇元音，右面标写的是圆唇元音。国际音标八个标准元音 4 个前元音都是不圆唇元音，4 个后元音除[ɑ]外都是圆唇元音。（见图三十）每个舌面元音的位置都能在元音图上表示出来，但我们不能也没有必要为每一个

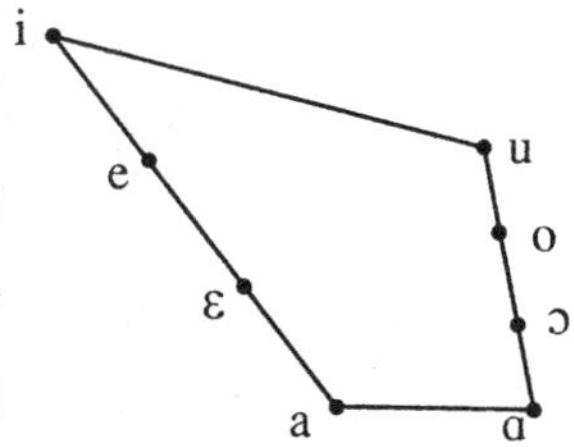

图三十

有细微差别的元音造一个特殊的音标。因此可以把元音图分为十个区域。(见图三十一)

普通话10个单韵母中有7个是舌面元音充当,它们是:ɑ、o、e、ê、i、u、ü。按元音舌位和唇形进行分类,从舌位的前后看,其中前元音3个:i、ü、ê,央元音1个:ɑ,后元音3个:e、o、u。从舌位的高低看,其中高元音3个:i、u、ü,半高元音1个:e,中元音2个:ê、o,低元音1个:ɑ。从唇形的圆展看,圆唇元音3个:ü、u、o,不圆唇元音4个:i、e、ê、ɑ。(见图三十二)

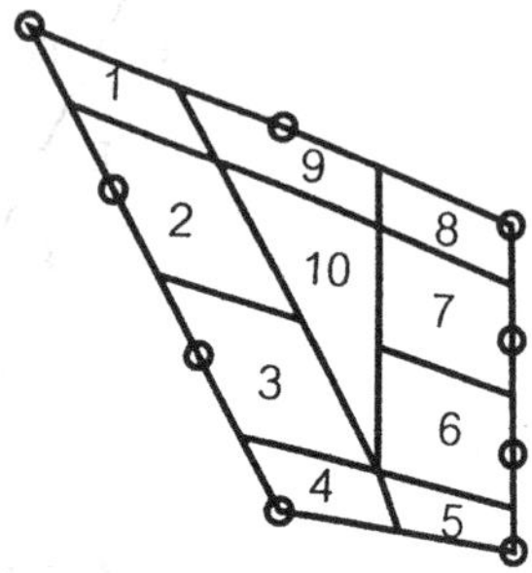

图三十一　舌面元音区域

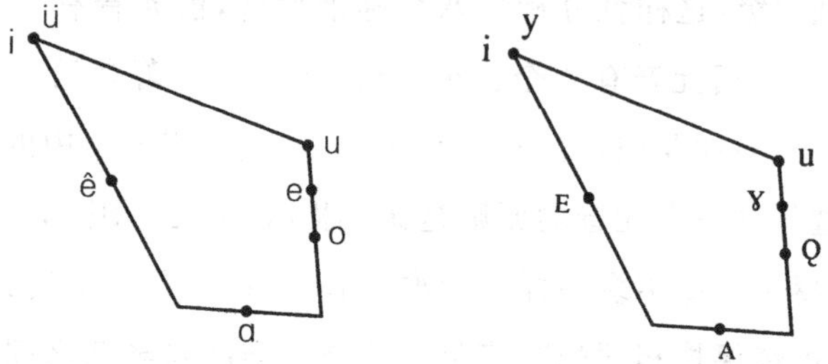

(汉语拼音)　　(国际音标)

图三十二　普通话舌面元音图

四、单韵母(单元音)的发音

普通话单韵母中7个舌面元音的发音:

ɑ[A] 央低不圆唇元音(见图三十三)

口大开,舌尖微离下齿背或微接下齿背,舌面中部偏后微微隆起，和硬腭后部相对。发音时，声带颤动，软腭上升，关闭鼻腔通路。

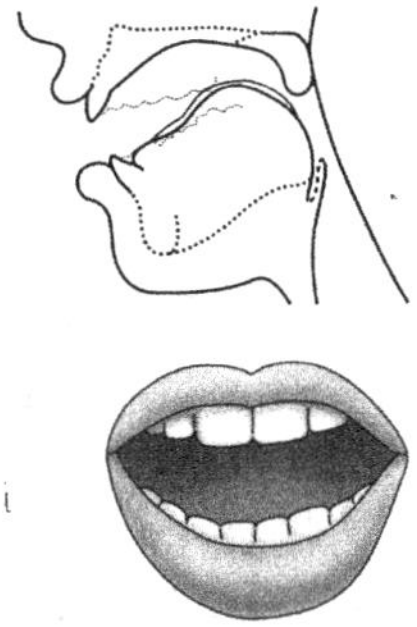
图三十三

发音例词：

a-a 疤瘌 bāla　　奤拉 dāla
　　打靶 dǎbǎ　　打岔 dǎchà
　　打发 dǎfa　　大法 dàfǎ
　　大妈 dàmā　　大厦 dàshà
　　发达 fādá　　蛤蟆 háma
　　哈达 hǎdá　　喇叭 lǎba　　马达 mǎdá
　　哪怕 nǎpà　　沙发 shāfā

o [ǫ] 后中圆唇元音(见图三十四)

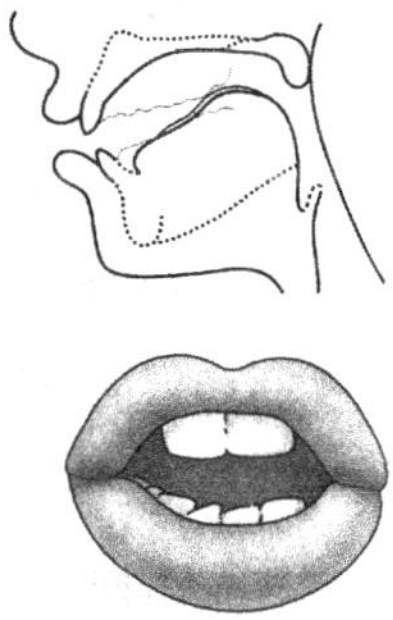
图三十四

上下唇自然拢圆，舌身后缩，舌面后部隆起，和软腭相对，舌位介于半高半低之间。发音时，声带颤动，软腭上升，关闭鼻腔通路。

发音例词：

噢 ō（叹词）　哦 ó（叹词）　哦 ò（叹词）

e [ɤ] 后半高不圆唇元音(见图三十五)

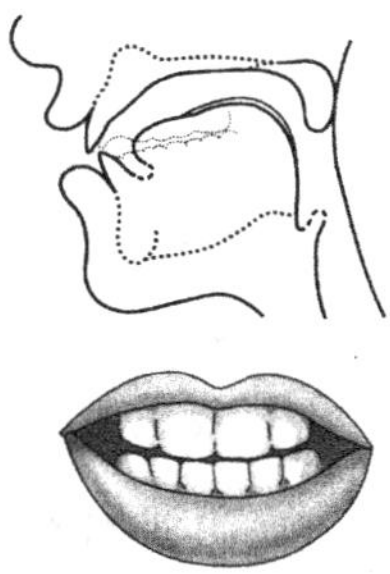
图三十五

口半闭，嘴角向两边微展，舌身后缩，舌尖离下齿背较远，舌面后部稍隆起，和软腭相对，比元音 o 略高而偏前。发音时，声带颤动，软腭上升，关闭鼻腔通路。

发音例词：

e-e 车辙 chēzhé　　隔阂 géhé
　　隔热 gérè　　各个 gègè

各色 gèsè　合格 hégé　合辙 hézhé　苛刻 kēkè
塞责 sèzé　客车 kèchē　色泽 sèzé　舍得 shěde
特色 tèsè　折合 zhéhé　折射 zhéshè　这个 zhège
割舍 gēshě

ê [E] 前中不圆唇元音（见图三十六）

口自然打开，舌尖微触下齿背，舌面前部隆起，和硬腭相对。发音时，声带颤动，软腭上升，关闭鼻腔通路。

（韵母 ê 除语气词“诶”外单用的机会不多，发音例词参见第七讲韵母 ie、üe。）

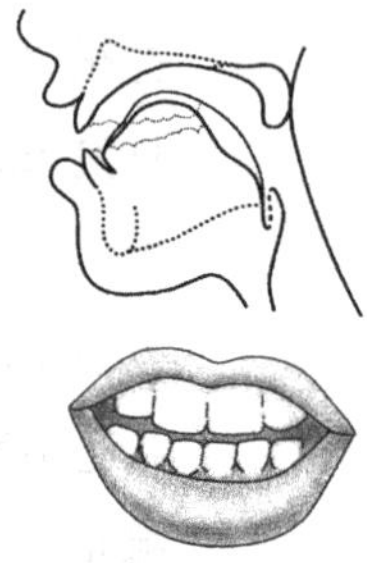
图三十六

i [i] 前高不圆唇元音（见图三十七）

口微开，两唇呈扁平形，嘴角向两边展开，上下齿相对（齐齿），舌尖接触下齿背，舌面前部隆起和硬腭前部相对。发音时，声带颤动，软腭上升，关闭鼻腔通路。

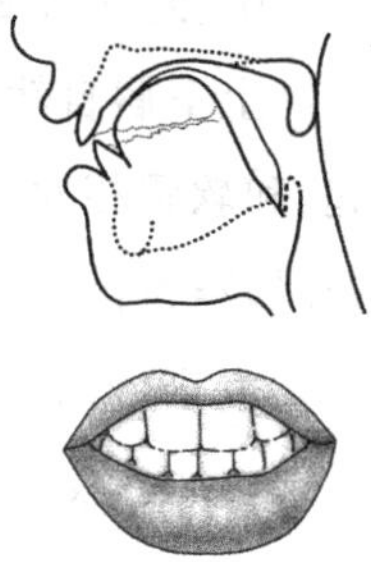
图三十七

发音例词：

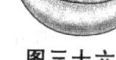

i-i 荸荠 bíqi　鼻涕 bítì　笔记 bǐjì
比例 bǐlì　激励 jīlì　积极 jījí　基地 jīdì
机器 jīqì　极力 jílì　极其 jíqí　记忆 jìyì
礼仪 lǐyí　立即 lìjí　利益 lìyì　力气 lìqi
谜底 mídǐ　秘密 mìmì　霹雳 pīlì　棋迷 qímí
歧义 qíyì　启迪 qǐdí　起立 qǐlì　气体 qìtǐ
气息 qìxī　提议 tíyì　体力 tǐlì　西医 xīyī
希奇 xīqí　习题 xítí　洗涤 xǐdí　戏迷 xìmí

细腻 xìnì　　以及 yǐjí　　意义 yìyì　　仪器 yíqì

义气 yìqi　　议题 yìtí

u [u] 后高圆唇元音(见图三十八)

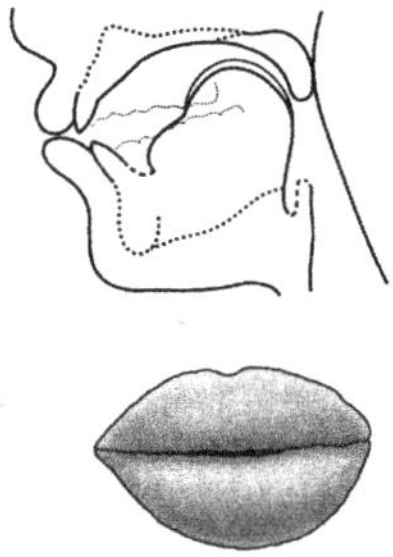

图三十八

两唇收缩成圆形,向前突出,中间留一个小孔;舌后缩,舌面后部高度隆起,和软腭相对。发音时,声带颤动,软腭上升,关闭鼻腔通路。

发音例词:

u-u　补助 bǔzhù　部署 bùshǔ

不顾 búgù　不如 bùrú　初步 chūbù　出路 chūlù

出入 chūrù　粗鲁 cūlǔ　督促 dūcù　读物 dúwù

夫妇 fūfù　幅度 fúdù　服务 fúwù　辅助 fǔzhù

复述 fùshù　附注 fùzhù　辜负 gūfù　孤独 gūdú

鼓舞 gǔwǔ　古书 gǔshū　故土 gùtǔ　葫芦 húlu

互助 hùzhù　酷暑 kùshǔ　辘轳 lùlu　路途 lùtú

露珠 lùzhū　目录 mùlù　朴素 pǔsù　瀑布 pùbù

入伍 rùwǔ　疏忽 shūhu　数目 shùmù　树木 shùmù

束缚 shùfù　速度 sùdù　突出 tūchū　图谱 túpǔ

吐露 tǔlù　逐步 zhúbù

住宿 zhùsù　祝福 zhùfú

ü [y] 前高圆唇元音(见图三十九)

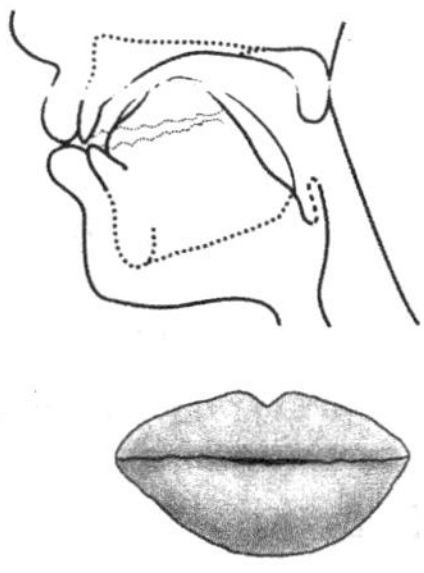

图三十九

两唇拢圆,略向前突,中间留一个扁圆小孔,舌尖抵住下齿背,舌面前部隆起,和硬腭前部相对。发音时,声带颤动,软腭上升,关闭鼻腔通路。

发音例词:

ü-ü 居于 jūyú　聚居 jùjū　区域 qūyù　屈居 qūjū

曲剧 qǔjù　须臾 xūyú　栩栩 xǔxǔ　序曲 xùqǔ

渔具 yújù　语序 yǔxù　雨具 yǔjù　玉宇 yùyǔ

寓居 yùjū　豫剧 yùjù

普通话 7 个舌面元音只有 i、u 两个基本上与国际音标的标准元音相同,其余 5 个元音的舌位都与国际音标确定的有关标准元音的舌位略有不同(见图四十)。ɑ 实际比央元音[A]偏后;ü 实际比前高元音[y]的舌位偏后偏下;ê 实际比中元音[E]舌位稍稍靠后靠上;e 比后半高元音[ɤ]靠前,几乎接近央元音区;o 实际比后中元音[o]靠前。从右上图可以同时看出舌面元音的实际发音时的舌位。

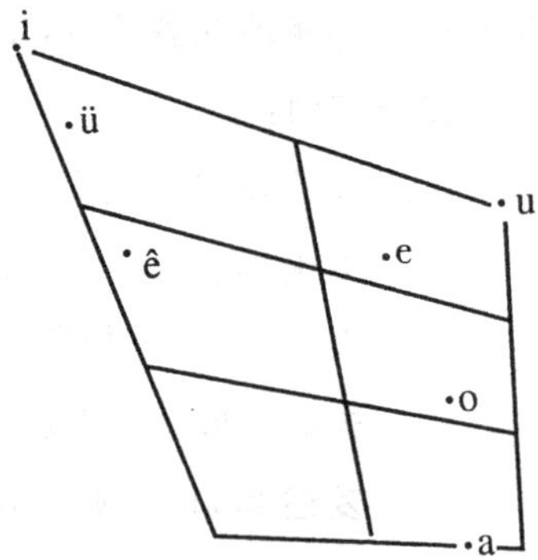

图四十　普通话舌面元音实际舌位示意图

以上单韵母都由舌面元音充当,普通话 10 个单韵母中另外 3 个不是舌面元音。

er [ər]卷舌元音(见图四十一)

口自然打开,舌位不前不后不高不低,舌前部上抬,舌尖向后卷,和硬腭前端相对。发音时,声带颤动,软腭上升,关闭鼻腔通路。

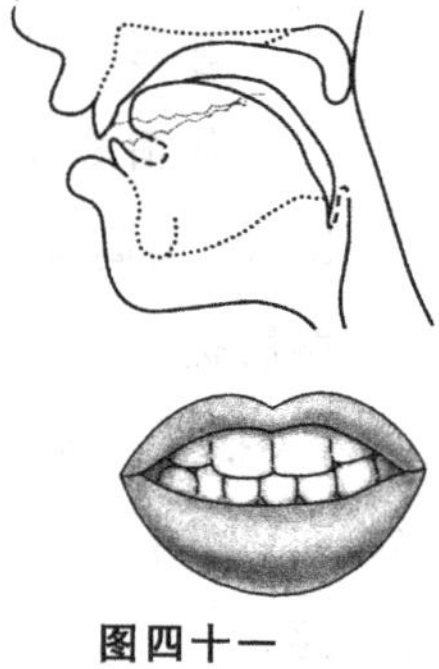

图四十一

发音例词:

er- 而且 érqiě　　儿歌 érgē　　儿化 érhuà　　儿女 érnǚ
　儿子 érzi　　耳朵 ěrduo　　二胡 èrhú

-i(前) [ɿ] 舌尖前不圆唇元音(见图四十二)

口略开,嘴角向两旁展开,舌尖和上齿背相对,保持适当距离。发音时,声带颤动,软腭上升,关闭鼻腔通路。这个韵母在普通话里只出现在 z、c、s 声母的后面。

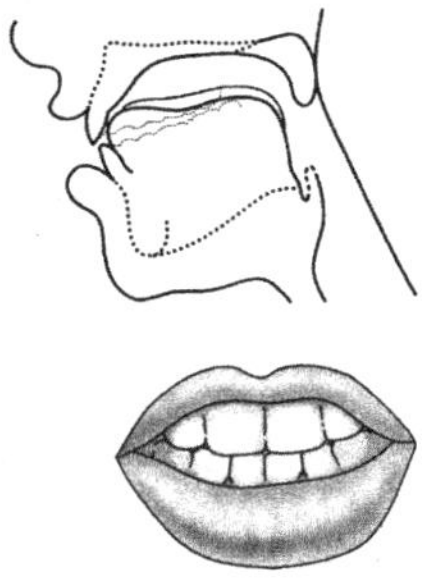

图四十二

发音例词:

-i(前) ~ 咨询 zīxún　资格 zīgé　资金 zījīn
姿势 zīshì　紫菜 zǐcài　子弟 zǐdì　子孙 zǐsūn
仔细 zǐxì　字典 zìdiǎn　字母 zìmǔ　自己 zìjǐ
自然 zìrán　自由 zìyóu　慈祥 cíxiáng　磁铁 cítiě
辞职 cízhí　辞典 cídiǎn　词语 cíyǔ　此外 cǐwài
次序 cìxù　刺激 cìjī　思考 sīkǎo　思想 sīxiǎng
私自 sīzì　私人 sīrén　司令 sīlìng　丝毫 sīháo
丝绸 sīchóu　死亡 sǐwáng　四声 sìshēng　四周 sìzhōu

-i(后) [ʅ]舌尖后不圆唇元音(见图四十三)

口略开,展唇,舌前端抬起和硬腭相对。发音时,声带颤动,软腭上升,关闭鼻腔通路。这个韵母在普通话里只出现在 zh、ch、sh、r 声母的后面。

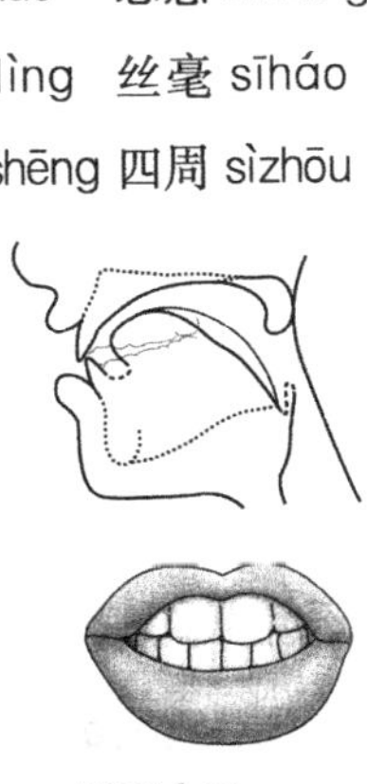

图四十三

发音例词:

-i(后)~-i(后)

史诗 shǐshī	失时 shīshí	实施 shíshī	实质 shízhì
失职 shīzhí	时事 shíshì	食指 shízhǐ	市尺 shìchǐ
试制 shìzhì	事实 shìshí	逝世 shìshì	支持 zhīchí
支使 zhīshi	知识 zhīshi	直至 zhízhì	值日 zhírì
只是 zhǐshì	咫尺 zhǐchǐ	指示 zhǐshì	指使 zhǐshǐ
制止 zhìzhǐ	智齿 zhìchǐ	日食 rìshí	日志 rìzhì

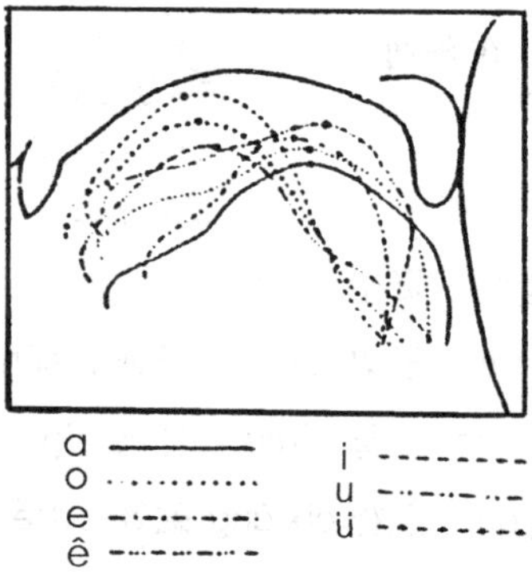

图四十四　普通话舌面元音舌位比较

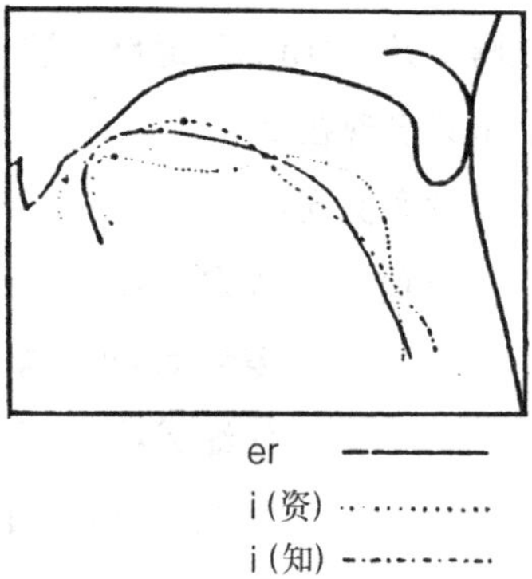

图四十五　普通话卷舌元音和舌尖元音舌位比较

思考题:

1）韵母是如何分类的？并分析每个韵母的结构。

2）画一个舌面元音图，标出普通话每个舌面元音的位置，并能准确地称说每个元音。

3）学会卷舌韵母 er 的发音，体会它发音的要领。

语音训练(四)

1. ɑ、o、e、i、u、ê 的发音训练

ɑ 的发音不是难点，但受方言影响南方方言区可能出现舌位

偏前，发成前[a]；某些北方方言区(如：河北)出现舌位偏后，发成后[ɑ]的情况。指导发音的方法：注意体会发音时舌尖的位置。如果舌尖完全抵实下齿背，容易出现舌位偏前的情况；而舌尖后缩，离开下齿背便会出现舌位偏后的情况。正确的发音应该是舌尖约可触及下齿背，舌面中后部适当隆起。

o 的发音容易出现两个问题：1)舌位较高，发成[o]，或较低，发成[ɔ]。可以采用“析出法”，从复韵母 uo 出发，当韵头 u 滑过之后，停留在 o 的舌位和唇形上，不要动，稍停顿一下，接着再发音，便得到了纯粹的单元音 o 了。2)舌位出现动程，或发成 ou，或发成uo。只要找准发音位置，舌位和唇形就不动了，直至发音结束。

单韵母 o 除在“哦”、“喔”等叹词中作韵母外，极少单独使用，一般只出现在复韵母 uo 中。音节拼写中，唇音声母 b、p、m、f 后面出现的 o，其实从发音上看它本来的韵母是 uo，音节本该拼写为：buo、puo、muo、fuo，现在拼写为：bo、po、mo、fo 是拼写上的一种省略。这种省略是从“国语罗马字”开始的，现在沿用了这种拼法。这种省略的语音依据是同 uo 相拼时，唇形在声母后仍保持上下收拢的状态，而韵头 u 的语音比较短暂。在拼写上省略了 u，但在发音时切不可省略 u。东北一些地区的人把 bo、po、mo、fo 读作 be、pe、me、fe。纠正这种发音习惯，就是要注意发好韵头 u，并保持从声母到韵母的圆唇唇形。

e 的发音容易出现的问题：1)舌位过高，接近后高元音[ɯ]。纠正的方法：要加大开口度，上下齿之间要有能容得下一个小指的距离，同时舌位也随之向下降。2)舌位偏前，甚至接近前元音区。

纠正的方法有两种:一种是利用音节 ge、ke、he 训练。声母g、k、h是舌面后音(舌根音),可以尽量引导元音 e 的舌位向后移,当这个方法起作用后,再训练其他音节。另一种是利用单元音 o 是圆唇后元音的条件进行引导。由于生理的缘故,当发圆唇音的时候,舌位容易后移。e 与 o 的舌位相近,先发一个 o,利用圆唇音舌头尽量后缩,固定舌位后慢慢将双唇向左右展开,便发出准确的 e 了。发音过程中要避免过于紧张,不要产生摩擦。

i 是不圆唇的前高元音,在元音中舌面隆起部位与上腭的距离最窄,发音时注意不要带摩擦。如果出现舌位低或偏后的问题,克服起来比较容易。首先能听辨出这种细微差别。舌位低了,可将口微微闭拢;舌位偏后,则要使舌面的隆起部位再向前移。

u 发音时,注意双唇不要振颤摩擦。江浙人发音舌位容易靠前。u 是元音中唇形最圆的,舌位后移比较容易,纠正起来并不困难。

ê 的发音参见第三讲"语音训练(一)"。

2. e 和 uo 的区分

普通话一部分读韵母 e 的字,有的汉语方言读作 uo 韵母字(实际发音往往是单元音[o]),如武汉、成都、扬州、湖南长沙、双峰、厦门等地区的方言。可以用下面的材料练习:

第 29 组

e-uo(o)	厕所 cèsuǒ	车祸 chēhuò	恶果 èguǒ	恶魔 èmó
	隔膜 gémó	合伙 héhuǒ	合作 hézuò	刻薄 kèbó
	勒索 lèsuǒ	热货 rèhuò	折磨 zhémó	各国 gèguó

课桌 kèzhuō

uo(o)-e 波折 bōzhé　薄荷 bòhe　撮合 cuōhe　错车 cuòchē
挫折 cuòzhé　国策 guócè　国歌 guógē　火车 huǒchē
火舌 huǒshé　或者 huòzhě　货车 huòchē　摹刻 mókè
末车 mòchē　墨盒 mòhé　若何 ruòhé　说和 shuōhe
说客 shuōkè　脱色 tuōsè　拖车 tuōchē　驼色 tuósè
卧车 wòchē　着色 zhuósè　灼热 zhuórè　作恶 zuò'è
作客 zuòkè　作者 zuòzhě

3. ü 的发音训练

广东潮州、海南、云南、贵州和湖北、山西一部分地区，及客家话等汉语方言中没有 ü 和 以 ü 开头的撮口呼韵母，这类韵母在这些地方多是 i 和以 i 开头的齐齿呼韵母。

学会发 ü 音并不难。一般人都会发 i。i 和 ü 的舌位高低前后相同，只是唇形圆展不同。可以先发 i，声音拖长，舌位保持不动，把双唇有平展收拢成扁圆状，就发出 ü 了。

撮口呼音节组成词语训练时，尽量选择前一个音节的韵母是单元音 u 的或者韵母是 ao、iao、ou、iou 的音节，最理想的是单韵母 u 的音节。

第 30 组 i—ü　i—ü　u—ü　u—ü
u—ju　u—qu　u—xu

u～ü- 无余 wúyú　乌鱼 wūyú　舞剧 wǔjù　舞曲 wǔqǔ
无须 wúxū　务虚 wùxū　务须 wùxū　补缺 bǔquē
补血 bǔxuè　不拘 bùjū　不屈 bùqū　不许 bùxǔ

布局 bùjú　出去 chūqù　储蓄 chǔxù　处女 chǔnǚ
触觉 chùjué　杜绝 dùjué　幅员 fúyuán　抚恤 fǔxù
赋予 fùyú　复句 fùjù　复原 fùyuán　附庸 fùyōng
孤军 gūjūn　谷雨 gǔyǔ　雇员 gùyuán　故居 gùjū
呼吁 hūyù　虎穴 hǔxué　录取 lùqǔ　陆续 lùxù
牧区 mùqū　母语 mǔyǔ　沐浴 mùyù　入选 rùxuǎn
土语 tǔyǔ　乌云 wūyún　无穷 wúqióng　主权 zhǔquán
祝愿 zhùyuàn

-u～ü-丑剧 chǒujù　犹豫 yóuyù　留学 liúxué　旧居 jiùjū
后续 hòuxù　口语 kǒuyǔ　授予 shòuyǔ　保全 bǎoquán
校阅 jiàoyuè　侨居 qiáojū　少女 shàonǚ　笑语 xiàoyǔ
条约 tiáoyuē　高举 gāojǔ

附：3500 常用字中的撮口呼韵母字字表

撮口呼韵母只同声母 j、q、x、n、l 和零声母相拼。普通话 400 音节中，撮口呼音节只有 24 个，3500 常用字中包括 259 个撮口呼韵母字。

jiong　③※窘

ju　①车(～马炮)拘居据鞠※驹②局菊橘③柜矩举※沮④巨句拒具俱剧据距锯聚※炬沮

juan　①捐圈※鹃③卷④卷倦绢圈※眷

jue　②决角觉绝嚼脚掘※诀倔爵④※倔

jun　①军均龟(～裂)君菌※钧④俊菌※峻骏竣

lü　②驴③旅屡※吕侣铝缕履④律虑率绿滤※氯

lüe　④略

nü　③女

qiong　②穷※琼

qu　①区曲驱屈趋※岖蛆躯②渠③曲取※娶④去趣

quan　①圈②权全泉拳※痊③犬④劝券

que　①缺②※瘸④却雀确鹊

qun　②裙群

xiong　①凶兄胸※匈汹②雄熊

xu　①须虚需※吁②徐③许④序叙畜绪续絮蓄※旭恤酗婿

xuan　①宣※轩喧②悬旋※玄漩③选※癣④券旋※炫

xue　①削※靴薛②穴学③雪④血

xun　①勋熏②旬寻巡询循※④训讯迅※汛驯逊殉熏

yong　①佣(女～)拥庸③永咏泳勇涌※蛹踊④用佣(～金)

yu　①※迂淤②于余鱼娱渔愉榆愚※隅逾舆③与予屿宇羽雨语④与玉育狱浴预域欲遇御裕愈誉※芋吁郁尉喻寓蔚豫

yuan　①冤※鸳渊②元园员原圆援缘源※袁猿辕③远 ④怨院愿

yue　①约④月乐钥阅悦跃越※岳粤

yun　①晕②云匀员※耘③允※陨④孕运员晕韵※酝蕴

4. i 和 ü 的区分

发音上区分比较容易，两个音舌位相同，不同的是 i 是不圆唇音，而 ü 是圆唇音。i 和 ü 对比的音节有 6 对。bi、pi、mi、di、ti 没有对比的音节。

第 31 组 yi—yu　ji—ju　qi—qu

xi—xu　li—lü　ni—nü

移 yí —鱼 yú　机 jī —居 jū　期 qī —区 qū

西 xī —需 xū　里 lǐ —旅 lǚ　你 nǐ —女 nǚ

第 32 组

i-ü 继续 jìxù　纪律 jìlǜ　谜语 míyǔ

体育 tǐyù　例句 lìjù　地域 dìyù

ü-i 履历 lǚlì　语气 yǔqì　距离 jùlí

曲艺 qǔyì　具体 jùtǐ　预习 yùxí

玉米 yùmǐ

第 33 组 分期 fēnqī —分区 fēnqū　名义 míngyì —名誉 míngyù

容易 róngyì —荣誉 róngyù　季节 jìjié —拒绝 jùjué

雨季 yǔjì —雨具 yǔjù　办理 bànlǐ —伴侣 bànlǚ

适宜 shìyí —适于 shìyú　书籍 shūjí —书局 shūjú

大姨 dàyí —大鱼 dàyú　得意 déyì —德育 déyù

里程 lǐchéng —旅程 lǚchéng　实际 shíjì —实据 shíjù

戏曲 xìqǔ —序曲 xùqǔ　臆测 yìcè —预测 yùcè

遗传 yíchuán —渔船 yúchuán　移民 yímín —渔民 yúmín

意见 yìjiàn —遇见 yùjiàn　雨季 yǔjì —语句 yǔjù

防疫 fángyì —防御 fángyù

5. 卷舌韵母 er 的发音训练

er 是南方一些地区的人学习普通话的难点音之一。

汉语拼音方案用两个字母描写卷舌元音 er,其实 r 不代表独立的音素,只是个表示卷舌动作的形容性符号。它的发音是在舌位不高不低不前不后的央元音[ə]的基础上,同时带有卷舌动作,是舌尖和舌面同时起作用。因此,不把 er 看成是 e 和 r 两个音素的相加,它属于单元音的性质。训练的方法是:

1) 尽管把 er 看作是一个整体的单元音,但发音训练时我们不妨把它分析成 e 和 r 两部分,先发一个舌面中部微微隆起的央元音 [ə] (轻声音节的 de 、le 中的 e 就是这个音),然后再加上一个轻巧的卷舌动作。这是夸张过渡的方法,发音生硬,但便于体会。开始时,前后两部分有明显衔接的痕迹,要逐步缩短这个距离,使 e 和 r 连紧,最后形成一个整体的 er。

2)先发一个央元音 [ə],紧接着心里想着发一个舌尖后音声母 r。开始时可能有硬接的痕迹,逐步便融为一体了。

6. 舌尖韵母 -i(前)、-i(后)的发音训练

普通话里舌尖元音都是不圆唇的,只同声母舌尖前音 z、c、s 和舌尖后音 zh、ch、sh、r 相拼(汉语方言中有圆唇的舌尖元音,如上海、湖北等。也可以同双唇音、舌尖中音相拼,如安徽等)。它们作为普通话的两个韵母,我们应该学会单独发音。(小学汉语拼音教学把 zi、ci、si、zhi、chi、shi、ri 作为整体认读音节,舌尖元音不分析出来单独教学。)

训练的方法是:舌尖前元音先用音节 zi 进行引导,而舌尖后

元音用音节 zhi 进行引导。发完声母,继续延长发音,同时颤动声带,消除摩擦,就发成标准的舌尖元音了。舌尖后元音也可以用 ri 这个音节引导。r 和 -i(后)的音色十分相近,区别只是声母 r 带有较明显的摩擦,而韵母 -i 没有摩擦。

第七讲　韵母(二)

五、复韵母(复合元音)

复韵母是由复合元音充当韵母。复合元音是相对单元音而言的。单元音发音时,舌位和唇形没有明显的移动变化。复合元音发音过程中舌位和唇形连续移动变化。我们把这种舌位移动的过程称作“动程”。

复合元音的舌位移动产生了一串元音音素,因此复合元音是由一串元音音素复合而成的,从听觉上已经复合成一个固定的音组。由一个元音的舌位向另一个元音舌位的方向作直线的移动,称作“二合元音”。标音用两个字母,表示元音舌位的起点、止点或舌位移动的方向。如果元音舌位出现曲折移动,称作“三合元音”。标音用三个字母,中间的字母表示元音舌位移动的折点。表示复合元音的起点、折点、止点的元音音素,称为“目标元音”。

复合元音的发音特点是:1)由一串元音音素复合而成,不是表示起点、折点、止点的元音音素的简单相加。如 ai≠a+i, uai≠u+a+i。2)在表示起止的元音音素之间,有一些元音音素在舌位移动过程中滑过去。如 ai 的发音在 a 和 i 之间至少可以用国际音标描写出能够明确分辨的[æ][ɛ][E][e]四个元音音素在发音时滑过去。3)这种舌位的滑动过程是快速的。给人们留下印象的仍是开头和收尾的元音成分,中间的元音音素则瞬间滑过。4)普通话复合元音开头、中间和收尾的元音成分,总是其中一段是清晰、响亮,而且发音稍长。二合元音中开头响亮清晰的叫“前响复合元音”,收尾响亮清晰的叫“后响复合元音”,三合元音在普通话中一定是中间的元音音素响亮清晰,是“中响复合元音”。

从韵母结构上分析,复韵母中韵头有 i、u、ü 三个,韵尾只有元音韵尾 -i 和 -u(-o) 两个。

六、复韵母(复合元音)的发音

普通话前响复合元音共有 4 个:ai、ei、ao、ou。发音的共同点是元音舌位都是由低向高滑动,开头的元音音素响亮清晰,收尾的元音音素轻短模糊,而且收尾的字母(或音标)只表示舌位移动的方向,舌位移动的终点不太确定。本书对复合元音收尾音的描写,是一般情况下达到的舌位状态。(注意:发音训练时为了便于掌握和严格训练,仍应该把复合元音发到位,在自然语流中便可以运用自如,顺其自然了)由于前响复合元音在复合元音中占有较为重要的地位,下面进行比较详细的描述:

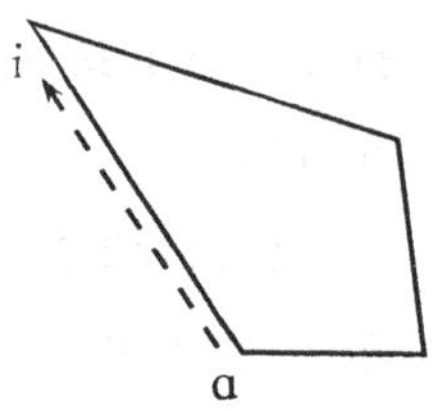

图四十六

ai [aɪ](见图四十六)

是前元音的音素复合,动程宽。起点元音

是比单元音 a 的舌位靠前的前低不圆唇元音 a[a]，我们称它为“前 a ”。它发音时，舌尖接触下齿背，舌面中部呈拱形，舌面前部隆起部位与硬腭相对。舌和腭没有接触。从“前 a ”开始，舌位向 i 的方向滑动升高，终点不太确定，至多在刚接近前高元音 i 的区域时就停止发音了。收尾的 -i 的音色从听感上比单元音 i 要含混。发音过程中，舌头的状态同单元音 i 相近，但舌面隆起部位比 i 略后，舌面离上腭比 i 稍远。-i 的实际读音是比单元音 i 舌位略低的[ɪ]。

发音例词：

ai-ai 爱戴 àidài　白菜 báicài　采摘 cǎizhāi　彩带 cǎidài
彩排 cǎipái　拆台 chāitái　海菜 hǎicài　海带 hǎidài
开采 kāicǎi　买卖 mǎimai　拍卖 pāimài　晒台 shàitái
灾害 zāihài　择菜 zháicài

ei [eɪ](见图四十七)

起点元音是前半高不圆唇元音 e [e]，实际发音舌位要靠后靠下，接近央元音[ə]。发音过程中，舌尖接触下齿背，舌面前部(略后)隆起，对着硬腭中部。从 e 开始舌位升高，向 i 的方向往前往高滑动，终点不太确定。收尾的 -i 同 ai 中的 -i 相近，因受 e- 的影响舌位略高，但比单元音 i 的舌位偏后，舌头肌肉较松，舌位也不太稳定。是普通话中动程较短的复合元音。

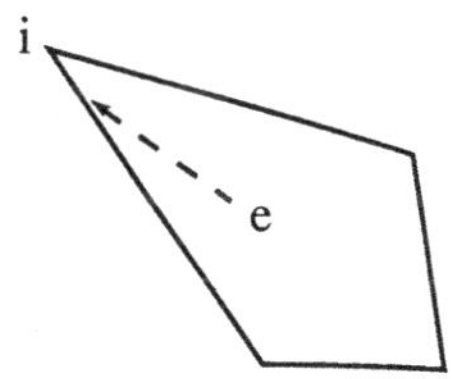

图四十七

发音例词：

ei-ei 非得 fēiděi　飞贼 fēizéi　肥美 féiměi　妹妹 mèimei
配备 pèibèi　贝类 bèilèi

ao [ɑʊ](见图四十八)

是后元音音素的复合。起点元音比单元音 ɑ [A]和复合元音 ɑi [a] 中 ɑ 的舌位都靠后，是个后低不圆唇元音，称它为“后 ɑ ”。发音时，舌头后缩，舌尖离开下齿背，舌面后部隆起。从“后ɑ”开始，舌位向 u (拼写作 -o，实际发音接近 u)的方向滑动升高，终点不太确定。收尾的 -u(-o) 音舌位状态接近单元音 u，但舌位略低。

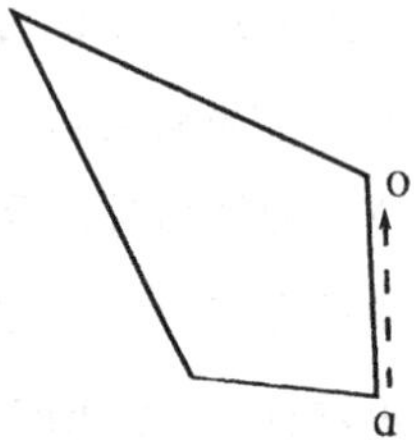

图四十八

发音例词：

ao-ao 懊恼 àonǎo 包抄 bāochāo 报导 bàodǎo 报告 bàogào
报考 bàokǎo 操劳 cāoláo 草包 cǎobāo 草帽 cǎomào
叨唠 dāolao 祷告 dǎogào 稻草 dàocǎo 高傲 gāo'ào
高潮 gāocháo 高烧 gāoshāo 告饶 gàoráo 号啕 háotáo
毫毛 háomáo 号召 hàozhào 牢靠 láokào 牢骚 láosāo
劳保 láobǎo 老少 lǎoshào 毛糙 máocao 茅草 máocǎo
冒号 màohào 抛锚 pāomáo 跑道 pǎodào 绕道 ràodào
骚扰 sāorǎo 逃跑 táopǎo 讨好 tǎohǎo 糟糕 zāogāo
早操 zǎocāo 早稻 zǎodào 招考 zhāokǎo

ou [əʊ](见图四十九)

起点元音比单元音 o 的舌位略高、略前，接近央元音 e [ə]，唇形略圆。发音时，从这个略带圆唇的央 e 开始，舌位向 u 的方向滑动，终点不太确定。收尾 -u 音比单元音 u 的舌位略低，唇形不太圆。受前面元音 o- 的影响，收尾的 -u

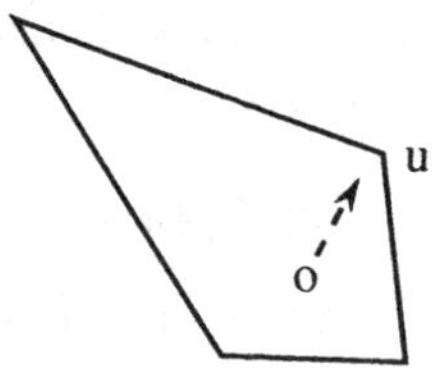

图四十九

比 ao 中的 -o 舌位略高。它是普通话复韵母中动程最短的复合元音。

发音例词：

ou-ou 筹谋 chóumóu 丑陋 chǒulòu 兜售 dōushòu 抖搂 dǒulou

佝偻 gōulóu 猴头 hóutóu 后头 hòutou 口臭 kǒuchòu

口授 kǒushòu 漏斗 lòudǒu 露头 lòutóu 收购 shōugòu

手头 shǒutóu 偷漏 tōulòu 叩头 kòutóu 喉头 hóutóu

普通话后响复合元音有 5 个：ia、ie、ua、uo、üe。发音的共同点是舌位由高向低滑动，收尾的元音音素响亮清晰，在韵母中处在韵腹地位，因此舌位移动的终点是确定的。而开头的元音音素都是高元音 i-、u-、ü- 充当，相对比较，不太响亮比较短促，由于它处于韵母的韵头位置，发音并不模糊，但在音节中特别是零声母音节常伴有轻微摩擦。后响复合元音中起点和止点元音的区别主要在于响度和长度，却都具有一定的清晰度，这样它的整体性不如前响复合元音强，发音中间的舌位移动稍快。

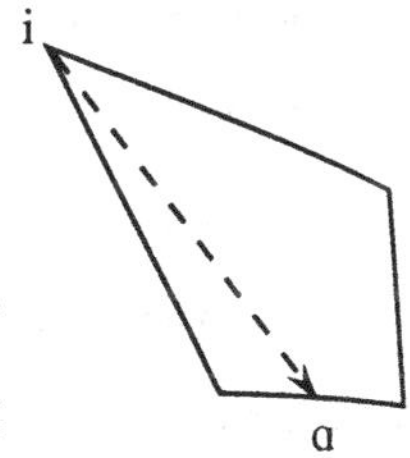

图五十

ia [iA](见图五十)

起点元音是前高元音 i，由它开始，舌位滑向央低元音 a [A]止。i 的发音紧而短，a 的发音响而长。止点元音 a 位置确定。

发音例词：

ia-ia 假牙 jiǎyá 加价 jiājià

恰恰 qiàqià 下牙 xiàyá

压价 yājià

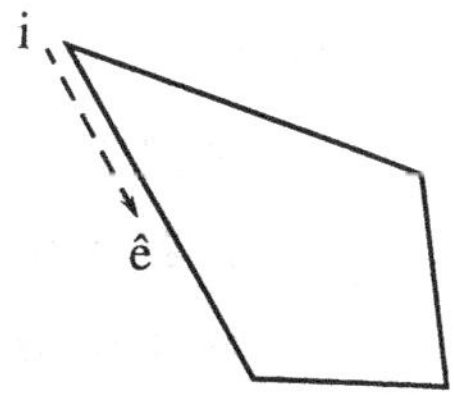

图五十一

ie [iE](见图五十一)

起点元音是前高元音 i，由它开始，舌位

滑向前中元音 ê [E]止。i 紧而短,ê 响而长。止点元音 ê 位置确定。发音过程中舌尖始终不离开下齿背。

发音例词:

ie-ie 结业 jiéyè　姐姐 jiějie　趔趄 lièqie　歇业 xiēyè
谢谢 xièxie　爷爷 yéye　贴切 tiēqiè

uɑ [uA](见图五十二)

起点元音是后高圆唇元音 u,由它开始,舌位滑向央低元音 ɑ [A]止,唇形由最圆逐步展开到不圆。u 紧而短,ɑ 响而长。

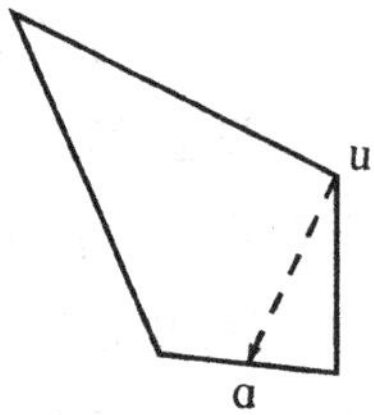

图五十二

发音例词:

uɑ-uɑ 呱呱 guāguā　挂花 guàhuā　耍滑 shuǎhuá
娃娃 wáwa　花袜 huāwà

uo [uo̦](见图五十三)

由圆唇后元音复合而成。起点元音是后高元音 u,由它开始,舌位向下滑到后中元音 o 止。u 紧而短,o 响而长。发音过程中,唇形始终是圆唇,开头最圆,结尾唇形开度加大,比较自然,不太圆。

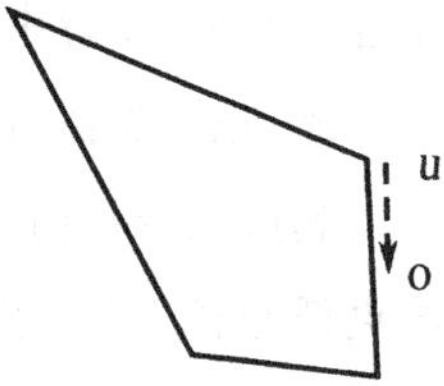

图五十三

发音例词:

uo(o)-uo(o)

菠萝 bōluó　剥夺 bōduó　剥落 bōluò　伯伯 bóbo
薄弱 bóruò　错过 cuòguò　做作 zuòzuo　错落 cuòluò
哆嗦 duōsuo　堕落 duòluò　国货 guóhuò　过错 guòcuò
活捉 huózhuō　火锅 huǒguō　阔绰 kuòchuò　罗锅 luóguō

啰唆 luōsuo　萝卜 luóbo　落座 luòzuò　骆驼 luòtuo
摸索 mōsuǒ　摩托 mótuō　没落 mòluò　懦弱 nuòruò
破落 pòluò　破获 pòhuò　说破 shuōpò　硕果 shuòguǒ
脱落 tuōluò　陀螺 tuóluó　唾沫 tuòmo　捉摸 zhuōmō
着落 zhuóluò　琢磨 zhuómó　坐落 zuòluò

üe [yᴇ](见图五十四)

由前元音复合而成。起点元音是圆唇的前高元音 ü,由它开始,舌位下滑到中元音[ᴇ],唇形由圆展开到不圆。ü 紧而短,ê 响而长。

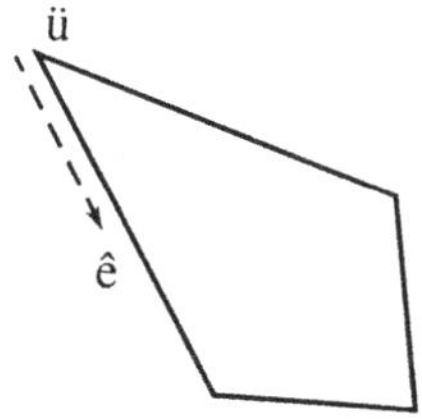

图五十四

发音例词:

üe- 雀跃 quèyuè　约略 yuēlüè　确切 quèqiè　决裂 juéliè
血液 xuèyè　月夜 yuèyè　虐待 nüèdài

普通话中响复合元音都是三合元音,是由二合元音前面加上一段由高元音 i- 或 u- 开始的元音舌位动程构成的,共有 4 个:iao、iou、uai、uei。发音的共同点是舌位由高向低滑动,再从低向高滑动。相对比较,开头的元音音素不太响亮较短促(紧而短),在音节中特别是零声元音节中常伴有轻微的摩擦。中间的元音音素响亮清晰(响而长)。收尾的元音音素轻短模糊(短而弱)。

iao [iaʊ](见图五十五)

在前响复合元音 ao 的前面加上一段由高元音 i 开始的过渡动程。由前高元音 i 开始,舌位降至后低元音 ɑ。接着再由低向后高圆唇元音 u [-ʊ]的方向滑升。发音过程中,舌位先降后升,由前到后,曲折幅度大。唇形从

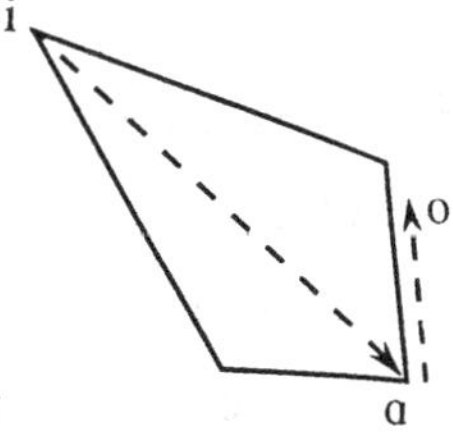

图五十五

中间的折点元音 a 开始由不圆唇变为圆唇。

发音例词:

iao-iao 吊桥 diàoqiáo 吊销 diàoxiāo 脚镣 jiǎoliào 教条 jiàotiáo
叫嚣 jiàoxiāo 疗效 liáoxiào 秒表 miǎobiǎo 藐小 miǎoxiǎo
飘摇 piāoyáo 缥缈 piāomiǎo 巧妙 qiǎomiào 调教 tiáojiào
调料 tiáoliào 跳脚 tiàojiǎo 逍遥 xiāoyáo 萧条 xiāotiáo
小调 xiǎodiào 小巧 xiǎoqiǎo 窈窕 yǎotiǎo 苗条 miáotiao
笑料 xiàoliào

iou [iəʊ](见图五十六)

在前响复合元音 ou 的前面加上一段由高元音 i 开始的过渡动程。由前高元音 i 开始,舌位降至央元音 [ə]偏后的位置,紧接着再由低向后高圆唇元音的方向滑升。发音过程中,舌位先降后升,由前到后,曲折幅度较大。开始发央元音[ə]时,逐渐圆唇。

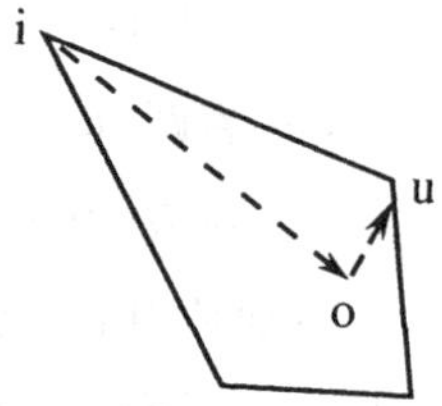

图五十六

在音节中,复合元音 iou 受到声调阴平声(第一声)和阳平声(第二声)的影响,使中间的元音(韵腹)弱化,甚至接近消失,舌位动程主要表现为前后的滑动,成为[iʊ]。如:优 [iʊ]、由[iʊ]、究[tɕiʊ]、求[tɕʻiʊ]。这种音变成为汉语拼音 iou 省写规则的语音依据。不过,这种音变是随着声调自然变化的,在语音训练中不必着重强调。

发音例词:

iou-iou 久留 jiǔliú 舅舅 jiùjiu 求救 qiújiù 绣球 xiùqiú
优秀 yōuxiù 悠久 yōujiǔ 有救 yǒujiù 牛油 niúyóu

uai [uaɪ](见图五十七)

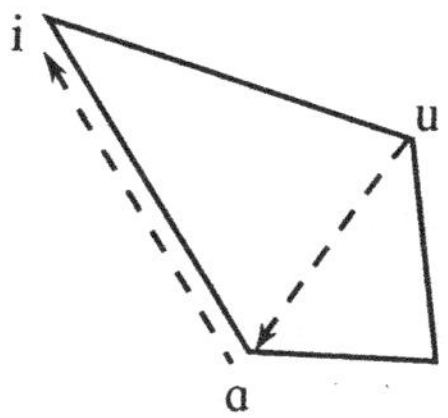

图五十七

在前响复合元音 ai 的前面加上一段由高元音 u- 开始的过渡动程。由圆唇的后高元音 u 开始,舌位向前滑降到前低不圆唇元音 a(即“前 a”),紧接着再由低向前高不圆唇元音 i 的方向滑升。舌位动程先降后升,由后到前,曲折幅度大。唇形从最圆开始,逐渐开口度加大,当接近前元音 a 以后渐变为不圆唇。

发音例词:

uai-乖乖 guāiguāi	外快 wàikuài	怀揣 huáichuāi
外踝 wàihuái	怀念 huáiniàn	拐弯 guǎiwān
拐棍 guǎigùn	怪事 guàishì	坏处 huàichù
衰弱 shuāiruò	摔跤 shuāijiāo	拽住 zhuàizhù
歪曲 wāiqū	外表 wàibiǎo	

uei [ueɪ](见图五十八)

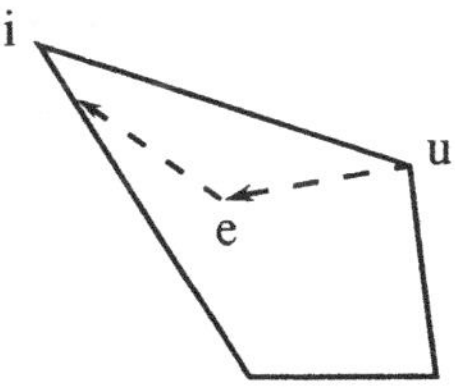

图五十八

在前响复合元音 ei 的前面加上一段高元音 u 的过渡动程。由后高圆唇元音 u 开始,舌位向前向下滑到前半高不圆唇元音偏后靠下的位置(相当于央元音[ə]偏前的位置),紧接着再由低向前高不圆唇元音 i 的方向滑升。发音过程中,舌位先降后升,由后到前,曲折幅度较大。唇形从最圆开始,随着舌位的前移开口度加大,当接近 e 以后变为不圆唇。

在音节中,韵母 uei 受声母和声调的影响,中间的元音弱化。

大致有四种情况：1)读阴平(第一声)或阳平(第二声)的零声母音节，韵母 uei 中间的元音音素弱化接近消失。例如："微""围"的韵母弱化为[uɪ]。2)在舌尖音声母 z、c、s、d、t、zh、ch、sh、r 后，并读阴平(第一声)和阳平(第二声)时，韵母 uei 中间的元音音素弱化接近消失。例如："催""推""垂"的韵母弱化为[uɪ]。3)在舌尖音声母后，并逢上声(第三声)或去声(第四声)时，韵母 uei 中间的元音音素弱化，但没有消失。例如："嘴""腿""最""退"的韵母都弱化成[u^{e}ɪ]。4)在舌面后音(舌根)声母 g、k、h 后，并读阴平或阳平时，韵母 uei 中间的元音 e 弱化而不消失。例如："规""葵"的韵母弱化成[u^{e}ɪ]。这种音变是随着声母和声调的条件变化的，语音训练中不必过于强调。

发音例词：

uei-uei	垂危 chuíwēi	翠微 cuìwēi	归队 guīduì	回归 huíguī
	回味 huíwèi	回嘴 huízuǐ	悔罪 huǐzuì	汇兑 huìduì
	魁伟 kuíwěi	水位 shuǐwèi	推诿 tuīwěi	退回 tuìhuí
	退位 tuìwèi	尾随 wěisuí	未遂 wèisuì	畏罪 wèizuì
	追悔 zhuīhuǐ	追随 zhuīsuí	坠毁 zhuìhuǐ	嘴碎 zuǐsuì
	罪魁 zuìkuí	鬼祟 guǐsuì	荟萃 huìcuì	

思考题：

1) 复合元音的发音特点是什么？

2) 从韵母的结构上分析前响复合元音，说明它在韵母中的地位。

3) 从复韵母 ia、ie 和 ai、ei 的实际发音中，体会韵头 i- 与韵尾 -i 之间细微的差别。

语音训练(五)

复韵母(复合元音)

1. 前响复韵母 ai、ei、ao、ou 的发音训练

前响复合元音发音整体性较强,也是学习三合元音(中响复合元音)的基础,是学习复韵母(复合元音)的重点。

学习前响复合元音要注意四点:

1) 不要发成单元音,要有动程。如江浙人常受方言影响,把 ai 发得像单元音 [ɛ]或 [æ],把 ei 发得像单元音 [e],把 ao 发得像[ɔ],把 ou 发得像 [o]。其中 ei 和 ou 动程比较短,更要注意体会。解决这个问题还要注意下面一点。

2) 要准确掌握开头的元音音素(韵腹)的舌位。ai 中的 [a]是个"前 ɑ",舌尖抵住下齿背,舌面前部隆起,舌位不要靠后,一定要降到"前低"的位置。江浙人要解决单元音化的问题,必须首先把握准舌位,不能在原有的单元音[ɛ]或 [æ]的基础上加动程,那样不可能准确。ei 中的 e 不是"前半高元音",实际舌位要比前半高的 [e]偏后偏低,接近央元音。因此,舌位不要前移抬高。ao 中的 [ɑ] 是个"后 ɑ"。这一点讲粤语的人应注意。ou 基本是后元音的复合,注意舌位不要整体靠前,这一点江浙人应注意。

3) 收尾的元音音素不要发得过于突出。前响复合元音收尾的元音音素只有 -i 和 -u(o)两个,相对起点元音音素来说都是轻短模糊的,终点也不确定,舌位比 i、u 稍低。讲粤语的人应注意。

4)要掌握复合元音的发音要领。复合元音都是从一个元音的舌位向另一个元音舌位的滑动。发音训练时为了充分体会舌位移

动的过程,移动的幅度可以适当加大,滑动的速度可以放慢。训练整体性比较强的前响复合元音更应如此。如:

a—i　　e—i　　a—o　　o—u

2. ie、üe 的发音训练

ie 、üe 是后响复合元音,由前元音音素复合而成,都是由前高元音开始,到前中元音 ê 止。两者不同的是 ie 的起点元音是不圆唇的 i,而 üe 的起点元音是圆唇的 ü。

发音常见的问题是:1)止点元音的舌位偏高,从前高元音只降至前半高元音[e]。江浙人容易出现这个问题。纠正时,要打开下颌,自然降低舌位,但舌尖不要离开下齿背。2)止点元音舌位后移,接近后半高元音 e[ɤ],有的还在 üe 的 ê 上带有圆唇。多见于北方方言区,如河南、山西等。纠正时,舌尖始终不要离开下齿背,舌头不要后缩,注意唇形由圆到展的过程。

3. i-(齐齿呼)和 ü-(撮口呼)复韵母的区分

i-(齐齿呼)和 ü-(撮口呼)复韵母对比的音节有 6 对。lia、jia、qia、xia、bie、pie、mie、die、tie、yao、biao、piao、miao、diao、tiao、niao、liao、jiao、qiao、xiao、you、miu、diu、niu、liu、jiu、qiu、xiu 没有对比的音节(即韵母 ia、iao、iou 及双唇音声母、舌尖中声母 d、t 与韵母 ie 相拼没有撮口呼音节)。

第 34 组 ye—yue　　jie—jue　　qie—que

xie—xue　　lie—lüe　　nie—nüe

业 yè —月 yuè　　节 jié —觉 jué

切 qiē —缺 quē　　协 xié —学 xué

列 liè —略 lüè　　聂 niè —虐 nüè

i-～ü- 继续 jìxù　　解决 jiějué　　喜鹊 xǐquè

ü-～i- 确切 quèqiè　　缺席 quēxí

每夜 měiyè —每月 měiyuè　　协会 xiéhuì —学会 xuéhuì

夜色 yèsè —月色 yuèsè

4. 宽窄复韵母(复合元音)的区分

某些方言的人分辨普通话的舌位动程大小不同的两组复韵母、鼻韵母感到困难。"宽窄"指的是舌位动程的大小之间的对比关系。其中,两组宽窄不同的复韵母(复合元音)主要表现在韵腹(韵母中响亮清晰的部分)的元音舌位高低的对比上,而处在韵头和韵尾的元音音素是相同的。复韵母(复合元音)除 üe 外,都有这种对比关系,共有 6 对:ai—ei ao—ou ia—ie ua—uo iao—iou uai—uei。舌位动程宽的在前,舌位动程窄的在后。

ai—ei 宽窄对比的音节有 10 对(见第 2 组,凡仅包含一个字的在括号( )中列出,下同)。fei、tai、chai、cai、sai、kai 没有相对比的音节,此处列出帮助记忆。对比练习如下:

第 35 组 bai—bei　mai—mei　nai—nei　lai—lei

gai—gei(给)　hai—hei　zhai—zhei(这,口语音)

shai—shei(谁,口语音)　zai—zei

第 36 组 百 bǎi —北 běi　排 pái —培 péi　买 mǎi —每 měi

来 lái —雷 léi　改 gǎi —给 gěi　嗨 hāi —黑 hēi

在 zài —贼 zéi

第 37 组

ai—ei 白费 báifèi　百倍 bǎibèi　败北 bàiběi　带累 dàilěi

代培 dàipéi　败类 bàilèi　海内 hǎinèi　排雷 páiléi

栽培 zāipéi　采煤 cǎiméi　暧昧 àimèi

ei—ai 悲哀 bēi'āi　背带 bēidài　被袋 bèidài　黑白 hēibái

擂台 lèitái　内海 nèihǎi　内胎 nèitāi　内在 nèizài

内债 nèizhài　胚胎 pēitāi　佩带 pèidài

第 38 组 排场 páichǎng —赔偿 péicháng

来电 láidiàn —雷电 léidiàn

分派 fēnpài —分配 fēnpèi

卖力 màilì —魅力 mèilì

埋头 máitóu —眉头 méitóu

小麦 xiǎomài —小妹 xiǎomèi

安排 ānpái —安培 ānpéi

摆布 bǎibù —北部 běibù

奈何 nàihé —内河 nèihé

ao—ou 宽窄对比的音节有 16 对(见第 6 组)。bao、fou、nao 没有对比的音节。对比练习如下:

第 39 组 ao—ou　pao—pou　mao—mou　dao—dou

tao—tou　lao—lou　gao—gou　kao—kou

hao—hou　zhao—zhou　chao—chou

shao—shou　rao—rou　zao—zou　cao—cou

sao—sou

第 40 组 凹 āo —欧 ōu　抛 pāo —剖 pōu　毛 máo —谋 móu

到 dào —斗 dòu 套 tào —透 tòu 老 lǎo —搂 lǒu

高 gāo —沟 gōu 靠 kào —扣 kòu 好 hǎo —吼 hǒu

朝 zhāo —周 zhōu 超 chāo —抽 chōu 少 shǎo —首 shǒu

绕 rào —肉 ròu 造 zào —奏 zòu 草 cǎo —凑 còu

扫 sǎo —擞 sǒu

ao—ou 包头 bāotóu 保守 bǎoshǒu 报仇 bàochóu

报头 bàotóu 操守 cāoshǒu 刀口 dāokǒu

倒手 dǎoshǒu 到头 dàotóu 高手 gāoshǒu

稿酬 gǎochóu 好受 hǎoshòu 号头 hàotóu

毛豆 máodòu 矛头 máotóu 套购 tàogòu

遭受 zāoshòu 招手 zhāoshǒu 招收 zhāoshōu

ou—ao 酬报 chóubào 酬劳 chóuláo 逗号 dòuhào

构造 gòuzào 厚道 hòudao 后脑 hòunǎo

口号 kǒuhào 口哨 kǒushào 漏勺 lòusháo

柔道 róudào 手套 shǒutào 寿桃 shòutáo

偷盗 tōudào 头号 tóuhào 头脑 tóunǎo

投考 tóukǎo 投靠 tóukào 周报 zhōubào

周到 zhōudào

稻子 dàozi —豆子 dòuzi 考试 kǎoshì —口试 kǒushì

病号 bìnghào —病后 bìnghòu 高洁 gāojié —勾结 gōujié

ia—ie 宽窄对比的音节有 5 对(见第 8 组),bie、pie、mie、die、tie、nie 没有相对比的音节。对比练习如下:

第 41 组 ya—ye lia(俩)—lie jia—jie

qia—qie xia—xie

亚 yà —业 yè　　加 jiā —阶 jiē

恰 qià —切 qiè　　下 xià —谢 xiè

第 42 组

ia—ie 家业 jiāyè　佳节 jiājié　假借 jiǎjiè　嫁接 jiàjiē

下帖 xiàtiě　下野 xiàyě

ie—ia 接洽 jiēqià　野鸭 yěyā　节下 jiéxià　跌价 diējià

ua—uo(o) 宽窄对比的音节有 6 对(见第 10 组),duo、tuo、nuo、luo、chuo、ruo、zuo、cuo、suo 没有相对比的音节。对比练习如下:

第 43 组

wa — wo　gua — guo　kua — kuo

hua — huo　zhua — zhuo　shua — shuo

瓦 wǎ —我 wǒ　挂 guà —过 guò　跨 kuà —扩 kuò

化 huà —或 huò　抓 zhuā —桌 zhuō　刷 shuā —说 shuō

第 44 组

ua — uo(o)

花朵 huāduǒ　话说 huàshuō　划拨 huàbō

滑坡 huápō

uo(o) — ua

帛画 bóhuà　多寡 duōguǎ　国画 guóhuà

国花 guóhuā　活化 huóhuà　火花 huǒhuā

说话 shuōhuà

挂着 guàzhe —过着 guòzhe

滑动 huádòng —活动 huódòng

抓住 zhuāzhù —捉住 zhuōzhù

国画 guóhuà —国货 guóhuò

进化 jìnhuà —进货 jìnhuò

iao — iou 宽窄对比的音节有 8 对(见第 12 组),biao、piao、tiao 没有相对的音节。对比练习如下:

第 45 组

yao — you　　miao — miu　　diao — diu

niao — niu　　liao — liu　　jiao — jiu

qiao — qiu　　xiao — xiu

要 yào —又 yòu　　妙 miào —谬 miù　　刁 diāo —丢 diū

鸟 niǎo —扭 niǔ　　料 liào —六 liù　　交 jiāo —纠 jiū

桥 qiáo —求 qiú　　效 xiào —袖 xiù

第 46 组

iao — iou

掉队 diàoduì　　交流 jiāoliú　　郊游 jiāoyóu

娇羞 jiāoxiū　　料酒 liàojiǔ　　漂流 piāoliú

飘游 piāoyóu　　校友 xiàoyǒu　　要求 yāoqiú

药酒 yàojiǔ　　表舅 biǎojiù

iou — iao

丢掉 diūdiào　　就要 jiùyào　　柳条 liǔtiáo

遛鸟 liùniǎo　　牛角 niújiǎo　　求教 qiújiào

袖标 xiùbiāo　　油条 yóutiáo　　邮票 yóupiào

有效 yǒuxiào　　幼苗 yòumiáo　　酒药 jiǔyào

幼小 yòuxiǎo

第 47 组

消息 xiāoxi —休息 xiūxi

铁桥 tiěqiáo —铁球 tiěqiú

求教 qiújiào —求救 qiújiù

摇动 yáodòng —游动 yóudòng

药片 yàopiàn —诱骗 yòupiàn

出窑 chūyáo —出游 chūyóu

耀眼 yàoyǎn —右眼 yòuyǎn

生效 shēngxiào —生锈 shēngxiù

角楼 jiǎolóu —酒楼 jiǔlóu

uai — uei 宽窄对比的音节有 7 对(见第 15 组),dui、tui、rui、zui、cui、sui 没有相对比的音节。对比练习如下:

第 48 组

wai — wei　　guai — gui　　kuai — kui

huai — hui　　zhuai — zhui　　chuai — chui

shuai — shui

外 wài —位 wèi　怪 guài —贵 guì　快 kuài —溃 kuì

坏 huài —会 huì　拽 zhuài —坠 zhuì　揣 chuāi —吹 chuī

帅 shuài —谁 shuí

第 49 组

uai — uei

怪罪 guàizuì　　快慰 kuàiwèi　　快嘴 kuàizuǐ

衰退 shuāituì　　衰微 shuāiwēi　　外汇 wàihuì

uei — uai

对外 duìwài　　鬼怪 guǐguài　　追怀 zhuīhuái

嘴乖 zuǐguāi　　毁坏 huǐhuài

怪人 guàirén —贵人 guìrén

外来 wàilái —未来 wèilái

拐子 guǎizi —鬼子 guǐzi

怀乡 huáixiāng —回乡 huíxiāng

第八讲　韵母(三)

七、鼻韵母(复合鼻尾音)

鼻韵母是复合鼻尾音充当韵母。复合鼻尾音就是元音音素之后附带一个鼻辅音作为尾音(韵尾)。

普通话韵母只有两个辅音韵尾 -n、-ng 都是鼻音。韵尾-n 的发音同声母 n- 基本相同，只是 -n 的部位比 n- 靠后，一般是舌面前部向硬腭接触(见图五十九，参见《普通话发音图谱》)，为了教学的方便，仍把它看成是舌尖中鼻音。从受阻的情况看，声母 n- 必须除阻后同后面的韵母拼合，而韵尾 -n 却不除阻，发音逐渐减弱而终止。韵尾 -ng [ŋ]是舌面后鼻音(汉语拼音用双字母表示)，和声母 g、k、h 是同一个发音部位。发音时，舌面后部隆起，与软腭接触，阻塞气流

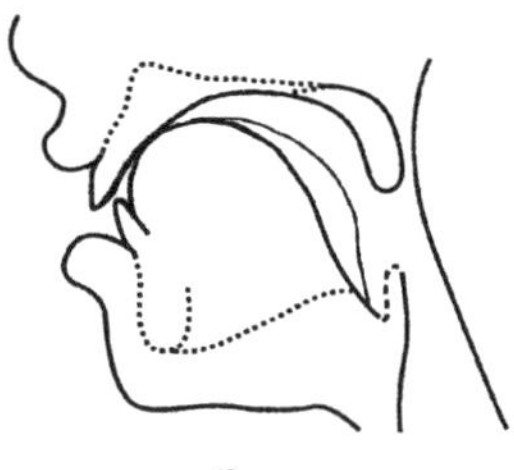

-n

图五十九

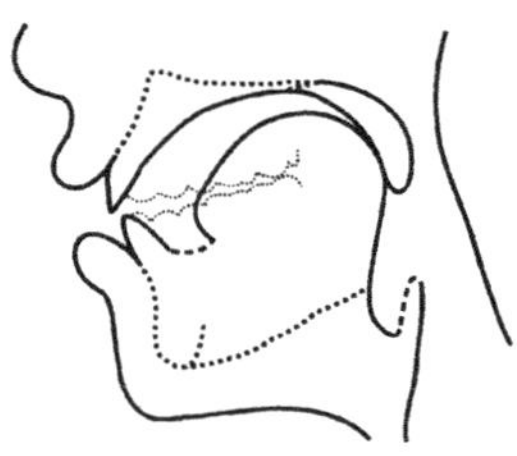

-ng

图六十

通过,同时软腭下降,打开鼻腔通路,声带颤动(见图六十)。

鼻韵母(复合鼻尾音)的发音特点是:1)元音音素同鼻辅音韵尾之间是复合的关系,不是简单的相加。在复合过程中,也有舌位的移动过程,即有“动程”。它与复合元音的不同在于收尾的(韵尾)是以鼻辅音的阻碍结束。鼻辅音发音时声带颤动,比其他清辅音响亮,可以延长(但处于韵尾时一般不延长),它带有元音的某些特点(有“次元音”“准元音”之说)。因此,元音同鼻辅音复合更易衔接、拼合,中间没有明显的拼接痕迹。从读一个元音音素向一个鼻辅音尾音(韵尾)的发音部位移动,这种情况类似于二合元音中前响复合元音。例如:an、eng。如果在这类音组前面加上由高元音 i-、u-、ü- 开始的舌位动程,就类似于三合元音(即中响复合元音)。例如:ian、üan、ueng。2)在元音舌位向鼻辅音韵尾移动的后半段,元音音素的发音由于受到后面鼻辅音的影响,出现一段短暂的“半鼻化(半鼻音)”的过渡。例如:an→[a—ã—n]。这是语音结合过程中必然发生的现象。教学人员知道这种现象发生的原因是必要的,但不必作为一项训练内容。3)鼻辅音韵尾同它前面相接的元音音素结合得很紧密。

普通话明确区分以 -n 和 -ng 为韵尾的两组韵母。为了称说和对比的方便,在普通话语音教学中,通常把 -n 称作“前鼻尾音”,把 -ng 称作“后鼻尾音”,也可以通俗地分别称为“前鼻音”、“后鼻音”。普通话有鼻韵母 16 个,其中以 -n 为韵尾的韵母 8 个:an、en、in、ün、ian、uan、uen、üan,以-ng 为韵尾的韵母 8 个:ang、eng、ing、ong、iang、uang、ueng、iong。

-n 、-ng 两组韵母的区分在普通话韵母的教学中占有重要的地位。这是因为带有前、后鼻尾音的韵母在普通话里能区分词,而且在一些方言里没有鼻尾音,或者两类韵母区分有困难。前、后鼻尾音韵母区分的主要特点是:1) 韵腹元音舌位的前后不同是两者区分的主要标志。例如:an 与 ang 的区分主要表现在 an 中的元音是前元音,而 ang 中的元音是后元音。2) -n、-ng 是韵尾,只有与韵腹构成一个整体时才参与前、后鼻韵母对比区分。由于 -n、-ng 处于从属的地位,在自然语流中常常脱落,只表现为元音的鼻化。

实验语音学证明:普通话鼻辅音韵尾在实际发音中,有时并不表现为鼻辅音的语音特征,在频谱图上只能看到鼻化的元音。因此,认为实际发音中 -n、-ng 的发音有时部位"不是完全闭塞,还留有空隙"。"鼻尾脱落后,它对元音的鼻化依然存在,并且成为鼻音音色的惟一的载体。"(参见《普通话发音图谱》、《实验语音学概要》) 在语音训练中则应强调不能丢掉鼻尾音,为了确切体会鼻尾音的发音和听感性质,必须要求尽量发音完整。3) 基本上是一对一的对比关系,不是一对多或多对一的关系。它们之间的对比关系是:an—ang、en—eng、in—ing、ian—iang、uan—uang、uen— ueng(ong)、ün—iong。(传统语音学认为 ong、ueng 是一个韵母,注音字母就拼成ㄨㄥ,汉语拼音方案按照实际发音设计为两个韵母。)

八、鼻韵母(复合鼻尾音)的发音

为了教学的方便,首先学习由一个元音音素和鼻辅音复合的鼻韵母(类似于复韵母中的前响复合音)。

an [an](见图六十一)

起点元音是前低不圆唇元音 ɑ [a]，舌尖抵住下齿背，舌位降到最低，软腭上升，关闭鼻腔通路。从“前 ɑ”开始，舌面升高，舌面前部贴向硬腭前部。当两者将要接触时，软腭下降，打开鼻腔通路，紧接着舌面前部于硬腭前部闭合，使在口腔受到阻碍的气流，从鼻腔里透出。口形先开后合，舌位移动较大。

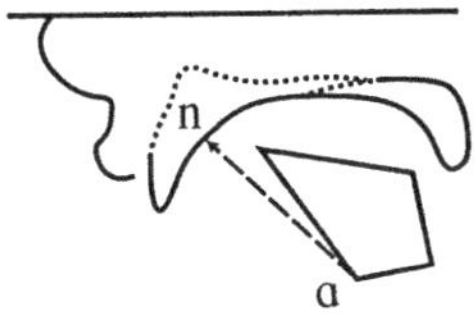

图六十一

发音例词：

an-an 安然 ānrán　案板 ànbǎn　暗淡 àndàn　暗含 ànhán
斑斓 bānlán　参赞 cānzàn　参战 cānzhàn　惨淡 cǎndàn
单产 dānchǎn　单干 dāngàn　胆寒 dǎnhán　胆敢 dángǎn
翻案 fān'àn　翻版 fānbǎn　繁难 fánnán　反感 fǎngǎn
反叛 fǎnpàn　泛滥 fànlàn　犯案 fàn'àn　犯难 fànnán
干饭 gānfàn　肝胆 gāndǎn　感叹 gǎntàn　寒战 hánzhàn
勘探 kāntàn　懒汉 lǎnhàn　烂漫 lànmàn　蛮干 mángàn
难看 nánkàn　难堪 nánkān　散漫 sǎnmàn　善战 shànzhàn
贪婪 tānlán　摊贩 tānfàn　谈判 tánpàn　坦然 tǎnrán
赞叹 zàntàn　沾染 zhānrǎn　展览 zhǎnlǎn　湛蓝 zhànlán

en [ən](见图六十二)

起点元音是央元音 e [ə]，舌位中性(不高不低不前不后)，舌尖接触下齿背，舌面隆起部位受韵尾影响略靠前。从央元音 e 开始，舌面升高，舌面前部贴向硬

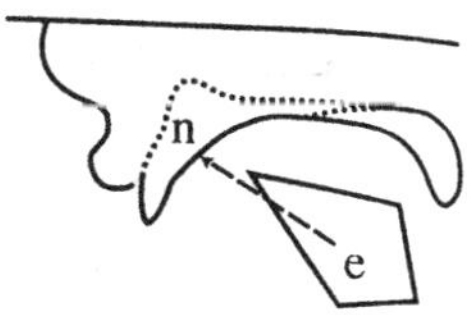

图六十二

腭前部，当两者将要接触时，软腭下降，打开鼻腔通路，紧接着舌面前部与硬腭前部闭合，使在口腔受到阻碍的气流，从鼻腔里透出。口形由开到闭，舌位移动较小。

发音例词：

en-en	本分 běnfèn	本人 běnrén	沉闷 chénmèn
	称身 chènshēn	分身 fēnshēn	粉尘 fěnchén
	愤恨 fènhèn	根本 gēnběn	门诊 ménzhěn
	人身 rénshēn	人参 rénshēn	人文 rénwén
	认真 rènzhēn	深沉 shēnchén	神人 shénrén
	审慎 shěnshèn	真人 zhēnrén	珍本 zhēnběn
	振奋 zhènfèn	深圳 Shēnzhèn	

in [in](见图六十三)

起点元音是前高不圆元音 i，舌尖抵住下齿背，软腭上升，关闭鼻腔通路。从舌位最高的前元音 i 开始，舌面升高，舌面前部贴向硬腭前部，当两者将要接触时，软腭下降，打开鼻腔通路，紧接着舌面前部与硬腭前部闭合，使在口腔受到阻碍的气流，从鼻腔透出。开口度几乎没有变化，舌位动程很小。

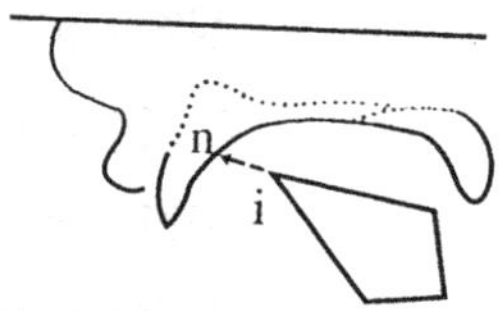

图六十三

发音例词：

in-in	濒临 bīnlín	今音 jīnyīn	金印 jīnyìn	斤斤 jīnjīn
	仅仅 jǐnjǐn	近邻 jìnlín	近亲 jìnqīn	尽心 jìnxīn
	临近 línjìn	凛凛 lǐnlǐn	民心 mínxīn	拼音 pīnyīn
	亲近 qīnjìn	亲信 qīnxìn	新近 xīnjìn	薪金 xīnjīn

心劲 xīnjìn　心音 xīnyīn　信心 xìnxīn　辛勤 xīnqín
音频 yīnpín　音信 yīnxìn　殷勤 yīnqín　引进 yǐnjìn

ün [yn](见图六十四)

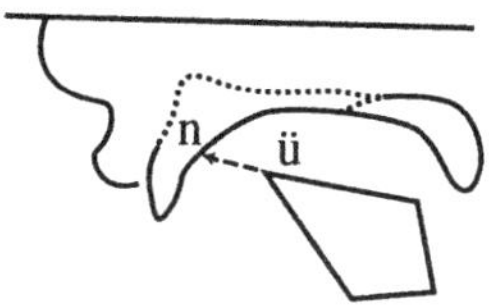

图六十四

起点元音是前高圆唇元音 ü。与 in 的发音过程只是唇形变化不同。从圆唇的前元音 ü 开始,唇形从圆唇逐步展开,而 in 唇形始终是展唇。

发音例词:

ün- 军训 jūnxùn　均匀 jūnyún　芸芸 yúnyún　军事 jūnshì
俊俏 jùnqiào　骏马 jùnmǎ　群众 qúnzhòng　裙子 qúnzi
勋章 xūnzhāng　驯服 xùnfú　循环 xúnhuán　巡回 xúnhuí
巡逻 xúnluó　寻求 xúnqiú　迅速 xùnsù　云雾 yúnwù
匀称 yúnchèn　允许 yǔnxǔ　韵律 yùnlǜ　运动 yùndòng
运用 yùnyòng

ang [ɑŋ](见图六十五)

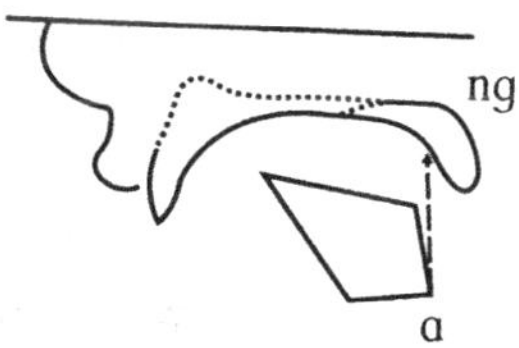

图六十五

起点元音是后低不圆唇元音 ɑ [ɑ],口大开,舌尖离开下齿背,舌头后缩。从"后 ɑ"开始,舌面后部抬起,当贴近软腭时,软腭下降,打开鼻腔通路,紧接着舌根与软腭接触,封闭了口腔通路,气流从鼻腔里透出。

发音例词:

ang-ang 帮忙 bāngmáng　仓房 cāngfáng　苍茫 cāngmáng
厂房 chǎngfáng　长方 chángfāng　当场 dāngchǎng
当啷 dānglāng　放荡 fàngdàng　刚刚 gānggāng

行当 hángdang　浪荡 làngdàng　盲肠 mángcháng
商场 shāngchǎng 上场 shàngchǎng 上当 shàngdàng
上房 shàngfáng　堂上 tángshàng　烫伤 tàngshāng
张扬 zhāngyáng　账房 zhàngfáng

eng [ɤŋ](见图六十六)

起点元音是后半高不圆唇元音 e [ɤ],口半闭,展唇,舌身后缩,舌尖离开下齿背,舌面后部隆起,比发单元音 e 的舌位略低。从 e 开始,舌面后部抬起,贴向软腭。当两者将要接触时,软腭下降,打开的鼻腔通路,紧接着舌面后部与软腭接触,使在口腔受到阻碍的气流,从鼻腔里透出。

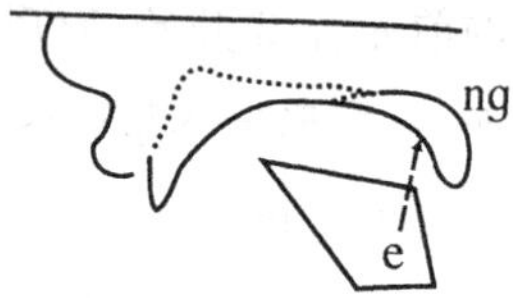

图六十六

发音例词:

eng-eng 成风 chéngfēng　承蒙 chéngméng 逞能 chěngnéng
登程 dēngchéng　丰登 fēngdēng　丰盛 fēngshèng
风声 fēngshēng　风筝 fēngzheng　更生 gēngshēng
更正 gēngzhèng　冷风 lěngfēng　萌生 méngshēng
声称 shēngchēng 生成 shēngchéng 生疼 shēngténg
升腾 shēngténg　省城 shěngchéng 征程 zhēngchéng
蒸腾 zhēngténg　整风 zhěngfēng

ing [iŋ](见图六十七)

起点元音是前高不圆唇元音 i,舌尖接触下齿背,舌面前部隆起。从 i 开始,舌面隆起部位不降低,一直后移,舌尖离开下齿背,逐步使舌面后部隆

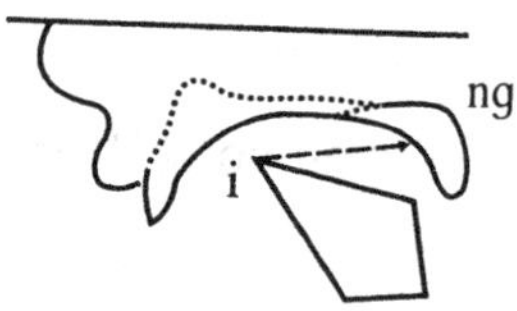

图六十七

起，贴向软腭，当两者将要接触时，软腭下降，打开鼻腔通路，紧接着舌面后部与软腭接触，封闭了口腔通路，气流从鼻腔透出。口形没有明显变化。

发音例词：

ing-ing	冰凌 bīnglíng	兵营 bīngyíng	禀性 bǐngxìng
	秉性 bǐngxìng	并行 bìngxíng	丁零 dīnglíng
	叮咛 dīngníng	定睛 dìngjīng	定形 dìngxíng
	定型 dìngxíng	惊醒 jīngxǐng	精灵 jīnglíng
	精明 jīngmíng	经营 jīngyíng	菱形 língxíng
	零星 língxīng	灵性 língxìng	领情 lǐngqíng
	另行 lìngxíng	明净 míngjìng	明星 míngxīng
	酩酊 mǐngdǐng	命令 mìnglìng	平定 píngdìng
	平静 píngjìng	平行 píngxíng	评定 píngdìng
	清静 qīngjìng	清明 qīngmíng	清醒 qīngxǐng
	蜻蜓 qīngtíng	倾听 qīngtīng	轻盈 qīngyíng
	情景 qíngjǐng	行径 xíngjìng	行星 xíngxīng
	性命 xìngmìng	性情 xìngqíng	姓名 xìngmíng
	英明 yīngmíng	影评 yǐngpíng	应景 yìngjǐng
	硬性 yìngxìng		

ong [ʊŋ]（见图六十八）

起点元音是比后高圆唇元音 u 舌位略低的“松 u”，舌尖离开下齿背，舌头后缩，舌面后部隆起，软腭上升，关闭鼻腔通路。从“松 u”开始，舌面后部贴

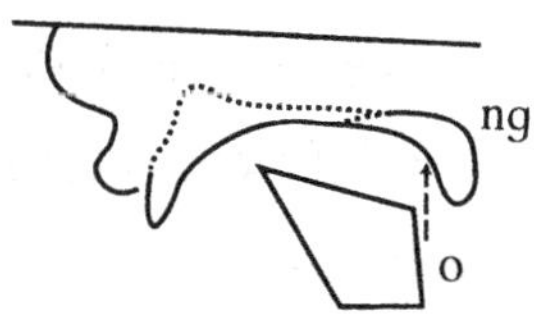

图六十八

向软腭,当两者将要接触时,软腭下降,打开鼻腔通路,紧接着舌面后部与软腭接触,封闭了口腔通路,气流从鼻腔里透出。唇形始终拢圆,变化不明显。

发音例词:

ong-ong 动容 dòngróng　工种 gōngzhǒng　公共 gōnggòng
公众 gōngzhòng　共同 gòngtóng　烘笼 hōnglóng
轰动 hōngdòng　轰隆 hōnglōng　红铜 hóngtóng
红肿 hóngzhǒng　洪钟 hóngzhōng　空洞 kōngdòng
空中 kōngzhōng　恐龙 kǒnglóng　龙宫 lónggōng
龙钟 lóngzhōng　隆冬 lóngdōng　隆重 lóngzhòng
拢共 lǒnggòng　浓重 nóngzhòng　脓肿 nóngzhǒng
通共 tōnggòng　通红 tōnghóng　通融 tōngróng
瞳孔 tóngkǒng　童工 tónggōng　统共 tǒnggòng
中东 Zhōngdōng

以上 8 个鼻韵母由一个元音音素带上鼻辅音构成的,是鼻韵母的基本形式,在拼音教学中大多作为一个整体学习。余下的鼻韵母是在这 8 个鼻韵母的基础上,前面再加上一段高元音 i、u、ü 构成的,类似于复韵母中的中响复合元音。应注意其中一些鼻韵母在实际发音中出现的语音变化。

ian [iæn](见图六十九)

本来是在 an 的前面加上一段由高元音 i 开始的动程构成的,但实际发音产生了变化。发音时,从前高元音 i 开始,舌位降低,向前低元音 a (前 a)的方向滑

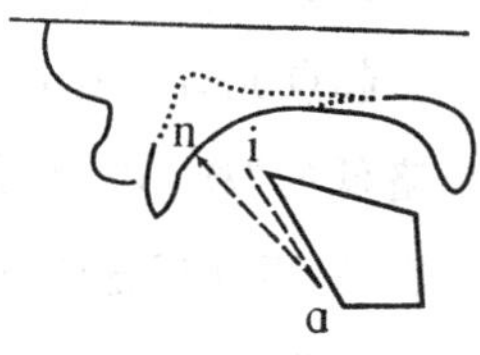

图六十九

动，但并没有降到 a。舌位只降到前元音［æ］的位置就开始升高，直到舌面前部贴向硬腭前部形成鼻音 -n。这种变化是由于 ian 的整个发音过程是舌位从高到低，又由低向高的往返移动，中间的低元音受前后音素影响，舌位只降到［æ］便不再降低了。

发音例词：

ian-ian	边沿 biānyán	变脸 biànliǎn	变迁 biànqiān
	变天 biàntiān	便宴 biànyàn	癫痫 diānxián
	点验 diǎnyàn	垫肩 diànjiān	电键 diànjiàn
	电线 diànxiàn	艰险 jiānxiǎn	简便 jiǎnbiàn
	简练 jiǎnliàn	检点 jiǎndiǎn	检验 jiǎnyàn
	渐变 jiànbiàn	见面 jiànmiàn	联翩 liánpiān
	连绵 liánmián	连篇 liánpiān	连天 liántiān
	敛钱 liǎnqián	脸面 liǎnmiàn	棉田 miántián
	面前 miànqián	年间 niánjiān	年鉴 niánjiàn
	偏见 piānjiàn	翩跹 piānxiān	片面 piànmiàn
	片言 piànyán	牵念 qiānniàn	牵线 qiānxiàn
	前边 qiánbian	前面 qiánmiàn	前天 qiántiān
	前线 qiánxiàn	前沿 qiányán	浅见 qiǎnjiàn
	浅显 qiǎnxiǎn	天边 tiānbiān	天年 tiānnián
	天堑 tiānqiàn	天仙 tiānxiān	田间 tiánjiān
	先前 xiānqián	先验 xiānyàn	鲜艳 xiānyàn
	闲钱 xiánqián	显现 xiǎnxiàn	显眼 xiǎnyǎn
	现钱 xiànqián	现眼 xiànyǎn	盐碱 yánjiǎn
	盐田 yántián	沿线 yánxiàn	眼见 yǎnjiàn

uan [uan](见图七十)

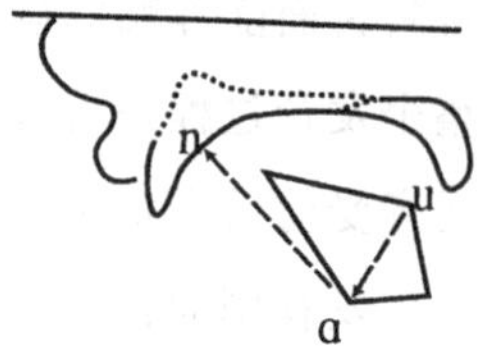

图七十

在 an 的前面加上一段由高元音 u 开始的动程。发音时，由圆唇的后高元音 u 开始，口形迅速由合口变为开口状，舌位向前迅速降低，到不圆唇的前低元音(前 a)；紧接着舌位升高，接续鼻音-n。唇形由圆在向中间折点元音移动的过程中变为展唇。

发音例词：

uan-uan 传唤 chuánhuàn 串换 chuànhuàn 贯穿 guànchuān
宦官 huànguān 软缎 ruǎnduàn 团团 tuántuán
酸软 suānruǎn 宛转 wǎnzhuǎn 婉转 wǎnzhuǎn
万贯 wànguàn 万万 wànwàn 专断 zhuānduàn
专款 zhuānkuǎn 转换 zhuǎnhuàn 转弯 zhuǎnwān

üan [yæn](见图七十一)

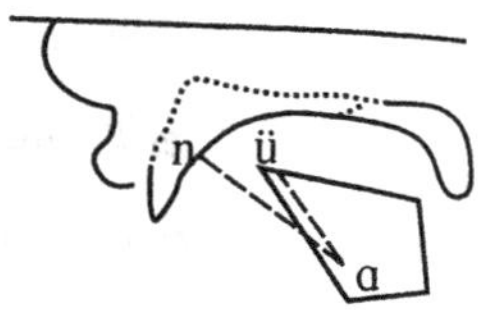

图七十一

本来是在 an 的前面加上一段由高元音 ü 开始的动程构成的，但实际发音像 ian 一样韵腹发生了变化。发音时，从圆唇的前高元音 ü 开始，向前低元音 a 的方向滑动，但并没有降到 a。舌位只降到前元音 [æ] 就开始升高，接续鼻音 -n。发音变化的过程与 ian 基本相同，只是受开头圆唇元音 ü 的影响，中间折点元音的舌位稍稍靠后些。唇形由圆唇在向中间折点元音滑动中渐变为展唇。

发音例词：

üan-涓涓 juānjuān 全权 quánquán 渊源 yuānyuán

源泉 yuánquán　源源 yuányuán　圆圈 yuánquān
轩辕 xuānyuán　捐献 juānxiàn　卷烟 juǎnyān
宣传 xuānchuán　悬挂 xuánguà　选择 xuǎnzé
元气 yuánqì　原来 yuánlái

uen [uən](见图七十二)

在 en 的前面加上一段由高元音 u 开始的动程。发音时,由圆唇的后高元音 u 开始,向央元音 e[ə]滑动,随后舌位升高,接续鼻音-n。唇形由圆唇在向中间折点元音的过程中渐变为展唇。

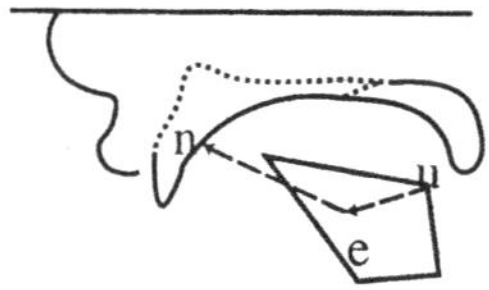

图七十二

在音节中,鼻韵母 uen 受声母和声调影响中间的元音产生弱化。它的音变条件与 uei 相同。(参见第七讲)

发音例词:

uen-滚滚 gǔngǔn　混沌 hùndùn　困顿 kùndùn　昆仑 kūnlún
温存 wēncún　温顺 wēnshùn　谆谆 zhūnzhūn　论文 lùnwén
馄饨 húntun　春天 chūntiān　纯洁 chúnjié　顿号 dùnhào
蹲点 dūndiǎn　滚动 gǔndòng　昏暗 hūn'àn　混合 hùnhé
困难 kùnnan　孙子 sūnzi　损失 sǔnshī　顺利 shùnlì
文化 wénhuà　文章 wénzhāng　准备 zhǔnbèi
遵守 zūnshǒu　尊敬 zūnjìng

iang [iaŋ](见图七十三)

在 ang 的前面加上一段由高元音 i 开始的动程。发音时,从前高元音 i 开始,舌位向后降低,到后低元音 ɑ[ɑ](后 ɑ),紧接着舌位升高,接续鼻音-ng。

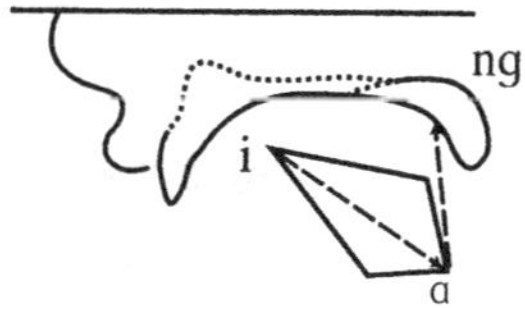

图七十三

发音例词：

iang-iang

将养 jiāngyǎng	粮饷 liángxiǎng	两厢 liǎngxiāng
两样 liǎngyàng	亮相 liàngxiàng	踉跄 liàngqiàng
良将 liángjiàng	洋姜 yángjiāng	洋相 yángxiàng
扬扬 yángyáng	洋枪 yángqiāng	痒痒 yǎngyang
湘江 xiāngjiāng	降将 xiángjiàng	想象 xiǎngxiàng
响亮 xiǎngliàng	向阳 xiàngyáng	像样 xiàngyàng

uang [uɑŋ](见图七十四)

在 ang 的前面加上一段由高元音 u 开始的动程。发音时，从圆唇的后高元音 u 开始，舌位降至后低元音 ɑ [ɑ](后 ɑ)，紧接着舌位升高，接续鼻音 -ng。唇形从圆唇在向折点元音的滑动中渐变为展唇。

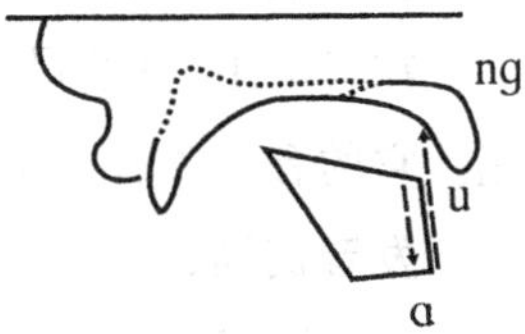

图七十四

发音例词：

uang-	框框 kuàngkuang	狂妄 kuángwàng	双簧 shuānghuáng
	网状 wǎngzhuàng	往往 wǎngwǎng	装潢 zhuānghuáng
	状况 zhuàngkuàng	窗台 chuāngtái	创伤 chuāngshāng
	床铺 chuángpù	闯将 chuǎngjiàng	创业 chuàngyè
	光明 guāngmíng	广大 guǎngdà	黄土 huángtǔ
	皇帝 huángdì	谎话 huǎnghuà	晃悠 huàngyou
	矿藏 kuàngcáng	旷课 kuàngkè	况且 kuàngqiě
	双方 shuāngfāng	爽快 shuǎngkuai	王国 wángguó

忘记 wàngjì　　装扮 zhuāngbàn　庄稼 zhuāngjia

ueng [uɤŋ](见图七十五)

在 eng 的前面加上一段由高元音 u 开始的动程。发音时，从圆唇的后高元音 u 开始，舌位降至比后半高元音 e [ɤ] 稍稍靠前略低的位置，紧接着舌位升高，接续鼻音 -ng。唇形从圆唇在向中间折点元音滑动过程中渐变为展唇。在普通话里，韵母 ueng 只有一种零声母的音节形式 weng。

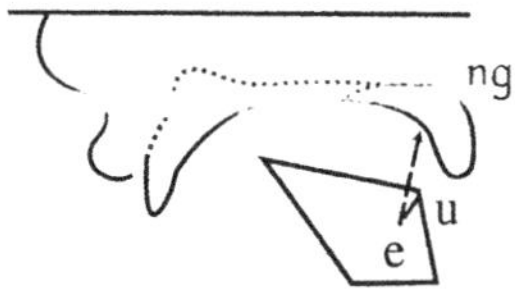

图七十五

发音例词：

ueng(weng)- 瓮声瓮气 wèngshēng-wèngqì

瓮中之鳖 wèngzhōngzhībiē

蕹菜 wèngcài

-ueng(weng) 老翁 lǎowēng　渔翁 yúwēng

水瓮 shuǐwèng　主人翁 zhǔrénwēng

iong [iʊŋ] (见图七十六)

在 ong 的前面加上一段由高元音 i 开始的动程。发音时，从前高元音 i 开始，舌位向后移动，略有下降，到比后高元音略低的[ʊ](松 u)的位置，紧接着舌位升高，接续鼻音 -ng。由于受后面圆唇元音的影响，开始的前高元音 i 也带上了圆唇动作。用严式音标可以描写为 [yʊŋ]。尽管有时还能体会出不圆唇的 i 向圆唇的 u (松 u) 的极短暂的过渡，但实际发音更多的时候同以 ü 开始的韵母没有太大差别。如果用宽式音标也可以描写为 [yŋ]。传统汉语语音学把

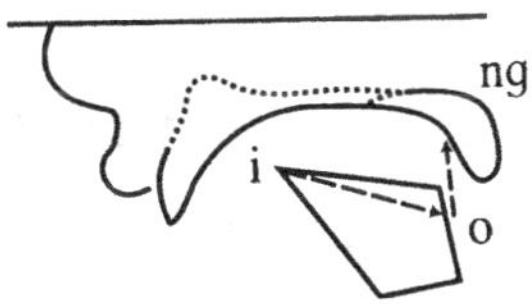

图七十六

iong 归属撮口呼。

发音例词:

iong-	窘迫 jiǒngpò	炯炯 jiǒngjiǒng	穷苦 qióngkǔ
	穷尽 qióngjìn	兄弟 xiōngdì	凶恶 xiōng'è
	凶狠 xiōnghěn	凶器 xiōngqì	汹涌 xiōngyǒng
	胸怀 xiōnghuái	雄壮 xióngzhuàng	拥抱 yōngbào
	拥护 yōnghù	永远 yǒngyuǎn	永久 yǒngjiǔ
	涌现 yǒngxiàn	勇敢 yǒnggǎn	勇气 yǒngqì
	用功 yònggōng	用途 yòngtú	

思考题:

1) 鼻韵母主要的发音特点是什么?

2) 在发音上如何区分带有 -n 和 -ng 的两组韵母?

3) 注意体会 ong、ian、üan、uen、iong 的发音。

语音训练(六)

1. 鼻韵母发音训练方法

普通话语音鼻韵母的教学训练重点是掌握 -n 和 -ng 的区分。这种区分不仅仅只是鼻音韵尾 -n 和 -ng 的区分,更重要的是主要元音前后之分。(略)

另外,注意"鼻尾音"与"鼻化音"的区别。这对有鼻化音韵母的西北官话、晋语等方言地区来说是很重要的区分。我们把音节中鼻音韵尾称作"鼻尾音",它一定是跟在元音的后头,而不是整个元音携带的鼻音,也就是说鼻尾音前头的元音在发音的主要过程中并不鼻化,只是到元音与鼻音韵尾相接的时候,才产生一个短暂的"半鼻化"(半鼻音)的阶段。鼻化音则不同,当开始发元音的时候,软腭就是下垂的,鼻腔和口腔同时有气流呼出,形成典型的鼻化音,也叫"口鼻音"。

区分 -n 和 -ng 两组韵母,还要选择好发音练习材料。

为初学者选编词语练习材料,带有韵尾 -n 的音节后面尽量不选用声母是舌面后音 g、k、h 音节构成的词语,以避免舌面后音声母对前面音节的尾音 -n 产生"逆同化"的影响,读成尾音-ng。例如:环顾、谈话、闲空。理想的编排是在 -n 音节后面紧跟带声母 n 的音节。例如:繁难、安宁、前年。

初学带韵尾 -n 的音节,还要避免同发音相近的复韵母构成的音节连读,如 an-ai en-ei uan-uai uen-uei 四组。这样组合的词语练习应该有,但应尽量放在巩固提高的阶段训练。例如:

an-ai	残害 cánhài	感慨 gǎnkǎi	满载 mǎnzài
ai-an	拍板 pāibǎn	海岸 hǎi'àn	代办 dàibàn
en-ei	纷飞 fēnfēi	门类 ménlèi	分贝 fēnbèi
ei-en	悲愤 bēifèn	黑人 hēirén	泪痕 lèihén
uan-uai	关怀 guānhuái	欢快 huānkuài	
uai-uan	外传 wàichuán	拐弯 guǎiwān	
uen-uei	春晖 chūnhuī	吨位 dūnwèi	论罪 lùnzuì
uei-uen	慰问 wèiwèn	亏损 kuīsǔn	鬼混 guǐhùn

训练带有韵尾 -ng 的音节,尽量不要选用后面紧跟着声母是舌尖中音 d、t、n、l 的音节,以避免舌尖中音对前面带 -ng 的音节产生"逆同化"的影响,容易读成 -n。应该尽量采用后面带有舌面

后音声母 g、k、h 的音节。例如:香菇、控告、停靠、浪花。

2. in、ing 的发音训练

鼻韵母 in 的发音容易出现的问题是高元音 i 的舌位靠后,或者在 i 与 n 之间舌位降低,变成 ien。发音时,可以将 i 拖长一些,舌面向硬腭隆起的部位一定要保持最高最前的状态,不能向后移动,然后迅速接尾音 -n。

发准 ing 的关键是要掌握好舌位从元音 i 到鼻韵尾 -ng 的移动过程。从元音 i 到鼻韵尾 -ng 之间舌头隆起部位由前向后移动,但舌位始终没有明显降低,因此,中间经历了一个央元音[ɨ]的过渡。这个过渡是 ing 区别于 in 的重要因素。

说北京话、东北话等北方话的人在读这个韵母时,可能在 i 和 -ng 之间,明显出现央元音 e [ə]的过渡,把 ing 读成 ieng,发音训练中要注意克服。

3. an—ang、en—eng、in—ing、ian—iang、uan—uang、uen—ueng(ong)、ün—iong 的区分

第 50 组 an—ang　ban—bang　pan—pang
man—mang　fan—fang　dan—dang
tan—tang　nan—nang　lan—lang
gan—gang　kan—kang　han—hang
zhan—zhang　chan—chang　shan—shang
ran—rang　zan—zang　can—cang
san—sang

第 51 组 安 ān —昂 áng　　般 bān —帮 bāng

盘 pán —旁 páng　　馒 mán —忙 máng

反 fǎn —访 fǎng　　单 dān —当 dāng

谈 tán —堂 táng　　难 nán —囊 náng

兰 lán —郎 láng　　干 gān —刚 gāng

看 kàn —抗 kàng　　含 hán —航 háng

战 zhàn —丈 zhàng　　产 chǎn —场 chǎng

山 shān —商 shāng　　染 rǎn —嚷 rǎng

赞 zàn —葬 zàng　　参 cān —苍 cāng

三 sān —桑 sāng

第 52 组

an-ang 担当 dāndāng　安放 ānfàng　班长 bānzhǎng

繁忙 fánmáng　站岗 zhàngǎng　南方 nánfāng

反抗 fǎnkàng　安康 ānkāng　安放 ānfàng

半晌 bànshǎng　返航 fǎnháng　肝脏 gānzàng

擅长 shàncháng　战场 zhànchǎng

ang-an 商贩 shāngfàn　当然 dāngrán　傍晚 bàngwǎn

畅谈 chàngtán　上班 shàngbān　账单 zhàngdān

方案 fāng'àn

烂漫 lànmàn —浪漫 làngmàn

反问 fǎnwèn —访问 fǎngwèn

赞颂 zànsòng —葬送 zàngsòng

第 53 组 开饭 kāifàn —开放 kāifàng

安然 ānrán —昂然 ángrán

担心 dānxīn —当心 dāngxīn

弹词 táncí —搪瓷 tángcí

竿子 gānzi —缸子 gāngzi

施展 shīzhǎn —师长 shīzhǎng

一般 yìbān —一帮 yìbāng

心烦 xīnfán —心房 xīnfáng

第 54 组 en—eng　ben—beng　pen—peng　men—meng

fen—feng　nen—neng　gen—geng　ken—keng

hen—heng　zhen—zheng　chen—cheng

shen—sheng　ren—reng　zen—zeng

cen—ceng　sen—seng

第 55 组 奔 bēn —崩 bēng　盆 pén —朋 péng

门 mén —盟 méng　分 fēn —风 fēng

嫩 nèn —能 néng　跟 gēn —更 gēng

肯 kěn —坑 kēng　痕 hén —横 héng

真 zhēn —争 zhēng　陈 chén —成 chéng

深 shēn —声 shēng　人 rén —仍 réng

怎 zěn —增 zēng　岑 cén —层 céng

森 sēn —僧 sēng

第 56 组

en-eng 真诚 zhēnchéng　本能 běnnéng　深层 shēncéng

奔腾 bēnténg　真正 zhēnzhèng　神圣 shénshèng

人称 rénchēng　文风 wénfēng　纷争 fēnzhēng

门缝 ménfèng　人生 rénshēng

eng-en 成本 chéngběn　成分 chéngfèn　登门 dēngmén
承认 chéngrèn　成人 chéngrén　诚恳 chéngkěn
城镇 chéngzhèn　风尘 fēngchén　锋刃 fēngrèn
能人 néngrén　胜任 shèngrèn　正门 zhèngmén
证人 zhèngrén

第 57 组 陈旧 chénjiù —成就 chéngjiù
真挚 zhēnzhì —争执 zhēngzhí
申明 shēnmíng —声明 shēngmíng
木盆 mùpén —木篷 mùpéng
清真 qīngzhēn —清蒸 qīngzhēng
瓜分 guāfēn —刮风 guāfēng
绅士 shēnshì —声势 shēngshì
人参 rénshēn —人生 rénshēng
诊治 zhěnzhì —整治 zhěngzhì
身世 shēnshì —生事 shēngshì
时针 shízhēn —时政 shízhèng

第 58 组 yin—ying　bin—bing　pin—ping
min—ming　nin—ning　lin—ling
jin—jing　qin—qing　xin—xing

第 59 组 音 yīn —应 yīng　宾 bīn —兵 bīng　贫 pín —平 píng
民 mín —明 míng　您 nín —宁 níng　林 lín —零 líng
进 jìn —静 jìng　亲 qīn —清 qīng　新 xīn —星 xīng

第 60 组

in-ing 心情 xīnqíng　禁令 jìnlìng　民警 mínjǐng

品行 pǐnxíng　聘请 pìnqǐng　进行 jìnxíng
新型 xīnxíng　尽情 jìnqíng　心灵 xīnlíng
拼命 pīnmìng　民兵 mínbīng　尽兴 jìnxìng
金星 jīnxīng　新颖 xīnyǐng

ing-in 听信 tīngxìn　灵敏 língmǐn　清音 qīngyīn
挺进 tǐngjìn　平民 píngmín　凭信 píngxìn
迎新 yíngxīn　影印 yǐngyìn　领巾 lǐngjīn
清新 qīngxīn　精心 jīngxīn　轻信 qīngxìn
病因 bìngyīn　定亲 dìngqīn

第 61 组 心境 xīnjìng —行径 xíngjìng
亲生 qīnshēng —轻生 qīngshēng
金质 jīnzhì —精致 jīngzhì
人民 rénmín —人名 rénmíng
信服 xìnfú —幸福 xìngfú
频繁 pínfán —平凡 píngfán
亲近 qīnjìn —清静 qīngjìng
凭信 píngxìn —平行 píngxíng
金银 jīnyín —经营 jīngyíng

第 62 组 yan—yang　nian—niang　lian—liang
jian—jiang　qian—qiang　xian—xiang
研 yán —阳 yáng　年 nián —娘 niáng
连 lián —良 liáng　间 jiān —将 jiāng
前 qián —强 qiáng　线 xiàn —向 xiàng

第 63 组

ian-iang 演讲 yǎnjiǎng　点将 diǎnjiàng　现象 xiànxiàng
健将 jiànjiàng　边疆 biānjiāng　坚强 jiānqiáng
变相 biànxiàng　偏向 piānxiàng　勉强 miǎnqiǎng
联想 liánxiǎng　绵羊 miányáng　天象 tiānxiàng
限量 xiànliàng　岩浆 yánjiāng

iang-ian 相见 xiāngjiàn　镶嵌 xiāngqiàn　香甜 xiāngtián
相片 xiàngpiàn　想念 xiǎngniàn　香烟 xiāngyān
两边 liǎngbiān　量变 liàngbiàn　强辩 qiángbiàn

第 64 组 险象 xiǎnxiàng —想象 xiǎngxiàng
简历 jiǎnlì —奖励 jiǎnglì
坚硬 jiānyìng —僵硬 jiāngyìng
浅显 qiǎnxiǎn —抢险 qiǎngxiǎn
老年 lǎonián —老娘 lǎoniáng
大连 Dàlián —大梁 dàliáng
繁衍 fányǎn —放眼 fàngyǎn
试验 shìyàn —式样 shìyàng
鲜花 xiānhuā —香花 xiānghuā

第 65 组 wan—wang　guan—guang　kuan—kuang
huan—huang　zhuan—zhuang
chuan—chuang　shuan—shuang
完 wán —王 wáng　关 guān —光 guāng
宽 kuān —筐 kuāng　环 huán —黄 huáng
专 zhuān —装 zhuāng　船 chuán —床 chuáng

栓 shuān —双 shuāng

第 66 组

uan-uang 观光 guānguāng　管状 guǎnzhuàng
宽广 kuānguǎng　观望 guānwàng
万状 wànzhuàng　端庄 duānzhuāng

uang-uan 光环 guānghuán　慌乱 huāngluàn
狂欢 kuánghuān　双关 shuāngguān
王冠 wángguān　壮观 zhuàngguān
机关 jīguān —激光 jīguāng
专车 zhuānchē —装车 zhuāngchē
大碗 dàwǎn —大网 dàwǎng

第 67 组 wen—weng　dun—dong　tun—tong
lun—long　gun—gong　kun—kong
hun—hong　zhun—zhong　chun—chong
温 wēn —翁 wēng　盾 dùn —动 dòng
吞 tūn —通 tōng　轮 lún —龙 lóng
滚 gǔn —拱 gǒng　昆 kūn —空 kōng
混 hún —洪 hóng　准 zhǔn —肿 zhǒng
春 chūn —充 chōng

第 68 组

uen-ueng(ong)

稳重 wěnzhòng　滚动 gǔndòng　顺从 shùncóng
昆虫 kūnchóng　滚筒 gǔntǒng　混同 hùntóng
尊重 zūnzhòng

ueng(ong)-uen

农村 nóngcūn　中文 Zhōngwén　重孙 chóngsūn

公文 gōngwén　共存 gòngcún　通顺 tōngshùn

红润 hóngrùn

存钱 cúnqián —从前 cóngqián

依存 yīcún —依从 yīcóng

春风 chūnfēng —冲锋 chōngfēng

吞并 tūnbìng —通病 tōngbìng

轮子 lúnzi —笼子 lóngzi

余温 yúwēn —渔翁 yúwēng

炖肉 dùnròu —冻肉 dòngròu

第 69 组 yun—yong　jun—jiong　qun—qiong

xun—xiong

运 yùn —用 yòng　军 jūn —炯 jiǒng

群 qún —穷 qióng　寻 xún —雄 xióng

ün-iong 运用 yùnyòng　军用 jūnyòng　群雄 qúnxióng

iong-ün 拥军 yōngjūn

运费 yùnfèi —用费 yòngfèi

晕车 yùnchē —用车 yòngchē

因循 yīnxún —英雄 yīngxióng

4. ian、üan、iong 的发音训练

韵母 ian、üan 在实际发音中的变化，在一般的教学中（特别是小学生）可以不作为知识学习，而在语音训练中体现出来。告诉学生，发 ian、üan 的时候，中间的元音开口度要小一些。注意：我们只把 üan 看成是 ian 开头的唇形变为圆唇就行了。中间元音的细微变化是在实际发音中自然出现的，不必强调。

iong 的发音教学可以不必讲明其中的细微之处。把它看成是 ong 的前面加上一段 i 的动程，实际发音中使 i 自然带上圆唇。或者更粗略一些，就把 iong 看成是以 ü 开头，也基本符合实际发音的要求。

5. ong 和 ueng 的区分

在传统的汉语语音学里，ong 和 ueng 本是一个韵母，注音字母用ㄨㄥ来表示。汉语拼音方案依据实际发音分为两个，在汉语拼音的拼写中各有分工。ong 一定前拼辅音声母，绝不自成音节，即不构成零声母音节，而 ueng 只能自成音节，绝不前拼辅音声母，它只有一种拼写形式 weng。

ong 和 ueng 在发音上的主要区分在：1) 舌位移动的方式不同。ong 是元音 u（“松” u）同鼻音韵尾 -ng 的复合，ueng 则是在 eng 的前面加上一段 u 的动程，要经过一个舌位的曲折运动。2) 开头元音 u、o 的不同。ueng 中的 u 是韵头，发音紧而短；而 ong 中的 o 是韵腹，舌位比 u 略低，是个“松” u。3) 唇形的变化不同。ong 在发音过程中唇形始终没有明显变化，像个不太紧张的 u。而 ueng 的唇形由最圆到不圆唇，变化明显。

有人读不准 ong，主要的问题是：1) 把字母 o 误认为是单元音 o，因此开口度过大，并出现不应有的口型由大到小，舌位由低到高的动程。2)受方言影响，唇形是 u 的样子，但舌位仍比较低。

纠正的方法：心理上把 ong 的 o 看成是 u；发音时，双唇不要过于闭拢，稍稍放松些，舌位比 u 稍稍降低些。

6. i-（齐齿呼）和 ü-（撮口呼）鼻韵母的区分

i-(齐齿呼) 和 ü-(撮口呼)鼻韵母对比的音节有 12 对：yan-yuan、yin-yun、ying-yong、jian-juan、qian-quan、xian-xuan、jin-jun、qin-qun、xin-xun、jing-jiong、qing-qiong、xing-xiong。但 bian、pian、mian、dian、tian、nian、lian、bin、pin、min、nin、lin、yang、niang、jiang、bing、ping、ming、ding、ting、ning、ling 没有对比的音节(即双唇音声母、舌尖中音声母没有撮口呼音节)。

第 70 组 yan—yuan　yin—yun　ying—yong

jian—juan　qian—quan　xian—xuan

jin—jun　qin—qun　xin—xun

jing—jiong　qing—qiong　xing—xiong

严 yán —圆 yuán　银 yín —云 yún

英 yīng —拥 yōng　坚 jiān —娟 juān

前 qián —全 quán　先 xiān —宣 xuān

金 jīn —军 jūn　秦 qín —群 qún

信 xìn —训 xùn　井 jǐng —炯 jiǒng

晴 qíng —穷 qióng　形 xíng —雄 xióng

第 71 组

i-～ü-　健全 jiànquán　英雄 yīngxióng　进军 jìnjūn

厌倦 yànjuàn　借用 jièyòng　幸运 xìngyùn

ü-～i-　怨言 yuànyán　权限 quánxiàn　全体 quántǐ

汛期 xùnqī　　凶器 xiōngqì

白银 báiyín —白云 báiyún

前面 qiánmiàn —全面 quánmiàn

通信 tōngxìn —通讯 tōngxùn

燕子 yànzi —院子 yuànzi

颜料 yánliào —原料 yuánliào

建议 jiànyì —倦意 juànyì

咽气 yànqì —怨气 yuànqì

方言 fāngyán —方圆 fāngyuán

眼见 yǎnjiàn —远见 yuǎnjiàn

7. 宽窄鼻韵母的区分

鼻韵母也存在舌位动程宽窄不同的两组韵母(参见第七讲),除 iong 没有这种对比关系外,共有 7 对:an-en、ang-eng、ian-in、iang-ing、uan-uen、uang-ueng(ong)、üan-ün。

an—en 宽窄对比的音节有 16 对。dan、tan、lan 没有相对比的音节。

第 72 组 an—en　ban—ben　pan—pen　man—men

fan—fen　nan—nen(嫩)　gan—gen

kan—ken　han—hen　zhan—zhen

chan—chen　shan—shen　ran—ren

zan—zen　can—cen　san—sen

第 73 组 安 ān —恩 ēn　般 bān —奔 bēn　盘 pán —盆 pén

慢 màn —闷 mèn　反 fǎn —粉 fěn　难 nàn —嫩 nèn

甘 gān —根 gēn　坎 kǎn —肯 kěn　焊 hàn —恨 hèn

战 zhàn —振 zhèn　缠 chán —陈 chén　山 shān —深 shēn

染 rǎn —忍 rěn　赞 zàn —怎 zěn　残 cán —岑 cén

三 sān —森 sēn

第 74 组

an-en　安分 ānfèn　翻身 fānshēn　烦闷 fánmèn

闪身 shǎnshēn　犯人 fànrén　版本 bǎnběn

残忍 cánrěn

en-an　分散 fēnsàn　伸展 shēnzhǎn　侦探 zhēntàn

分担 fēndān　审判 shěnpàn　衬衫 chènshān

深山 shēnshān

战士 zhànshì —阵势 zhènshì

翻身 fānshēn —分身 fēnshēn

遗憾 yíhàn —遗恨 yíhèn

盘子 pánzi —盆子 pénzi

板子 bǎnzi —本子 běnzi

竿子 gānzi —根子 gēnzi

翻开 fānkāi —分开 fēnkāi

寒冷 hánlěng —很冷 hěnlěng

ang-eng 宽窄对比的音节有 18 对。只有 ang 没有相对比的音节(“鞥”字现代汉语不用)。

第 75 组 bang—beng　pang—peng　mang—meng

fang—feng　dang—deng　tang—teng

nang—neng　lang—leng　gang—geng

kang—keng　hang—heng　zhang—zheng
chang—cheng　shang—sheng　rang—reng
zang—zeng　cang—ceng　sang—seng

第 76 组 帮 bāng —崩 bēng　旁 páng —蓬 péng
忙 máng —盟 méng　方 fāng —封 fēng
当 dāng —灯 dēng　唐 táng —腾 téng
囊 náng —能 néng　浪 làng —愣 lèng
刚 gāng —更 gēng　康 kāng —坑 kēng
行 háng —横 héng　张 zhāng —争 zhēng
常 cháng —程 chéng　上 shàng —胜 shèng
瓤 ráng —仍 réng　脏 zāng —增 zēng
仓 cāng —层 céng　桑 sāng —僧 sēng

第 77 组

ang—eng　长征 chángzhēng　章程 zhāngchéng
航程 hángchéng　长生 chángshēng
党政 dǎngzhèng　昌盛 chāngshèng

eng—ang　生长 shēngzhǎng　冷烫 lěngtàng
膨胀 péngzhàng　正常 zhèngcháng
风浪 fēnglàng　增长 zēngzhǎng

长度 chángdù —程度 chéngdù
商人 shāngrén —生人 shēngrén
东方 dōngfāng —东风 dōngfēng
长工 chánggōng —成功 chénggōng

ian-in 宽窄对比的音节有 9 对。dian、tian 没有相对比的音节。

第 78 组 yan—yin　　bian—bin　　pian—pin
mian—min　　nian—nin(您)　　lian—lin
jian—jin　　qian—qin　　xian—xin
验 yàn —印 yìn　边 biān —宾 bīn　片 piàn —拼 pīn
棉 mián —民 mín　年 nián —您 nín　连 lián —林 lín
间 jiān —金 jīn　前 qián —秦 qín　现 xiàn —信 xìn
饯行 jiànxíng —进行 jìnxíng
颜色 yánsè —银色 yínsè
前人 qiánrén —亲人 qīnrén
先行 xiānxíng —新型 xīnxíng

iang—ing 宽窄对比的音节有 6 对。bing、ping、ming、ding、ting 没有相对比的音节。

第 79 组 yang—ying　　niang—ning　　liang—ling
jiang—jing　　qiang—qing　　xiang—xing
养 yǎng —影 yǐng　　娘 niáng —宁 níng
量 liáng —零 líng　　降 jiàng —静 jìng
强 qiáng —情 qíng　　相 xiāng —兴 xīng

iang-ing 相应 xiāngyìng　良性 liángxìng　详情 xiángqíng
将领 jiànglǐng　讲情 jiǎngqíng　象形 xiàngxíng

ing-iang 营养 yíngyǎng　领奖 lǐngjiǎng　行将 xíngjiāng
明亮 míngliàng　清凉 qīngliáng　影响 yǐngxiǎng
讲价 jiǎngjià —井架 jǐngjià
明亮 míngliàng —明令 mínglìng

粮食 liángshi —零食 língshí

枪弹 qiāngdàn —氢弹 qīngdàn

uan—uen 宽窄对比的音节有 14 对。nuan 没有相对比的音节。

第 80 组 wan—wen duan—dun tuan—tun

luan—lun guan—gun kuan—kun

huan—hun zhuan—zhun chuan—chun

shuan—shun ruan—run zuan—zun

cuan—cun suan—sun

第 81 组 完 wán —文 wén 端 duān —吨 dūn

团 tuán —屯 tún 乱 luàn —论 lùn

管 guǎn —滚 gǔn 款 kuǎn —捆 kǔn

还 huán —魂 hún 砖 zhuān —准 zhǔn

船 chuán —纯 chún 栓 shuān —顺 shùn

软 ruǎn —润 rùn 钻 zuān —尊 zūn

窜 cuàn —寸 cùn 酸 suān —孙 sūn

第 82 组

uan-uen 传闻 chuánwén 换文 huànwén 晚婚 wǎnhūn

万吨 wàndūn 还魂 huánhún

uen-uan 存款 cúnkuǎn 轮船 lúnchuán 论断 lùnduàn

uang—ueng(ong)宽窄对比的音节有 6 对。dong、tong、nong、long、rong、zong、cong、song、shuang 没有相对比的音节。

第 83 组 wang—weng guang—gong kuang—kong

huang—hong zhuang—zhong chuang—chong

汪 wāng —翁 wēng　　光 guāng —工 gōng

筐 kuāng —空 kōng　　黄 huáng —红 hóng

装 zhuāng —中 zhōng　　床 chuáng —虫 chóng

üan—ün 宽窄对比的音节有 4 对。

第 84 组 yuan—yun　　juan—jun　　quan—qun

xuan—xun

员 yuán —云 yún　　捐 juān —军 jūn

全 quán —群 qún　　宣 xuān —熏 xūn

援军 yuánjūn　　全军 quánjūn

眩晕 xuànyùn　　军训 jūnxùn

均匀 jūnyún

第九讲　音节和拼音(一)

一、什么是音节

音节是语音中最小的结构单位。它是由一个或几个音素构成的,人们可以凭着听觉和发音时的肌肉感觉,自然地察觉到的最小的语音片段。

音节和音节的界线划分,根据普通话音节的语音特点,我们采用肌肉紧张度的解释。“饥饿”ji'e 两个音节没有听成一个音节“界”jie;“吴阿姨”Wu ayi 三个音节没有听成一个音节“歪”wai,而且可以从发音上分辨划分“心安”xin'an 和”西南”xinan 的音节界线,靠得不是停顿,而是发音器官肌肉紧张程度不断地增减交替形成的。一个音节就是肌肉紧张度的一次增而复减的过程。紧张度最强的声音是“音峰”,例如:“南开”两个音节中的 a。而音节开头、收尾的辅音 n、k、i 处在“音谷”。普通话音节的音量都是开头的音量强,收尾的音量弱。因此,处在音节开头和收尾的辅音也有细微差别,例如:“南”nan 中的声母和韵尾比较,声母 n-的音量强,而韵尾-n 的音量弱。就其辅音发音过程音量的细致分析,“南”中声母 n-处在音节渐强的阶段,是个先弱后强的辅音(即后强辅音),而韵尾-n处在音节减弱的阶段,是个先强后弱的辅音(即前强辅音)。音节的分界线是在前一个音节肌肉放松的音素和下一个音节肌肉开始紧张的音素之间。例如“心安”、“西南”的不同主要表现在辅音 n 的归属上。如果它处在前一个音节收尾的肌肉放松阶段,便是“心安”;如果它处在后一个音节开头肌肉紧张度增强的阶段,就是“西南”。单元音构成的音节也同样有肌肉紧张度增强减弱的过程。例如“饥饿”“吴阿姨”的音节划分。

音节是由音素构成的。音素可以按照音色的不同划分为元音音素和辅音音素两大类,而传统的汉语语音学则分析为“声母”“韵母”两部分。汉字字音结构由声母、韵母、声调三部分构成的。由此可见,分析普通话音节结构并不是一件难事。除儿化音节外,一个汉字字音就包含一个音节。

二、普通话音节的一般结构

普通话音节结构的主要特点是:

1. 结构方式简单、整齐。音节可以由 1 个音素充当,最多由 4 个音素构成。普通话 400 个音节,平均每个音节约 3 个音素构成。介音只有-i-、-u-、-ü- 3 个。尾音(韵尾)只有 4 个,2 个元音韵尾 -i、-u(o),2 个鼻辅音韵尾 -n、-ng。除了塞擦音外,音节开头、末尾没有两个或三个辅音结合在一起的情况。

2. 元音在音节中占有重要的地位,主要元音(韵腹)不可缺少(表示感叹的特殊音节除外)。在外国语中存在大量辅音自成音节的情况。例如英语“课”lesson [lesn]和“瓶子” bottle [bɔtl]。捷克语“用手摸颈” strst prst skrz krk,全部由辅音构成音节。汉语方言也有这类情况。例如:厦门话口语音(白读)的“黄”[ŋ̍]、“广”[kŋ̍],温州、梅县、广州等方言的“五”[ŋ̍]。

3. 音节末尾的辅音只有 -n、-ng 两个鼻音。汉语方言(如广州话、厦门话、上海话等)音节末尾辅音还有不除阻的 [-m][-p][-t][-k] [-ʔ](后 4 种为入声韵尾)。外国语(如英语)有除阻的-p-t-k-s-f-z,还有-st -ks 等形式。

普通话音节结构的粗线条框架(见图七十七):最多由四个部分构成,(一)声母,主要指辅音声母—— 音节开头的辅音(为了教学方便,分析音节结构时一般不列出零声母);(二)介音,是介于辅音声母和主要元音之间的音(当没有辅音声母时,称作“介音”比较勉强,可以叫作“头音”),普通话只有 -i-、-u-、-ü-三个介音;(三)主要元音,是音节中最响亮、听感上最显著的部分,如果音节中只有一个元音,这个元音就是主要元音;(四)尾音,普通话只有-i、-u(o)、-n、-ng 四个。

普通话不是每个音节都有四个部分构成,除主要元音外,可能缺少声母、介音、尾音中的某个部分。普通话有 8 种音节结构类型(见表 6):1)只有主要元音,缺少声母、介音、尾音。2)由头音、主要元音构成,缺少声母、尾音。3)由主要元音、尾音构成,缺少声母、介音。4)由头音、主要元音、尾音构成,缺少声母。5)由声母、主要元音构成,缺少介音、尾音。6)由声母、介音、主要元音构成,缺少尾音。7)由声母、主要元音、尾音构成,缺少介音。8)由声母、介音、主要元音、尾音构成,是普通话音节四个部分俱全的音节。

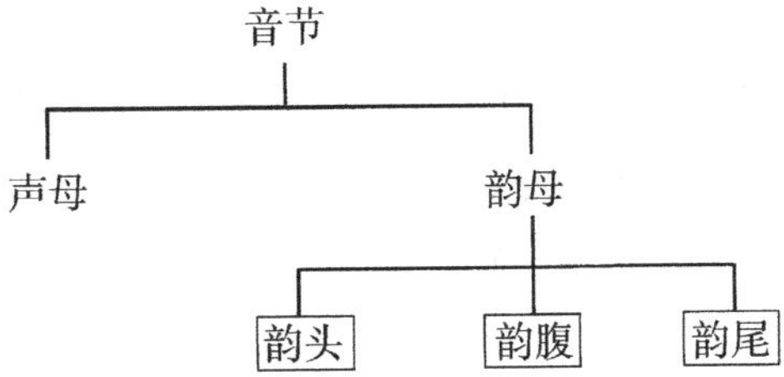

图七十七

表 6

(例字及拼音)	①声母	②介音(头音)	③主要元音	④尾音
1)额 e			e	
2)鸭 ya		(i)	a	
3)爱 ai			a	i
4)原 yuan		(ü)	a	n
5)拉 la	l		a	
6)瓜 gua	g	u	a	
7)楼 lou	l		o	u
8)讲 jiang	j	i	a	ng

注:音节结构是从语音上的分析,为了教学方便必要时将汉语拼音的某些拼法加括号( )还原。例如:yi、wu、yu 还原为(i)(u)(ü),iu、ui、un 分列时还原为 i(o)u、u(e)i、u(e)n,ie、üe 分列时还原为 i(ê)、ü(ê)等。

三、普通话声韵拼合关系

普通话音节由声母和韵母两部分构成,但不是任何声母和任何韵母都可以相拼。认识声韵的拼合规律,对掌握普通话音节以及学习汉语拼音音节拼写法都是必不可少的。

“声韵拼合关系”是指声母和韵母之间连接的关系。因此，韵母在声韵拼合关系中只注意它的开头。传统的汉语语音学把韵母分为开口呼、齐齿呼、合口呼、撮口呼四大类，就是以韵母开头划分的(见第六讲)。普通话声韵拼合关系列为表 7：

表 7

	开口呼	齐齿呼	合口呼	撮口呼
零	+	+	+	+
b p m	+	+	+	−
f	+	−	+	−
d t	+	+	+	−
n l	+	+	+	+
g k h	+	−	+	−
j q x	−	+	−	+
zh ch sh r	+	−	+	−
z c s	+	−	+	−

注：(1) + 代表有拼合关系，− 代表没有拼合关系。

(2)“零”代表“零声母”。

声韵拼合关系表说明：

1. 声母 n、l 及零声母与开、齐、合、撮四呼都有拼合关系。

2. 声母 f，g、k、h，zh、ch、sh、r，z、c、s 只同开口呼、合口呼相拼。

3. 声母 j、q、x 只同齐齿呼、撮口呼相拼。

4. 声母 b、p、m、f、d、t、g、k、h、zh、ch、sh、r、z、c、s 不同撮口呼相拼。

5. 开口呼、合口呼韵母除声母 j、q、x 外，同其他声母都有拼合关系。

6. 撮口呼韵母只同 j、q、x、n、l 及零声母有拼合关系。

四、普通话音节表

普通话常用音节有 400 个。1992 年重排本《新华字典》音节索引列出 415 个音节，本书所列的音节表未收其中 15 个音节，包括某些语气词（特别是以辅音充当音节的），方言色彩浓重、比较土俗的，或仅限于书面语又不常用的音节：chua（欻） den（扽） dia（嗲） nia（嘘） eng（鞥） lo（咯） yo（唷） o（喔） ê、ei（欸） hm（噷） hng（哼） m（呣） n（嗯） ng（嗯）。下列音节表按开口呼、齐齿呼、合口呼、撮口呼四类排列，分述如下：

1. 开口呼音节(179 个)

表 8

韵母/声母	a	e	-i	er	ai	ei	ao	ou	an	en	ang	eng
零	a	e		er	ai		ao	ou	an	en	ang	
b	ba				bai	bei	bao		ban	ben	bang	beng
p	pa				pai	pei	pao	pou	pan	pen	pang	peng
m	ma	me			mai	mei	mao	mou	man	men	mang	meng
f	fa					fei		fou	fan	fen	fang	feng
d	da	de			dai	dei	dao	dou	dan		dang	deng
t	ta	te			tai		tao	tou	tan		tang	teng
n	na	ne			nai	nei	nao	nou	nan	nen	nang	neng
l	la	le			lai	lei	lao	lou	lan		lang	leng
g	ga	ge			gai	gei	gao	gou	gan	gen	gang	geng

续表

韵母 声母	a	e	-i	er	ai	ei	ao	ou	an	en	ang	eng
k	ka	ke			kai		kao	kou	kan	ken	kang	keng
h	ha	he			hai	hei	hao	hou	han	hen	hang	heng
zh	zha	zhe	zhi		zhai	zhei	zhao	zhou	zhan	zhen	zhang	zheng
ch	cha	che	chi		chai		chao	chou	chan	chen	chang	cheng
sh	sha	she	shi		shai	shei	shao	shou	shan	shen	shang	sheng
r		re	ri				rao	rou	ran	ren	rang	reng
z	za	ze	zi		zai	zei	zao	zou	zan	zen	zang	zeng
c	ca	ce	ci		cai		cao	cou	can	cen	cang	ceng
s	sa	se	si		sai		sao	sou	san	sen	sang	seng

注：1. 横行按不同韵母排列，竖行按不同的声母排列。采用汉语拼音注音，拼写按照《汉语拼音方案》规则。表中“零”表示“零声母”。

2. o、ê、ei 等音节只在语气词中出现，不列入。因此，未列出单韵母 o、ê。

3. me(么)本是 mo，在轻音节时弱化为 me，列入表格备用。

从开口呼音节表可以看出：

1）包含音节数目最多，几乎占 400 音节的一半。

2）声母 j、q、x 不同开口呼韵母相拼。

3）舌尖元音属于开口呼音节，只同舌尖后音声母 zh、ch、sh、r 和舌尖前音声母 z、c、s 相拼。

4）er 独立自成音节，不和任何声母相拼。

5）舌尖中音声母 d、t、n、l 不拼韵母 en 。(nen“嫩”例外)

6）韵母 eng 除代表一个极不常用的“鞥”外，不独立成音节。o、ê

一般出现在韵母 uo、ie、üe 中。独立成音节只用于语气词中。

2. 齐齿呼音节 (83 个)

表 9

韵母＼声母	i	ia	ie	iao	iou	ian	in	iang	ing
零	yi	ya	ye	yao	you	yan	yin	yang	ying
b	bi		bie	biao		bian	bin		bing
p	pi		pie	piao		pian	pin		ping
m	mi		mie	miao	miu	mian	min		ming
d	di		die	diao	diu	dian			ding
t	ti		tie	tiao		tian			ting
n	ni		nie	niao	niu	nian	nin	niang	ning
l	li	lia	lie	liao	liu	lian	lin	liang	ling
j	ji	jia	jie	jiao	jiu	jian	jin	jiang	jing
q	qi	qia	qie	qiao	qiu	qian	qin	qiang	qing
x	xi	xia	xie	xiao	xiu	xian	xin	xiang	xing

从齐齿呼音节表可以看出：

1）齐齿呼韵母不同声母舌尖前音 z、c、s 舌尖后音 zh、ch、sh、r 舌面后音 g、k、h 和齿唇音 f 相拼。

2）韵母 ia、iang 不同声母双唇音 b、p、m 和 d、t 相拼。

3）声母 d、t 不同韵母 in 相拼。

3. 合口呼音节(114 个)

表 10

韵母＼声母	u	ua	uo (o)	uai	uei	uan	uen	uang	ueng (ong)
零	wu	wa	wo	wai	wei	wan	wen	wang	weng
b	bu		bo						
p	pu		po						

续表

韵母/声母	u	ua	uo (o)	uai	uei	uan	uen	uang	ueng (ong)
m	mu		mo						
f	fu		fo						
d	du		duo		dui	duan	dun		dong
t	tu		tuo		tui	tuan	tun		tong
n	nu		nuo			nuan			nong
l	lu		luo			luan	lun		long
g	gu	gua	guo	guai	gui	guan	gun	guang	gong
k	ku	kua	kuo	kuai	kui	kuan	kun	kuang	kong
h	hu	hua	huo	huai	hui	huan	hun	huang	hong
zh	zhu	zhua	zhuo	zhuai	zhui	zhuan	zhun	zhuang	zhong
ch	chu		chuo	chuai	chui	chuan	chun	chuang	chong
sh	shu	shua	shuo	shuai	shui	shuan	shun	shuang	
r	ru		ruo		rui	ruan	run		rong
z	zu		zuo		zui	zuan	zun		zong
c	cu		cuo		cui	cuan	cun		cong
s	su		suo		sui	suan	sun		song

注：1. bo、po、mo、fo 按照实际发音列入此表，排列在 uo 韵母下。（参见第六讲）

2. ong 按照实际发音列入此表，同 ueng 排列在一行。（参见第三讲、第八讲）

从合口呼音节表可以看出：

1）合口呼韵母不同舌面前音声母 j、q、x 相拼。

2）双唇音声母只同韵母 u、uo(o) 相拼。

3）舌尖中音声母 d、t、n、l 不同韵母 ua、uai、uang 相拼。

4) 声母 n、l 只同韵母 ei 相拼，不同韵母 uei 相拼。而声母 d、t 只同韵母 ui 相拼，不同韵母 ei 相拼。(dei 只有一个"得"字)

5) 舌尖前音声母 z、c、s 不同韵母 ua、uai、uang 相拼。

6) ong 属于合口呼，一定前拼辅音声母，不独立成音节。ueng 则只独立成音节，不同任何辅音声母相拼。

4. 撮口呼音节(24 个)

表 11

韵母 / 声母	ü	üe	üan	ün	iong
零	yu	yue	yuan	yun	yong
n	nü	nüe			
l	lü	lüe			
j	ju	jue	juan	jun	jiong
q	qu	que	quan	qun	qiong
x	xu	xue	xuan	xun	xiong

注：iong 按实际发音列入此表。

从撮口呼音节表可以看出：

1) 包含音节最少。

2) 辅音声母同撮口呼韵母相拼的只有 j、q、x、n、l 。

3) 声母 n、l 只同韵母 ü、üe 相拼，不同韵母 üan、ün、iong 相拼。

4) iong 属于撮口呼韵母。

普通话里有多少带调音节呢？根据《现代汉语词典》所列的音节表统计，包括 37 个轻声音节(含方言轻声音节)在内，共有 1332 个。除某些语气词(特别是以辅音充当音节的)，方言色彩浓重、比较土俗的或仅限于书面语又不常用的音节外,普通话带调音节(不包括儿化音节)约1250多个。

思考题:

1) 普通话音节有几种基本的结构?分析带有拼音字母“o”的音节的结构。

2) 根据自己发音难点,找出普通话音节结构规律中对自己正音有帮助的声韵拼合形式。

语音训练(七)

1. 常用音节发音训练

正确、熟练地掌握400个音节发音是普通话语音教学的基本要求。普通话400个音节在实际运用中出现频率各有不同,首先应该掌握最常用音节。音节训练材料按照常用音节的书面材料出现频率排列(依据《现代汉语频率词典》(1986北京语言学院出版社)的“汉字频率表”整理。这个表是在180万字语料统计的基础上,共收入4574个不同的汉字,以下每组练习材料注明频率统计结果)。

第一部分(最常用音节41个,代表46个汉字,累计出现频率33.8%)

de yi le shi bu wo zai you ren zhe ta men lai ge shang di da jiu ni shuo dao he zi yao li me qu ye na hui zhu chu xia guo wei hao kan sheng ke hai xue

第二部分(常用音节58个,代表75个汉字。与前累计共99

个音节，代表121个汉字，累计频率为50.8%)

qi dou nian xiao mei neng duo tian gong jia ba dong yong dui zhong zuo fa tong min mian xiang yang cheng hou tou jing chan shen jin xin xian ran zhi lao cong fen qian xie dian kai er hen fang yu xing chang jian shui liang zou gao san dang wen gei quan zheng ding

第三部分(常用音节146个，代表411个汉字，与前累计共245个音节，代表532个汉字，累计频率为80.97%)

ming ji suo zhan wu deng hua ben she bian wai qing yan dan ne jiao fan zhen ting cai lu si bie zen zui che ma kou gan jun du jie huo yin ti shao shan dai guang yuan guan bi yue ci ying tiao tai chi biao kuai xi zong bai ping ling nin qin bei jue lun nei wan liao a xu geng feng zao ya ri nong bing liu nan se wang gen jiang nü qun yun ban ai re qiang te lian gai bao suan qie kong zhuan man hong fei zhao pao chuan tu fu la rang gou zu tuan pin que zhun mu ning pian gang ru rong pa cuo mi zhang zhuang hei tie lei cun ju duan cao gui ku mai song diao zan an luo kuang pi pai su mang kang niang chong sui po mao

附：按音序排列的245个常用音节

a ai an ba bai ban bao bei ben bi bian biao bie bing bu cao cai chan chang che cheng chi chong chu chuan ci cong cun cuo da dai dan dang dao de deng di dian diao ding dong dou du duan dui duo er fa fan fang fei fen feng fu gai gan gang gao ge gei gen geng gong gou guan guang gui guo hai hao he hei hen hong hou hua hui huo ji jia jian jiang jiao jie jin jing jiu ju jue jun kai kan kang ke kong kou ku kuai kuang la lai lao le li lian liang liao lei ling liu lu lun luo ma mai man mang mao me mei men mi mian min ming mu na nan ne nei neng ni nian niang nin ning nong nü pa pai pao pi pian pin ping po qi qian qiang qie qin qing qu quan que qun ran rang re ren ri rong ru san se shan shang shao she shen sheng shi shui shuo si song su suan sui suo ta tai te ti tian tiao tie ting tong tou tu tuan wai wan wang wei wen wo wu xi xia xian xiang xiao xie xin xing xu xue ya yan yang yao ye yi yin ying yong you yu yuan yue yun zai zan zao zen zhan zhang zhao zhe zhen zheng zhi zhong zhu zhuan zhuang zhun zi zong zou zu zui zuo

2. 难点音节发音训练

依据部颁《现代汉语常用字表》统计,3500 个常用字共包含 392 个音节,其中 2500 个常用字中包含 389 个音节,1000 个次常用字又出现 3 个音节。可见在重点训练比较常用音节的基础上,应该全部掌握 400 个音节的发音。下面是一部分不太常用音节的训练。

cen chuai chuo cou cuan die guai jiong ka lia lue miu nang nie niu nue pie pou shai shuai shuan weng za zei zhei zhuai zuan zun

语音训练中有时出现这样的问题:声母或韵母单独发音能够准确,但在音节中由于受到前后音素的影响,各个音素的发音往往比单独发音时有所变化，在这种情况下有时发音出现不准确。另外，有些音节的发音也容易出现一些常见的某些不正确的发音习惯，需要着重纠正和训练。常见的有下列几种情况：

1) 合口呼韵母前面的舌尖前音（平舌音）声母 z、c、s 发音部位容易靠后，音色接近舌尖后音(翘舌音)声母。而合口呼韵母前面的舌尖后音声母 zh、ch、sh、r 发音部位却容易靠前，音色接近舌尖前音声母。原因是韵母开头的圆唇音 u 使声母唇化，带有圆唇的色彩，对易混的这两组声母产生了影响。对此，可以用不圆唇的音节引导，注意找准声母的发音部位。

第 85 组 zhi—zha—zhu—zhua　　chi—cha—chu—chuan
shi—sha—shu—shun　　ri—re—ru—ruo
zi—za—zu—zuan　　ci—ca—cu—cun
si—sa—su—suo

第 86 组

蜘蛛 zhīzhū	失主 shīzhǔ	师专 shīzhuān
执着 zhízhuó	茶砖 cházhuān	始终 shǐzhōng
指出 zhǐchū	查处 cháchǔ	失传 shīchuán
纱窗 shāchuāng	失宠 shīchǒng	史书 shǐshū
直说 zhíshuō	直率 zhíshuài	茶水 cháshuǐ
植入 zhírù	耻辱 chǐrǔ	示弱 shìruò
市容 shìróng	湿润 shīrùn	自足 zìzú
词素 císù	死罪 sǐzuì	自尊 zìzūn
思忖 sīcǔn	思索 sīsuǒ	辞岁 císuì
词组 cízǔ	咂嘴 zāzuǐ	

2) 纠正由舌尖后音声母和鼻韵母构成的音节发音时，注意发

好以声母 zh、ch、sh 开头,又以鼻辅音 -n 收尾的音节,特别是 zhen、chen、shen 三个音节。当纠正鼻韵尾 -n 的发音时,注意力集中在舌尖抵住齿龈,这种心理暗示容易造成舌尖后声母的发音部位靠前,音色接近 zen、cen、sen 。当纠正声母zh、ch、sh、r 发音的时候舌位没有及时调整,因此发韵母时舌位靠后,发得像 zheng、cheng、sheng 了。纠正的要领是先找准声母部位,发韵母时舌尖下移迅速抵住下齿背,使舌位隆起部位不致靠后,并有意拖长韵母的发音,为发好鼻韵母 en 留出足够的体会时间。

第 87 组 zhi—zhen　zha—zhen　zhan—zhen

chi—chen　cha—chen　chan—chen

shi—shen　sha—shen　shan—shen

指针 zhǐzhēn　扎针 zhāzhēn　时辰 shíchen

沙尘 shāchén　失神 shīshén　置身 zhìshēn

山珍 shānzhēn　山神 shānshén

3) 当音节的声母是 g、k、h 时,要注意发好带有 -n 的"前鼻音韵母"。g、k、h 是舌面后音声母,发韵母时如不及时调整,舌位容易靠后,发得像带 -ng 的"后鼻音韵母"了。纠正要领是及时找准韵母的舌位,舌尖一定抵住下齿背,舌位的隆起部位前移,接着舌位由低滑升到鼻辅音 -n 的位置。特别注意练习韵母是 -en、-un (uen)、-uan 的音节。

第 88 组 en—gen　en—ken　en—hen

en—uen—gun　en—uen—kun　en—uen—hun

an—uan—guan　an—uan—kuan　an—uan—huan

4) 排除发 zhi、chi、shi、ri 等音节时不应有的拢唇动作。形成拢唇的原因主要是不熟悉声母舌尖后音(翘舌音),发音器官过于紧张,牵动双唇用力造成的。训练时,注意除了声母的发音部位和舌尖后元音的舌尖部位的收紧点外,发音器官其他部位尽量放松,同时两个嘴角始终向两侧展开。

第 89 组 la、la、la—zhi　　la、la、la—chi

la、la、la—shi　　la、la、la—ri

i—zhi　i—chi　i—shi　i—ri

医治 yīzhì　　意志 yìzhì

衣食 yīshí　　一时 yìshí

翌日 yìrì

5) 发好带介音 -u- 的音节。有人(闽语区常见)发带介音 -u- 的音节开口度大,舌位较低,还可能偏前。有时唇形缩小了,口腔空间仍很大,舌位没有升高、靠后。主要元音是 a 的音节最为明显。可以用一个发音准确的单元音 u,或发一个带单元音 u 的音节进行引导。

第 90 组 u—gu—gua　　u—zhu—zhua

u—du—duan　　u—hu—huan

u—zhu—zhuan　　u—zu—zuan

u—ku—kuang　　u—shu—shuang

苦瓜 kǔguā　　古话 gǔhuà　　独断 dúduàn

速算 sùsuàn　　梳妆 shūzhuāng　　橱窗 chúchuāng

武装 wǔzhuāng　　湖光 húguāng　　树桩 shùzhuāng

无双 wúshuāng

第十讲　音节和拼音(二)

五、拼音中的语音结合

语音教学通常不是以音节为单位的单一教学过程,而是由音节分析和音素拼合的不同阶段交替进行训练,这是语音教学的方便快捷的途径。拼音就是按照音节的结构规律,把音素和音素接续拼合起来,构成音节的教学过程。

音素与音素在音节中的结合,彼此不是孤立的毫不关联的依次发音。在第七讲已经描述了元音与元音复合构成复韵母(复合元音)的情况,在第八讲描述了元音在前、鼻辅音在后(鼻音韵尾)复合构成的鼻韵母(复合鼻尾音)的情况。下面着重讲述辅音在前、元音在后的结合过程,实际就是辅音声母和韵母的拼合过程。

辅音和元音的结合过程不是从一个音素跳到一个音素,而要经过一个人们不易察觉的过渡阶段,叫作"过渡音"或"音渡"。发生在音素前面的过渡音是"前流",发生在音素后的过渡音是"后流"。颤动声带的过渡音是"浊流",不颤动声带的过渡音是"清流"。辅音后的过渡音"后流",关系到辅音声母和韵母的接续过渡,是在音节拼合中值得注意的。

普通话辅音声母和韵母的拼合的过渡阶段，可以粗略的归纳为下面四种情况：

1. 浊辅音声母与韵母(元音)相拼

普通话浊辅音声母 m、n、l、r 同韵母(元音)相拼，声母发音声带振颤，除阻后与元音相接没有间断声带振颤，浊音声母后的过渡音是浊音浊流。

2. 清擦音声母与韵母(元音)相拼

普通话清擦音声母 f、h、x、sh、s 凭借擦音自身可以延长的气流，接续后面的元音。擦音声母后面的过渡音是清音清流。

3. 送气声母与韵母(元音)相拼

普通话送气的塞音、塞擦音声母 p、t、k、q、ch、c 除阻后并没有立即接元音的声带振颤，而在这一瞬间内继续让声门敞开，肺部气流快速流出，在声门以及声道的狭窄处产生摩擦，形成送气的过渡音。表现为清辅音送气声母的后流，即清音清流。

4. 不送气声母与韵母(元音)相拼

普通话不送气的塞音、塞擦音 b、d、g、j、zh、z 在辅音中音长最短，它的过渡音也比送气音短。实验语音学证明：不送气音特别是不送气的塞音的过渡音带有韵母的信息，即元音前流的过渡，表现为清音不送气的声母除阻后紧接着声带颤动，过渡音是清音浊流。

以上对辅音与元音的过渡音的分析是为了教学的方便，把比较复杂的发音过程简单化了，是极其粗略的。实验语音学已经从声学的角度对普通话音节结构进行了分析，提出一种普通话音节的声学语音学结构框架(见图七十八)。这个结构框架分为 9 个音段,1—4 段属于声母,6—9 段属于韵母,而第 5 段既属于声母又属于韵母。这种分析适合于普通话所有音节,但不同的音节会有不同的音段。1—2 段是塞音和塞擦音特有的,第 3 段几乎对所有声母都有意义。4—5 段相当于前面所述的“过渡音”或称“音渡”。简单地说,不送气的塞音和塞擦音没有送气段。第 6 段相当于介音。第 7 段相当于主要元音。第 8 段相当于前响复合元音、三合元音中的元音韵尾。第 9 段是鼻音韵尾,不过有时它仅仅表现为对元音的鼻化。

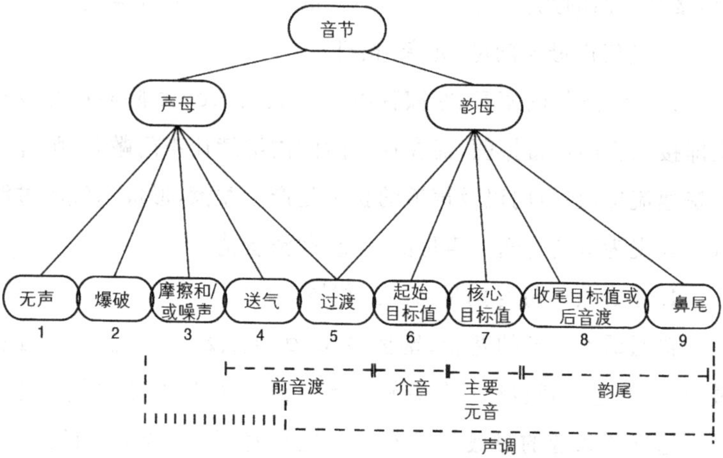

图七十八　普通话音节的声学语音学结构框架

六、拼音的教学方法

自 1958 年推行汉语拼音方案以来,我国汉语拼音教学积累了丰富的经验,常见的拼音教学法有:

声母支架拼音法（简称“支架法”）——先找准声母发音部位，摆好发音架势，然后一口念出韵母，拼成音节。

声介合母教学法——主要特点是把声母和介音(介母)拼合起来，构成一个拼音部件，再同随后的韵母相拼。“声介合母”共30个：bi、pi、mi、di、ti、ni、li、ji、qi、xi、du、tu、nu、lu、gu、ku、hu、zhu、chu、shu、ru、zu、cu、su、nü、lü、ju、qu、xu、yu。

三拼连读法——是把带介音的音节分析成声、介、韵三个部件，拼音时连读成一个音节。

音素连读法——以音素为单位，连读成音节。

音节是由音素构成的。拼音的方法就是音素与音素的拼合构成音节的方法，不言而喻音素连读是拼音的基本要求和基本方法。汉语拼音采用音素化的拉丁字母，提供了达到这种要求和采用这种方法的条件。我国各种拼音教学法不同程度的带有这种性质，但同时也不能摆脱我国汉字注音传统教学法对汉语拼音教学的消极影响。如：受反切的影响，认为声母一定要附上一个元音，作为一个音节称说出来，才能同后面的韵母相拼。其实对字母的称说并不直接参与拼音。或者认为音素拼合成音节，一定是先分后合，等等。

下面根据普通话音节的特点提出几点拼音教学的建议：

1. 复韵母、鼻韵母拼音训练的整体性原则。

无论采用什么方法教学，应该把复韵母和鼻韵母作为一个整体来认识和训练。这不仅是因为韵母在音节结构中占四分之三的位置，而且复韵母和鼻韵母的音素间都是复合的关系，整体训练可以体现这一特点，同时也便于教学某些韵母的发音变化。例如：iou、uei、uen、ian、üan。通常拼音教学中把整体性强的前响复韵母 ai、ei、ao、ou 和鼻韵母中一个元音音素和鼻辅音韵尾复合的 an、en、in、ün、ang、eng、ing、ong 等韵母作为一个整体,是有语音学道理的。除此之外,加入介音 i-、u-、ü-的整体韵母的训练也应该成为拼音训练的过程之一。例如:ian uang 的训练过程可以分解为两步:

ian　　a—n → an

　　　　i—an → ian

uang　　a—ng → ang

　　　　u—ang → uang

所谓"音素连读法"可以分为两步,而"三拼连读法"则只需加入第二步的训练。

2. 声韵相拼关键在声母与韵母开头的衔接部分,拼音要着重训练,例如:ba、ge、tu、zu、ju 等。这方面的教学"声介合母"教学法已经提供了的经验,我们与之的差异是仅把这种方法看成是一个拼音的训练过程,不限于"声母"与"介母"的结合。

3. 利用音节练习声母、韵母的发音是必不可少的训练阶段。尤其是声母的练习,利用音节可以摆脱所谓声母"呼读音"附带元音的干扰,充分体会辅音声母的本音。可以用同一个声母跟不同的韵母构成音节,练习某一个声母。例如:练习声母 b,可以列举一些带 b 的音节:ba、bei、bang、biao、bian、bu。这种方法还可以充分体会同一声母在跟随不同韵母结合时出现的不同变体。例如:在 ba、bu 中 b 的唇形是不同的,这种细微差别只有通过音节训练体会,不必要求学生了解。另外,可以用同一韵母与不同的声母构成音节,练习同一发音部位(发音方法不同)的不同声母或同一发音方法(发音部位不同)的不同声母。例如:列出 ba、pa、ma、fa 等音节,练习体会唇音声母的区别。列出 ba—pa da—ta ga—ka jia—qia zha—cha za—ca 的音节对比,训练送气与不送气声母的区别。

4. 多重互补性拼音训练。无论采用什么拼音教学法,把音节分解成什么样的部件,在拼音训练的过程中,都可以采用多重训练方法。训练内容可以设计为以下几个方面:

1) 韵腹(主要元音)同韵尾的连读练习。例如:a—i → ai,a—ng → ang 。"音素连读法"可以在拼合音节练习前,首先进行这种训练。

2) 韵头(介音)同韵腹(主要元音)的连读训练,例如:i—a → ia, u—a → ua 。注意:这种训练只限于不带尾音(韵尾)的音节。

3) 韵头(介音)与韵腹、韵尾的整体拼合。例如:u—an→ uan,i—ang → iang 。

4) 声母同单韵母(单元音)的拼合,也可以把其中声母同单韵母 i、u、ü 的拼合,看成是声母和介音的拼合。例如:ba、ge、zha、pi、li、du、ku、chu、zu 等。

5) 音节整体性拼音练习。在以上训练的基础上,整体拼音就不是什么难事了,可以分解为以下步骤:

例如:jiang ① a—ng → ang ② i—ang → iang ③ j—i → ji ④ ji→ iang,最后拼合成音节 jiang。

无论采用何种教学法,并不影响我们选择音节练习的某种方式。例如:采用"三拼连读法"并不影响我们对 jian 进行 i—an → ian 、j—i →ji、ji—an → jian、j—i—an→ jian 等多重训练。

七、直呼音节的要求

汉语拼音无论是给汉字注音,还是帮助学习普通话,都是以拼音的音节形式作为独立运用的单位。是否熟练掌握和运用汉语拼音主要是看能否不经过现拼的阶段直接运用拼音音节。

“直呼音节”指的是认读汉语拼音音节时,不需要边想、边拼、边读,而是在熟练的基础上直接呼读整个音节。这是我国汉语拼音教学中针对传统的“三呼”拼音方法提出的一个教学术语。所谓“三呼”,即一呼声母(呼读音),二呼韵母,三呼成音节。例如:b(o) → a → ba 。有的甚至一呼声母(呼读音)、韵母,二呼再重复读一遍声母(呼读音)、韵母,紧连着才呼读成音节。例如:b(o) → a,b(o) → a → ba 。学生如果不随着拼音的熟练,摆脱这种“呼必有三”的习惯程序,就很难把音节作为独立运用的单位。拼音教学就是要着眼于音节,把音节的教学作为重点,把“直呼音节”作为拼音教学的基本要求。

直呼音节最初也表现为音素与音素的拼合过程,实际成为一种完整的带调音节的缓读。随着拼音音节重复出现而逐步熟练,达到整体“扫读”的水平。因此,直呼音节需要一个熟练的过程,大体可以分三个阶段进行训练。

直呼音节训练三个阶段的基本要求和测试方法:

第一阶段　每秒钟可以正确地读出一个常用音节,每 2 秒钟可以正确地读出一个不常用的音节。朗读拼音短文不要求读出语气,中间可以出现停顿,允许有“暗拼”(即不出声音的拼读)的音节,每次停顿不超过 3 秒钟。最低速度每分钟不少于 60 个音节。这是直呼音节的最低要求。低于每秒钟一个常用音节或每分钟 60 个音节应视为不具备直呼音节的能力。

测试方法:用音节卡片,分为常用音节和不常用音节(参见第九讲语音训练 七)。打乱顺序不断出示卡片,看学生直呼的准确性和平均速度。也可选用至少 60 个(或 120 个、180 个、240 个……可根据人数、时间确定选用音节的多少。音节适当多选用些,测试对直呼音节的实际水平会更可靠些)音节的拼音短文测试,1 分钟内读完(选用更多音节的测试可由此比例推算,下同)。单个音节和拼音短文的测试可以选用其中一种方法,也可以两种方法并用。

第二阶段 平均每秒可以正确地读出 2 个音节。朗读拼音短文能够带上语气,但中间可能出现不连贯的情况。每分钟允许偶尔出现停顿,每次停顿均不得超过 3 秒钟。最低速度达到每分钟不少于 120 个音节。

测试方法:选用至少 120 个(或 240 个、360 个……)音节的拼音短文,在 1 分钟内朗读完。

第三阶段 平均每秒钟正确读出 3 个音节。可以流畅地有感情地朗读拼音短文,不出现中断语气的停顿。最低速度每分钟不少于 180 个音节。为了提高学生掌握、运用拼音音节的能力,可以增加一项书写要求—— 1 分钟内可以正确地书写(默写或给汉字语句注音)20 至 30 个音节。这个阶段是直呼音节的最高要求。

测试方法:选用 180 个～200 个(或 360 个～400 个)音节的拼音短文,在 1 分钟内朗读完。可以用秒表计时,精确核算直呼速度。选用40个音节的汉字材料,教师记时,2分钟后停止书写,检查学生实际书写了多少音节,是否达到基本要求。书写时,只要求学生用小写字母分单个音节正确书写,运用大写字母和按词连写等方面不作统一要求。

思考题:

1)辅音在前、元音在后的语音结合有几种形式?各举几个例子说明。

2)根据直呼音节的基本要求和自己拼音的熟练程度,确定自己直呼音节近期达到的目标,选择一组或几组材料进行训练。

语音训练(八)

直呼音节训练

1. 认读由声母和单韵母构成的音节

第91组 ba pa ma fa, da ta na la, ga ka ha,

zha cha sha, za ca sa.

de te ne le, ge ke he, zhe che she re,

ze ce se.

zhi chi shi ri, zi ci si.

bi pi mi, di ti ni li, ji qi xi.

bu pu mu fu, du tu nu lu, gu ku hu,

zhu chu shu ru, zu cu su.

ju qu xu nü lü.

2. 由声母、介音、主要元音构成的音节的练习

(圆点·表示前后两者之间不是连接的关系,圆点前一般是为体会整个韵母安排的,下同)

第 92 组	jia	i—a→ia	ji—ia→ jia
	lia	i—a→ia	li—ia→ lia
	bie	ie · bi—ie→ bie	
	tie	ie · ti—ie→ tie	
	xie	ie · xi—ie→ xie	
	gua	u—a→ ua	gu—ua→ gua
	shua	u—a→ ua	shu—ua→ shua
	duo	u—o→ uo	du—uo→ duo
	kuo	u—o→ uo	ku—uo→ kuo
	ruo	u—o→ uo	ru—uo→ ruo
	zuo	u—o→ uo	zu—uo→ zuo
	lüe	üe · lü—üe→ lüe	
	xue	üe · xu—üe→ xue	

说明:为了解决声母和韵母之间拼合的难点,在第 91 组练习的基础上,出现了 ji—ia→ jia 的练习过程,元音 i 在音节中处于介音的位置,前后出现两次,自然地承担起连接声母、韵母的桥梁作用。ie、üe 中的 ê 实际是舌面前中元音,因此小学拼音教学往往把它作为一个整体看待,这样安排是合理的。直呼音节训练也不必拆开,只是在前面加一次整体认读。

3. 由声母、主要元音(韵腹)、尾音(韵尾)构成的音节练习

拼音教学中通常把韵腹和韵尾构成的韵母作为一个整体看

待。直呼音节的训练也可以从这样的整体出发,先读韵母再加上声母拼合成音节。这样训练比声母在前、韵母在后的方式更容易拼合成音节。注意:韵腹和韵尾构成的韵母整体性强,其中开口呼的韵母不可采取分离韵腹、韵尾后进行声母和韵腹的拼合的训练。

第 93 组 bai　ai·b—ai → bai
tai　ai·t—ai → tai
hai　ai·h—ai → hai
chai　ai·ch—ai → chai
zai　ai·z—ai → zai
mei　ei·m—ei → mei
nei　ei·n—ei → nei
hei　ei·h—ei → hei
zhei　ei·zh—ei → zhei
zei　ei·z—ei → zei
mao　ao·m—ao → mao
tao　ao·t—ao → tao
kao　ao·k—ao → kao
zhao　ao·zh—ao → zhao
rao　ao·r—ao → rao
sao　ao·s—ao → sao
mou　ou·m—ou → mou
tou　ou·t—ou → tou
gou　ou·g—ou → gou
chou　ou·ch—ou → chou

zou　ou・z—ou → zou

ben　en・b—en → ben

nen　en・n—en → nen

ken　en・k—en → ken

zhen　en・zh—en → zhen

sen　en・s—en → sen

fang　ang・f—ang → fang

dang　ang・d—ang → dang

gang　ang・g—ang → gang

shang　ang・sh—ang → shang

cang　ang・c—ang → cang

peng　eng・p—eng → peng

neng　eng・n—eng → neng

keng　eng・k—eng → keng

sheng　eng・sh—eng → sheng

ceng　eng・c—eng → ceng

bin　in・bi—in→ bin

lin　in・li—in→ lin

qin　in・qi—in→ qin

ming　ing・mi—ing→ ming

ding　ing・di—ing→ ding

xing　ing・xi—ing→ xing

tong　ong・tu—ong→ tong

gong　ong・gu—ong→ gong

chong　ong · chu—ong→ chong

zong　ong · zu—ong→ zong

xun　ün · xu—ün→ xun

4. 声母、介音、主要元音、尾音俱全的音节练习

第 94 组 biao　i—ao→iao　iao · bi—iao→biao

liao　i—ao→iao　iao · li—iao→liao

miu　(i—ou→iou)　iu · mi—iu→miu

diu　(i—ou→iou)　iu · di—iu→diu

qiu　(i—ou→iou)　iu · qi—iu→qiu

pian　i—an→ian　ian · pi—ian→pian

dian　i—an→ian　ian · di—ian→dian

xian　i—an→ian　ian · xi—ian→xian

niang　i—ang→iang　iang · ni—iang→niang

jiang　i—ang→iang　iang · ji—iang→jiang

guai　u—ai→uai　uai · gu—uai→guai

shuai　u—ai→uai　uai · shu—uai→shuai

tui　(u—ei→uei)　ui · tu—ui→tui

gui　(u—ei→uei)　ui · gu—ui→gui

shui　(u—ei→uei)　ui · shu—ui→shui

zui　(u—ei→uei)　ui · zu—ui→zui

nuan　u—an→uan　uan · nu—uan→nuan

guan　u—an→uan　uan · gu—uan→guan

zhuan　u—an→uan　uan · zhu—uan→zhuan

suan	u—an→uan	uan · su—uan→suan
dun	(u—en→uen)	un · du—un→dun
hun	(u—en→uen)	un · hu—un→hun
chun	(u—en→uen)	un · chu—un→chun
zun	(u—en→uen)	un · zu—un→zun
guang	u—ang→uang	uang · gu—uang→guang
huang	u—ang→uang	uang · hu—uang→huang
zhuang	u—ang→uang	uang · zhu—uang→zhuang
quan	ü—an→üan	üan · qu—üan→quan
xuan	ü—an→üan	üan · xu—üan→xuan
qiong	iong · qi—iong→qiong	
xiong	iong · xi—iong→xiong	

说明：1）带有韵母 -iu、-ui、-un 音节练习，括号（ ）里是韵母还原形式。

2）韵母 iong 作为一个整体练习。

5. 零声母音节的练习

第 95 组

ya　i—a→ia	yao　i—ao→iao
you　i—ou→iou	yan　i—an→ian
yang　i—ang→iang	wa　u—a→ua
wo　u—o→uo	wai　u—ai→uai
wei　u—ei→uei	wan　u—an→uan
wen　u—en→uen	wang　u—ang→uang
weng　u—eng→ueng	yuan　ü—an→üan

6. 整体练习音节

是指汉语拼音拼写中以 y-、w-、y-(yu) 开头的，又宜于整体训练的音节，与小学汉语拼音教学中“整体认读音节”不同。(斜线后为音节拼写形式)

第 96 组 i/yi　ie/ye　in/yin　ing/ying　u/wu
ü/yu　üe/yue　ün/yun　iong/yong

7. 常用音节训练(参见第九讲语音训练)

8. 难点音节训练(参见第九讲语音训练)

9. 朗读拼音短文

Zì yǐwéi cōngming de rén wǎngwǎng shì méi•yǒu hǎo xiàchǎng, shìjiè shàng zuì cōngming de rén shì zuì lǎoshi de rén, yīn•wèi zhǐyǒu lǎoshi de rén cái néng jīngdeqǐ shìshí hé lìshǐ de kǎoyàn.(50 个音节)

——周恩来

……Gěi zǐnǚmen liú•xià de qián yuè duō, háizimen jiù yuè ruǎnruò wúnéng. Wǒmen gěi zǐnǚ zuì hǎo de yíchǎn jiùshì fàngshǒu ràng tā zì bèn qiánchéng, wánquán yīkào tā zìjǐ de liǎng tiáo tuǐ zǒu zìjǐ de lù.(54 个音节)

——邓肯(美国女舞蹈家)

Jiàoshī shì xuéxiào lǐ zuì zhòngyào de shībiǎo(师表), shì zhíguān de zuì yǒu jiàoyì(教益)de mófàn, shì xuésheng de zuì huóshēngshēng de bǎngyàng.

Tā xīwàng yǐndǎo biéren zǒu zhèngquè de dàolù, jīfā biéren duì zhēn hé shàn de kěqiú,shǐ biéren de sùzhì hé nénglì dédào zuì hǎo de fāzhǎn,yīncǐ tā yīngdāng shǒuxiān fāzhǎn tā běnshēn de zhèxiē yōuxiù pǐnzhì.

Zhǐyǒu dāng nǐ bùduàn zhìlì yú zìwǒ jiàoyù de shíhou,nǐ cáinéng jiàoyù biéren.(117 个音节)

——第斯多惠(德国教育家)

Xuéxiào de mùbiāo yīngdāng shì péiyǎng yǒu dúlì xíngdòng hé dúlì sīkǎo de gèrén.

Rúguǒ yí gè rén zhǎngwòle tā de xuékē de jīchǔ lǐlùn, bìngqiě xuéhuìle dúlì de sīkǎo hé gōngzuò, tā bìdìng huì zhǎodào tā zìjǐ de dàolù,érqiě bǐqǐ nàzhǒng zhǔyào yǐ huòdé xìjié zhīshi wéi qí péixùn nèiróng de rén lái,tā yídìng huì gèng hǎo de shìyìng jìnbù hé biànhuà.Zài xuéxiào hé zài shēnghuó zhōng,gōngzuò de zuì zhòngyào dōngxi shì gōngzuò zhōng de lèqù,shì gōngzuò huòdé jiéguǒ de lèqù,yǐjí duì zhège jiéguǒ de shèhuì jiàzhí de rènshi.(191 个音节)

——爱因斯坦

Wǒ chángcháng yǒu zhè zhǒng qíngkuàng,zài tǎng•xià shàngwèi shuìzháo de shíhou, huòzhě shì bànyè xǐnglái de shíhou, huòzhě shì zài dāndú yí gè rén zǒulù de shíhou, huòzhě shì zài biéren jiǎng mǒu jùhuà de shíhou,nǎozi lǐ huì tūrán chǎnshēng yì zhǒng xiǎngfǎ, zìjǐ juéde hěn yǒu yìsi, kěshì suíhòu biàn wàngjì le. Yúshì wǒ yǐhòu měi yùdào zhè zhǒng qíngkuàng, biàn suíshí yòng bǐ jìlù xiàlai. Yīncǐ zài yǒuxiē shīmián zhī yè wǒ duōcì kāidēng, zài chuáng shàng de xiǎoběnzi shàng jìlù xià zhèxiē xiǎngfǎ.(133 个音节)

吴汝康(中国科学家)

Qǐng yǔnxǔ wǒ xiàng gèwèi péngyou jièshào Shā Wēng (莎翁,指莎士比亚)de《Zhòngxià yè zhī mèng》dì wǔ mù de yí duàn huà:

Qíngrénmen hé fēngzimen dōu fùyú fēnluàn de sīxiǎng hé chéngxíng de huànjué, tāmen suǒ lǐhuì dào de yǒngyuǎn bù shì lěngjìng de lǐzhì suǒ néng chōngfèn liǎojiě de. Fēngzi, qíngrén hé shīrén, dōu shì kōngxiǎng de chǎn'ér(产儿): fēngzi yǎn•lǐ suǒ jiàn de guǐ, duō guò yú guǎngdà de dìyù suǒ néng róngnà; qíngrén, tóngyàng shì nàme kuángwàng de néng cóng Āijí(埃及) de hēi liǎn shàng kàn•jiàn Hǎilún(海伦) de měimào; shīrén de yǎnjing zài shénqí de kuángfàng(狂放) de yī zhuàn zhōng, biàn néng cóng tiānshang kàndào dìxia, cóng dìxia kàndào tiānshang. Xiǎngxiàng huì bǎ bù zhīmíng de shìwù yòng lìng yì zhǒng fāngshì chéngxiàn chū•lái, shīrén de bǐ zài shǐ tāmen jùyǒu rúshí de xíngxiàng, kōngxū de wúwù yěhuì yǒule jūchù (居处) hé míngzi. Qiángliè de xiǎngxiàng wǎngwǎng jùyǒu zhè zhǒng běnlǐng, zhǐyào yì lǐnglüè dào yìxiē kuàilè, jiù huì xiāngxìn nàzhǒng kuàilè de bèihòu yǒu yí gè cìyǔ(赐予) de rén, yèjiān yì zhuǎndào kǒngjù de niàntou, yì cóng guànmù yíxiàzi biàn huì biànchéng yì tóu xióng……(248 个音节)

——莎士比亚

注：这篇拼音短文(包括开头的一句话)包容了普通话中所有的声母、韵母、声调以及轻声、“一”的变调的情况，共出现 110 个音节(重复出现的不计)，其中 36 个属最常用音节。(参见第九讲“语音训练”，此处不一一列出。)

Qiáozhì·Huáshèngdùn shì Měilìjiān Hézhòngguó de dì-yī rèn zǒngtǒng. Jiùshì tā lǐngdǎo Měiguó rénmín wèile zìyóu wèile dúlì yùxuè fènzhàn, gǎnzǒule tǒngzhìzhě.

Qiáozhì·Huáshèngdùn shì ge wěirén, dàn bìngfēi hòuláirén suǒ xiǎngxiàng de, tā zhuān zuò wěidà de shì, bǎ bù wěidà de shì dōu liúgěi bù wěidà de rén qù zuò. Shíjì shàng, tā ruò zài nǐ miànqián, nǐ huì juéde tā pǔtōng de jiù hé nǐ yíyàng, yíyàng de chéngshí、yíyàng de rèqíng、yíyàng de yǔrén-wéishàn.

Yǒu yī tiān, tā shēnchuān mòxī(没膝) de dàyī, dúzì yì rén zǒuchū yíngfáng. Tā suǒ yùdào de shìbīng, méi yí gè rènchū tā. Zài yí chù, tā kàndào yí gè xiàshì lǐngzhe shǒuxià de shìbīng zhù jiēlěi.(街垒)

“Jiā bǎ jìn!” Nàge xiàshì duì táizhe jùdà shuǐníkuài de shìbīngmen hǎndào:“Yī, èr, jiā bǎ jìn!”

Dànshì, nà xiàshì zìjǐ de shuāngshǒu lián shíkuài dōu bú pèng yí xià. Yīn·wèi shíkuài hěn zhòng, shìbīngmen yìzhí méi néng bǎ tā fàngdào wèizhi·shàng. Xiàshì yòu hǎn:“Yī、èr, jiā bǎ jìn!” Dànshì shìbīngmen háishi bù néng bǎ shíkuài fàngdào wèizhi shàng.Tāmen de lìqi jīhū yòngjìn,shíkuài jiù yào gǔnluò xiá•lái.

Zhèshí,Huáshèngdùn yǐjing jíbù pǎodào gēnqián,yòng tā qiángjìng de bìbǎng,dǐngzhù shíkuài.Zhè yì yuánzhù hěn jíshí, shíkuài zhōngyú fàngdàole wèizhi•shàng.Shìbīngmen zhuǎnguo shēn,yōngbào Huáshèngdùn,biǎoshì gǎnxiè.

"Nǐ wèishénme guāng hǎn jiā bǎ jìn ér ràng zìjǐ de shǒu fàng zài yīdài•lǐ ne?"Huáshèngdùn wèn nà xiàshì.

"Nǐ wèn wǒ? nándào nǐ kànbuchū wǒ shì zhèli de xiàshì ma?"

"Ò, zhè dào shì zhēn de!"Huáshèngdùn shuōzhe, jiěkāi dàyī niǔkòu, xiàng zhè wèi bíkǒng cháotiān, bèijiǎo shuāngshǒu de xiàshì lòuchū tā de jūnfú. "Àn yīfu kàn, wǒ jiùshì shàngjiàng. Búguò, xià cì zài tái zhòng dōngxi shí, nǐ jiù jiàoshang wǒ!"

Nǐ kěyǐ xiǎngxiàng, nà wèi xiàshì kàndào zhàn zài zìjǐ miànqián de shì Huáshèngdùn běnrén, shì duōme xiūkuì, dàn zhìcǐ tā yě cái zhēnzhèng dǒngde: Wěidà de rén zhī suǒyǐ wěidà, jiù zàiyú tā jué bù zuò bī rén zūnzhòng de rén suǒ zuòchū de nà zhǒng dǎo rén wèikǒu de chǔnshì.

——《上将与下士》刘云喜译

Méi•yǒu yí piàn lǜyè, méi•yǒu yì lǚ chuīyān, méi•yǒu yí lì nítǔ, méi•yǒu yì sī huāxiāng, zhǐyǒu shuǐ de shìjiè, yún de hǎiyáng.

Yí zhèn táifēng xíguò，yì zhī gūdān de xiǎoniǎo wújiā-kěguī，luòdào bèi juǎndào yáng·lǐ de mùbǎn·shàng，chéng liú ér xià，shānshān ér lái，jìn le，jìn le！……

Hūrán，xiǎoniǎo zhāngkāi chìbǎng，zài rénmen tóudǐng pánxuánle jǐ quānr，"pūlā"yì shēng luòdàole chuán·shàng. Xǔ shì lèi le？Háishì fāxiànle "xīn dàlù"？Shuǐshǒu niǎn tā tā bù zǒu，zhuā tā，tā guāiguāi de luò zài zhǎngxīn. Kě'ài de xiǎoniǎo hé shànliáng de shuǐshǒu jiéchéngle péngyou. Qiáo，tā duō měilì，jiāoqiǎo de xiǎozuǐr，zhuólǐzhe lǜsè de yǔmáo，yāzi yàng de biǎnjiǎo，chéngxiàn chū chūncǎo de éhuáng. Shuǐshǒumen bǎ tā dàidào cāng·lǐ，gěi tā "dāpù"，ràng tā zài chuán·shàng ānjiā-luòhù，měi tiān，bǎ fēndào de yī sùliàotǒng dànshuǐ yúngěi tā hē，bǎ cóng zǔguó dài·lái de xiānměi de yúròu fēngěi tā chī，tiāncháng-rìjiǔ，xiǎoniǎo hé shuǐshǒu de gǎnqíng rìqū dǔhòu. Qīngchén，dāng dì-yī shù yángguāng shèjìn xiánchuāng shí，tā biàn chǎngkāi měilì de gēhóu，chàng a chàng，yīngyīng-yǒuyùn，wǎnrú chūnshuǐ cóngcóng. Rénlèi gěi tā yǐ shēngmìng，tā háobù qiānlìn de bǎ zìjǐ de yìshù qīngchūn fèngxiàn gěile bǔyù tā de rén. Kěnéng dōu shì zhèyàng？Yìshùjiāmen de qīngchūn zhǐ huì xiàngěi zūnjìng tāmen de rén.

Xiǎoniǎo gěi yuǎnháng shēnghuó méng·shàngle yì céng làngmàn sèdiào. Fǎnháng shí，rénmen àibùshìshǒu，liànliàn-bùshě de xiǎng bǎ tā dàidào yìxiāng. Kě xiǎoniǎo qiáocuì le， gěi shuǐ,bù hē! Wèi ròu,bù chī! Yóuliàng de yǔmáo shīqù le guāngzé.Shì a,wǒmen yǒu zìjǐ de zǔguó,xiǎoniǎo yě yǒu tā de guīsù,rén hé dòngwù dōu shì yíyàng a,nǎr yě bùrú gùxiāng hǎo!

Cí'ài de shuǐshǒumen juédìng fàngkāi tā,ràng tā huídào dàhǎi de yáolán·qù,huídào lánsè de gùxiāng·qù.Líbié qián,zhège dàzìrán de péngyou yǔ shuǐshǒumen liúyǐng jìniàn.Tā zhàn zài xǔduō rén de tóu·shàng,jiān·shàng,zhǎng·shàng,gēbo shàng,yǔ wèiyǎngguo tā de rénmen,yìqǐ róngjìn nà lánsè de huàmiàn……

——王文杰《可爱的小鸟》

Xiǎngshòu xìngfú shì xūyào xuéxí de,dāng tā jíjiāng láilín de shíkè xūyào tíxǐng.Rén kěyǐ zìrán'érrán de xuéhuì gǎnguān de xiǎnglè,què wúfǎ tiānshēng de zhǎngwò xìngfú de yùnlǜ.Línghún de kuàiyì tóng qìguān de shūshì xiàng yí duì luánshēng xiōngdì,shí'ér xiāngbàng-xiāngyī,shí'ér nányuán-běizhé.

Xìngfú shì yì zhǒng xīnlíng de zhènchàn.Tā xiàng huì qīngtīng yīnyuè de ěrduo yíyàng,xūyào búduàn de xùnliàn.

Jiǎn'éryánzhī,xìngfú jiùshì méi·yǒu tòngkǔ de shíkè.Tā chūxiàn de pínlǜ bìng bú xiàng wǒmen xiǎngxiàng de nàyàng shǎo.Rénmen chángcháng zhǐshì zài xìngfú de jīn mǎchē yǐ·jīng shǐ guò·qù hěn yuǎn shí,cái jiǎnqǐ dì·shàng de jīn zōngmáo(金鬃毛)shuō,yuánlái wǒ jiànguo tā.

Rénmen xǐ’ ài huíwèi xìngfú de biāoběn, què hūlüè tā pīzhe lù • shuǐ sànfā qīngxiāng de shíkè. Nà shíhou wǒmen wǎngwǎng bùlǚ cōngcōng, zhānqián-gùhòu bù zhī zài mángzhe shénme.

Shì•shàng yǒu yùbào táifēng de, yǒu yùbào huángzāi de, yǒu yùbào wēnyì de, yǒu yùbào dìzhèn de. Méi•yǒu rén yùbào xìngfú.

Qíshí xìngfú hé shìjiè wànwù yíyàng, yǒu tā de zhēngzhào.

Xìngfú chángcháng shì ménglóng de, hěn yǒu jiézhì de xiàng wǒmen pēnsǎ gānlín. Nǐ búyào zǒng xīwàng hōnghōng-lièliè de xìngfú, tā duōbàn zhǐshì qiāoqiāo de pūmiàn ér lái. Nǐ yě búyào qǐtú bǎ shuǐlóngtóu nǐng de gèng dà, shǐ tā hěn kuài de liúshī. Nǐ xūyào jìngjìng de yǐ pínghé zhīxīn, tǐyàn tā de zhēndì.

Xìngfú jué dà duōshù shì pǔsù de. Tā bú huì xiàng xìnhàodàn shìde, zài hěn gāo de tiānjì shǎnshuò hóngsè de guāngmáng. Tā pīzhe běnsè de wàiyī, qīnqiè wēnnuǎn de bāoguǒqǐ wǒmen.

Xìngfú bù xǐhuan xuānxiāo fúhuá, tā chángcháng zài àndàn zhōng jiànglín. Pínkùn zhōng xiāngrúyǐmò de yí kuài gāobǐng（糕饼）, huànnàn zhōng xīnxīn-xiāngyìn de yí gè yǎnshén, fù•qīn yí cì cūcāo de fǔmō, nǚyǒu yì zhāng wēnxīn de zìtiáo……Zhè dōu shì qiānjīn nán mǎi de xìngfú a. Xiàng yí lìlì zhuì zài jiù chóuzi • shàng de hóngbǎoshí, zài qīliáng zhōng yùfā yìyì duómù.

——毕淑敏《提醒幸福》

Zài Wānzǎi, Xiānggǎng zuì rènao de dìfang, yǒu yì kē róngshù, tā shì zuì guì de yì kē shù, bùguāng zài Xiānggǎng, zài quánshìjiè, dōu shì zuì guì de.

Shù, huó de shù, yòu bù mài hé yán qí guì? Zhǐ yīn tā lǎo, tā cū, shì Xiānggǎng bǎinián cāngsāng de huó jiànzhèng, Xiānggǎngrén bùrěn kànzhe tā bèi kǎnfá, huòzhě bèi yízǒu, biàn gēn yào zhànyòng zhè piàn shānpō de jiànzhùzhě tán tiáojiàn: Kěyǐ zài zhèr jiàn dàlóu gài shāngshà, dàn yī bùzhǔn kǎn shù, èr bùzhǔn nuó shù, bìxū bǎ tā yuándì jīngxīn yǎng qǐ•lái, chéngwéi Xiānggǎng nàoshì zhōng de yì jǐng. Tàigǔ Dàshà de jiànshèzhě zuìhòu qiānle hétong, zhànyòng zhège dà shānpō jiàn háohuá shāngshà de xiānjué tiáojiàn shì tóngyì bǎohù zhè kē lǎoshù.

Shù zhǎng zài bànshānpō•shàng, jìhuà jiāng shù xià•miàn de chéngqiān-shàngwàn dūn shānshí quánbù tāokōng qǔzǒu, téngchū dìfang•lái gài lóu, bǎ shù jià zài dàlóu shàng•miàn, fǎngfú tā yuánběn shì zhǎng zài lóudǐng•shàng shìde.

Jiànshèzhě jiùdì zàole yí gè zhíjìng shíbā mǐ、shēn shí mǐ de dà huāpén, xiān gùdìng hǎo zhè kē lǎoshù, zài zài dà huāpén dǐ•xià gài lóu. Guāng zhè yí xiàng jiù huāle liǎngqiān sānbǎi bāshíjiǔ wàn gǎngbì, kānchēng shì zuì ángguì de bǎohù cuòshī le.

Tàigǔ Dàshà luòchéng zhīhòu,rénmen kěyǐ chéng gǔndòng fútī yí cì dàowèi, láidào Tàigǔ Dàshà de dǐngcéng, chū hòumén,nàr shì yí piàn zìrán jǐngsè.Yì kē dàshù chūxiàn zài rénmen miànqián,shùgàn yǒu yì mǐ bàn cū,shùguān zhíjìng zú yǒu èrshí duō mǐ, dúmù-chénglín, fēicháng zhuàngguān, xíngchéng yí zuò yǐ tā wéi zhōngxīn de xiǎo gōngyuán, qǔ míng jiào “róngpǔ (榕圃)”. Shù qián•miàn chāzhe tóngpái, shuōmíng yuányóu. Cǐqíngcǐjǐng, rú bù kàn tóngpái de shuōmíng,juéduì xiǎng•búdào jù shùgēn dǐ•xià háiyǒu yī zuò hóngwěi de xiàndài dàlóu.

——舒乙《香港:最贵的一棵树》

Zài fánhuá de Bālí dàjiē de lùpáng.Zhànzhe yí gè yīshān lánlǚ、tóufa bānbái、shuāngmù shīmíng de lǎorén.Tā bú xiàng qítā qǐgài nàyàng shēnshǒu xiàng guòlùxíngrén qǐtǎo,ér shì zài shēnpáng lì yí kuài mùpái,shàng•miàn xiězhe:“Wǒ shénme yě kàn•bù jiàn!”Jiē•shàng guòwǎng de xíngrén hěn duō,kànle mùpái•shàng de zì dōu wúdòngyúzhōng,yǒude hái dàndàn yí xiào,biàn shānshān ér qù le.

Zhè tiān zhōngwǔ, Fǎguó zhùmíng shīrén Ràng•Bǐhàolè (让•彼浩勒) yě jīngguò zhè•lǐ.Tā kànkan mùpái•shàng de zì, wèn máng lǎorén:“Lǎo•rén•jiā,jīntiān shàngwǔ yǒu rén gěi nǐ qián ma?”

Máng lǎorén tànxīzhe huídá:“Wǒ, wǒ shénme yě méi• yǒu dédào.” Shuōzhe, liǎn•shàng de shénqíng fēicháng bēishāng.

Ràng•Bǐhàolè tīng le,náqǐ bǐ qiāoqiāo de zài nà háng zì de qián•miàn tiān•shàngle “chūntiān dào le,kěshì”jǐ gè zì,jiù cōngcōng de líkāi le.

Wǎnshang,Ràng•Bǐhàolè yòu jīngguò zhè•lǐ, wèn nàge máng lǎorén xiàwǔ de qíngkuàng. Máng lǎorén xiàozhe huídá shuō:“Xiānsheng, bù zhī wèishénme, xiàwǔ gěi wǒ qián de rén duō jí le!”Ràng•Bǐhàolè tīng le, mōzhe húzi mǎnyì de xiào le.

“Chūntiān dào le,kěshì wǒ shénme yě kàn•bù jiàn!”Zhè fùyǒu shīyì de yǔyán, chǎnshēng zhème dà de zuòyòng, jiù zàiyú tā yǒu fēicháng nónghòu de gǎnqíng sècǎi. Shìde, chūntiān shì měihǎo de,nà lántiān báiyún,nà lùshù hónghuā, nà yīnggē-yànwǔ,nà liúshuǐ rénjiā,zěnme bú jiào rén táozuì ne? Dàn zhè liángchén měijǐng,duìyú yí gè shuāngmù shīmíng de rén lái shuō,zhǐshì yí piàn qīhēi.

Dāng rénmen xiǎngdào zhège máng lǎorén, yìshēng zhōng jìng lián wànzǐ-qiānhóng de chūntiān dōu bùcéng kàndào,zěn néng bú duì tā chǎnshēng tóngqíng zhī xīn ne?

——《语言的魅力》选自小学《语文》

第十一讲　声调（一）

声调是依附在音节上，发生在一定时间内，由声带颤动频率的高低长短的变化来辨义的语音现象。因此，从物理特性上分析，声调主要是音高变化现象，同时也表现在音长变化上。音高决定于发音体在一定时间内颤动次数的多少。次数越多，声音越高，反之声音越低。生理上与发音体（声带）的长短、薄厚、松紧也有密切关系。

由于男女、老幼声带的长短、薄厚、松紧不同，因此音高也不同。这种人与人之间的差异，包括同一个人受情绪影响产生的音高变化，我们称它为“绝对音高”。汉语中起辨义作用的不是这种“绝对音高”，而是指“相对音高”。相对音高是指同一种语言（或方言）的音节，让同一个人发音，而且在同一时间内，情绪保持不变的情况下声音表现出来的音高现象。

汉字字音的结构是由三部分构成的：字音的起始部分是声母，声母后面的部分是韵母。除此之外，还有贯穿整个字音的声调，在字音里负担重要的辨义作用，也叫“字调”或“单字调”。

一、调值和调类

调值指声调高低、升降、曲直、长短的实际发音，也称作“调形”(也有写作“调型”的)。调值高低、升降、曲直的不同是由声带的松紧造成的。

调值的记录通常采用“五度制标记法”。先用一条竖线表示“音高”,分为四等分,共有五个点。从下面最低点开始共分为五度,即“低”、“半低”、“中”、“半高”、“高”,分别用 1、2、3、4、5 表示。(见图七十九、八十)

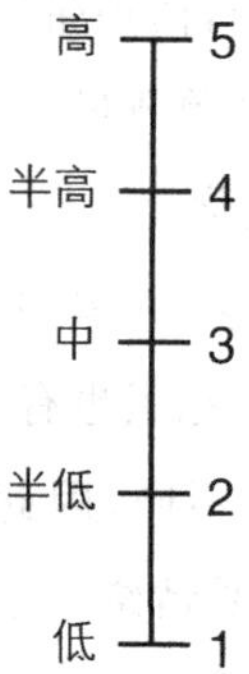

图七十九 五度标记法图示

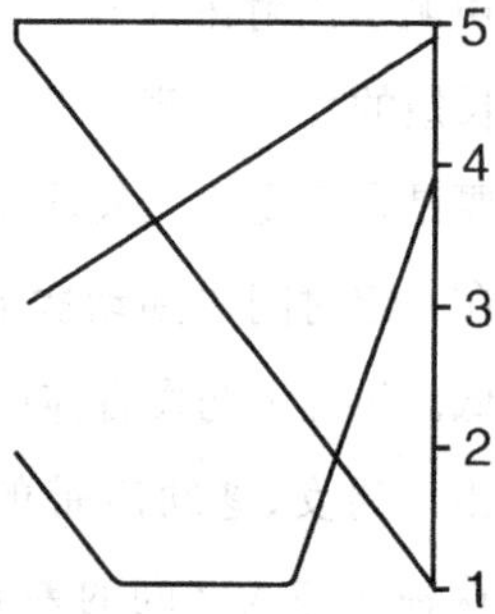

图八十 普通话声调调形

这种标记法的竖线本身只是个尺度,竖线左边表示调值的高低、升降、曲折。从左到右,表示调值的起止点,显示声调调值的基本形状(调形)。

声调的基本调形:

平调——声带紧张度基本保持不变,声音延长。例如:

˥(高平)˦(半高平) ˧(中平) ˩(低平)

升调——声带由松到紧。例如:

˧˥(高升) ˨˦(中升)˩˧(低升)

降调——声带由紧到松。例如:

˥˧(高降) ˧˩ (中降) ˨˩ (低降) ˥˩ (全降)

曲折调——是以上三种基本形式结合构成的，常见的是降升调、升降调。例如：

˥˧˥(高降升) ˨˩˦ (低降升) ˧˥˧ (高升降) ˩˧˩ (低升降)

调类是指一种语言或方言对声调(字调)的分类。将相同调值的字归为一类，有几种不同调值的实际读音，这种语言或方言就有几种调类。汉语方言中调类最多的有 10 个，例如广西博白；最少的有 3 个声调，例如河北滦县、宁夏银川等。北方方言中最为常见的是 4 个声调，如北京、兰州、成都、汉口等地。

由于现代汉语各方言里大致保留古代四声的系统，我们仍沿用古代调类的名称——平、上、去、入。汉语方言的声调往往由于古音声母的清浊不同使平、上、去、入分化为"阴""阳"两类。例如北方方言区主要趋势是：平分阴阳，入声消失。因此，北京语音 4 个声调的调名是"阴平"、"阳平"、"上声"、"去声"。山西盂县是：平声、入声分阴阳，加上上声和去声，共 6 个声调，即"阴平"、"阳平"、"上声"、"去声"、"阴入"、"阳入"。广东潮州则是平、上、去、入各分阴阳，共 8 个声调：即"阴平"、"阳平"、"阴上"、"阳上"、"阴去"、"阳去"、"阴入"、"阳入"。汉语方言用这样的调类名称可以看出历史演变的痕迹，同时方便汉语各方言之间，普通话与方言之间的相互比较。注意：由于沿用古音的旧名，调类名称只是代表某种汉语方言的声调类别，并不表示实际的调值。例如调类名称同是称作"阴平"，在北京话调值是 55(高平调)，在山西盂县话调值是 412(降升调)，在广东潮州话的调值是 33（中平调）。

二、普通话的声调

普通话有4个调类:阴平声、阳平声、上声、去声。

普通话声调调值的特点是:1) 调形区分明显,教学过程中容易区分。4个调类的调值表现为一平、二升、三曲、四降。2)调值高扬成分多。阴平是高平调,阳平是高升调,去声的起点高,上声虽然基本特征是低调,但在单字调的后半段也表现为上扬,止点在4度。

普通话4个声调的发音:

阴平声——高平调,调形为[˥55]。发音时,声带绷到最紧,始终没有明显变化,保持高音。(“最紧”是相对的,下同。)实验语音学证明:在发音开始和收尾都存在一个人们不易察觉的阶段。开始阶段有个向上升的“弯头”,而收尾阶段有个向下的“降尾”。这可能与声带颤动准备、开始的强调,或者声带运动的惯性有关。了解这一点对认识自然状态下的声调会有一定帮助。

发音例字:

阿 ā	埃 āi	安 ān	烟 yān	弯 wān	冤 yuān
妈 mā	拉 lā	方 fāng	编 biān	端 duān	亏 kuī
宣 xuān	装 zhuāng	酸 suān	挑 tiāo		

阳平声——高升调(或称作“中高升”),调形为[˧˥35]。发音时,声带从不松不紧开始,逐渐绷紧,到最紧为止,声音由不低不高升到最高。语音测定表明,开始阶段也出现一个上升的“弯头”。发音过程中,中间阶段略前的位置常出现小的弯曲。

发音例字：

鹅 é　昂 áng　严 yán　文 wén　员 yuán　麻 má

泥 ní　离 lí　然 rán　人 rén　棉 mián　连 lián

年 nián　全 quán　怀 huái　情 qíng

上声——降升调(或称作“低降＋低次高升”)，调形为[˨˩˦ 214]。发音时，声带从略微有些紧张开始，立刻松弛下来，稍稍延长，然后迅速绷紧，但没有绷到最紧。发音过程中，声音主要表现在低音段1—2度之间，成为上声的基本特征。上声的音长在普通话4个声调中是最长的。

发音例字：

以 yǐ　矮 ǎi　养 yǎng　晚 wǎn　远 yuǎn　马 mǎ

哪 nǎ　里 lǐ　惹 rě　秒 miǎo　碾 niǎn　脸 liǎn

广 guǎng　九 jiǔ　闯 chuǎng　扁 biǎn

去声——全降调，调形为[˥˩ 51]。发音时，声带从紧开始，到完全松弛为止。声音由高到低。语音测定表明，开始阶段出现一个向上升的“弯头”。去声的音长在普通话4个声调中是最短的。

发音例字：

饿 è　爱 ài　验 yàn　望 wàng　院 yuàn　骂 mà

那 nà　辣 là　热 rè　卖 mài　浪 làng　闹 nào

肉 ròu　放 fàng　面 miàn　片 piàn　掉 diào　换 huàn

袖 xiù　状 zhuàng　算 suàn

三、古今调类的比较

现代汉语的声调系统是从古代汉语发展演变而来的。现代汉语声调调类沿用了古代汉语的调类名称,这便于找出现代汉语声调演变的规律,便于方言与方言、普通话和方言之间声调调类的比较。下面简要说明古调类(中古音)与普通话(北京语音)调类的关系。

古平声清声母字普通话读阴平。例如:高、天、飞。

古平声浊声母字普通话读阳平。例如:唐、时、人。

古上声清声母字、次浊声母字普通话读上声。例如:古、草、暖。

古上声全浊声母字普通话读去声。例如:近、似。

古去声字不论古声母的清浊普通话一律读去声。例如:正、大、怒。

古入声清声母字普通话读阴平、阳平、上声、去声的都有。例如:黑、急、窄、各。

古入声全浊声母字普通话读阳平。例如:杂、服。

古入声次浊声母字普通话读去声。例如:入、药。

从上面的对比关系可以看出,古入声调类在普通话声调中消失,分别归入"阴平"、"阳平"、"上声"、"去声"四个调类。

古入声字在汉语各方言的分化也是不同的。是不是保留入声调类,可以说是南方方言与北方方言的重要差别,也常常成为区别划分不同方言的主要依据之一。北方方言多数没有入声,调类较少,4 个声调的较为常见,甚至还有 3 个声调的。南方方言都有入声,调类一般在 5 个以上。粤方言的声调调类多达 9 至 10 个。如广州话 9 个声调,入声占了 3 个(上阴入、下阴入、阳入);广西博白 10 个声调,入声占了 4 个(上阴入、下阴入、上阳入、下阳入)。

汉语方言的入声韵一般带有不除阻的辅音韵尾[p][t] [k]或喉塞音[ʔ],读音短促。例如:粤方言、客家方言有[p][t][k];吴方言只有一个[ʔ];闽方言则既有[p][t][k],还有[ʔ]。湘方言有入声调类,但不带塞音韵尾,韵母读音可以延长。

普通话没有入声,古入声字分别归入阴平、阳平、上声、去声,其中古清声母的入声字分化没有什么规律性。加上各汉语方言古入声字的分化不同,给学习普通话的声调带来一定的困难。

思考题:

1）什么是声调？什么是调值？什么是调类？

2）体会普通话四个声调的调值,找出自己学习普通话声调存在的主要问题。

语音训练(九)

1. 调值的听辨、发音练习

用单元音 a 练习,先练习基本的调形,只分辨出平调、升调、降升调、降调即可,暂不计较调值的高低度。如方言中缺少某种调形,练习时尽量采用"全升"↗15、"全降"↘51,曲折调也要采用大起大落的夸张方法训练。然后,再安排不同调值的对比听辨、发音训练。

第 97 组

a平——a升	a平——a升	a平——a升——a平
a升——a平	a升——a平	a升——a平——a升
a平——a降	a平——a降	a平——a降——a平

ɑ降 —— ɑ平　ɑ降 —— ɑ平　ɑ降 —— ɑ平 —— ɑ降

ɑ升 —— ɑ降　ɑ升 —— ɑ降　ɑ升 —— ɑ降 —— ɑ升

ɑ降 —— ɑ升　ɑ降 —— ɑ升　ɑ降 —— ɑ升 —— ɑ降

ɑ平 —— ɑ降 —— ɑ升 —— ɑ降 —— ɑ平 —— ɑ升

ɑ升 —— ɑ平 —— ɑ降 —— ɑ升 —— ɑ降 —— ɑ平

第 98 组

ɑ升 —— ɑ降升　　ɑ降升 —— ɑ升

ɑ升 —— ɑ降升 —— ɑ升

ɑ降升 —— ɑ升　　ɑ降升 —— ɑ升

ɑ降升 —— ɑ升 —— ɑ降升

ɑ升 —— ɑ降升 —— ɑ升 —— ɑ升 —— ɑ降升

第 99 组

˥55 —— ˩11 —— ˧33 —— ˥55

˩11 —— ˥55 —— ˧33 —— ˥55

˧33 —— ˥55 —— ˩11 —— ˥55

˩˧13 —— ˧˥35 —— ˩˧13 —— ˧˥35

˧˥35 —— ˩˧13 —— ˧˥35

˥˩51 —— ˧˩31 —— ˥˧53 —— ˥˩51

˧˩31 —— ˥˧53 —— ˥˩51 —— ˥˩51

˧˩˧313 —— ˥˧˥535 —— ˧˩˧313

˥˧˥535 —— ˧˩˧313 —— ˥˧˥535

˧˩˧313 —— ˥˧˥535 —— ˥˧˥535 —— ˧˩˧313

˧˥35 —— ˨˩˦214 —— ˧˥35

˨˩˦214 —— ˧˥35 —— ˨˩˦214

˧˥ 35 —— ˨˩˦ 214 —— ˨˩˦ 214 —— ˧˥ 35

2. 普通话阴平、阳平、上声、去声的发音练习

普通话声调练习要跟排除方言声调对学习普通话声调的干扰结合起来进行。这种干扰主要表现为:1)用方音读汉字成了习惯,改用标准音读汉字时,常常读错;2)普通话声调跟方言声调的调值(调形)差别越大的,相对而言,倒是容易掌握(读准),而越是接近的越不容易读准;往往以方言里跟普通话里相近、相似的声调,代替普通话的声调。说起普通话来就会带"乡音",就是方言腔。

要克服方言声调的影响,掌握普通话声调相对音高的结构形式,提高分辨相似但不同的声调调值的能力,要靠音节与音节声调的对比练习,选择双音节词语进行声调训练是最常用的有效方法。

普通话阴平声的调值是˥ 55(高平调),如果方言里没有高平调值,发音练习主要克服调值不够高的问题。可以在阴平音节前面加上一个阳平(˧˥ 35)音节,构成词语练习。这是利用阳平调值末尾是 5 度的便利条件,声带不要松下来,继续绷紧发音,辅助后一个阴平音节读准高平调 55。

第 100 组

阳平一阴平

鼻音 bíyīn	皮衣 píyī	实施 shíshī	行星 xíngxīng
回音 huíyīn	齐心 qíxīn	白灰 báihuī	爬山 páshān
棉衣 miányī	明天 míngtiān	房间 fángjiān	福音 fúyīn
夺标 duóbiāo	图钉 túdīng	同乡 tóngxiāng	童心 tóngxīn
泥沙 níshā	年初 niánchū	农村 nóngcūn	镰刀 liándāo

箩筐 luókuāng 来宾 láibīn 联欢 liánhuān 隔开 gékāi
国歌 guógē 葵花 kuíhuā 魁星 kuíxīng 红花 hónghuā
回声 huíshēng 黄蜂 huángfēng 河山 héshān 黄昏 huánghūn
航空 hángkōng 决心 juéxīn 桥墩 qiáodūn 晴天 qíngtiān
旗杆 qígān 前方 qiánfāng 骑兵 qíbīng 钳工 qiángōng
其他 qítā 霞光 xiáguāng 协商 xiéshāng 职称 zhíchēng
茶杯 chábēi 船舱 chuáncāng 重新 chóngxīn 除非 chúfēi
时光 shíguāng 熟知 shúzhī 昨天 zuótiān 藏书 cángshū
随身 suíshēn

普通话阳平声的调值是˧˥ 35(高升调)。不少方言地区缺少这种高升的调值。发音练习主要克服调值往往升得不够高,而起点又偏高的问题。可以在阳平音节前面加上一个去声音节,构成词语练习。去声是个“全降调”,末尾声带完全松弛,利用这种状态辅助后面一个阳平音节,使之开头声带不至于过分紧张。注意:中间不要拖长形成曲折,避免与上声调值相混。

第 101 组

去声—阳平

近年 jìnnián 皱纹 zhòuwén 汽油 qìyóu 要文 yàowén
事实 shìshí 命名 mìngmíng 变革 biàngé 报仇 bàochóu
配合 pèihé 面条 miàntiáo 漫谈 màntán 放行 fàngxíng
富强 fùqiáng 对联 duìlián 地图 dìtú 调查 diàochá
特长 tècháng 逆流 nìliú 落实 luòshí 路程 lùchéng
干活 gànhuó 告别 gàobié 克服 kèfú 课堂 kètáng
空白 kòngbái 后勤 hòuqín 会员 huìyuán 教材 jiàocái

季节 jìjié	去年 qùnián	信徒 xìntú	制服 zhìfú
治疗 zhìliáo	撤除 chèchú	善良 shànliáng	上学 shàngxué
热情 rèqíng	自觉 zìjué	菜园 càiyuán	赛球 sàiqiú

普通话上声的调值是˨˩˦ 214(降升调)。发音练习主要克服发音中段调值偏高,不能显示上声基本是低调的特征和先低降后升的曲折形式。在发音不准和缺乏语感的时候,常常同阳平相混。可以在上声音节前面加上一个去声音节,构成词语练习。利用去声音节末尾声带松弛的状态辅助,使开始读上声音节时声带松弛,调值尽量降低一些。注意:上声开头的降段,起点不要太高,更要避免中段音过短。

第 102 组

去声一上声

制止 zhìzhǐ	致使 zhìshǐ	入伍 rùwǔ	跳舞 tiàowǔ
遇雨 yùyǔ	地理 dìlǐ	办法 bànfǎ	报纸 bàozhǐ
聘请 pìnqǐng	面粉 miànfěn	密码 mìmǎ	饭碗 fànwǎn
大脑 dànǎo	电影 diànyǐng	特有 tèyǒu	探险 tànxiǎn
呐喊 nàhǎn	录取 lùqǔ	猎手 lièshǒu	购买 gòumǎi
个体 gètǐ	候补 hòubǔ	敬礼 jìnglǐ	旧址 jiùzhǐ
汽艇 qìtǐng	窃取 qièqǔ	信仰 xìnyǎng	戏曲 xìqǔ
战友 zhànyǒu	至少 zhìshǎo	忏悔 chànhuǐ	翅膀 chìbǎng
誓死 shìsǐ	率领 shuàilǐng	绕嘴 ràozuǐ	热水 rèshuǐ
字典 zìdiǎn	字母 zìmǔ	次品 cìpǐn	饲养 sìyǎng

普通话去声的调值是˥˩ 51(全降调)。发音练习容易出现的主要问题是调值起点不够高。可以在去声音节前加上一个阴平或阳平音节,利用头尾相接时的声带状态,辅助后面的去声音节开头

声带紧张,提高调值高度。

第 103 组

阴平—去声

公共 gōnggòng	出处 chūchù	夫妇 fūfù	相像 xiāngxiàng
黑夜 hēiyè	区域 qūyù	机要 jīyào	帮助 bāngzhù
搬运 bānyùn	偏僻 piānpì	抛弃 pāoqì	抹布 mābù
方向 fāngxiàng	封建 fēngjiàn	丰富 fēngfù	冬至 dōngzhì
端正 duānzhèng	推荐 tuījiàn	通过 tōngguò	捏造 niēzào
拉锯 lājù	工作 gōngzuò	观众 guānzhòng	歌颂 gēsòng
开放 kāifàng	开会 kāihuì	欢乐 huānlè	花絮 huāxù
接受 jiēshòu	经验 jīngyàn	侵略 qīnlüè	亲密 qīnmì
消灭 xiāomiè	鲜艳 xiānyàn	希望 xīwàng	中外 zhōngwài
枝叶 zhīyè	吃饭 chīfàn	初赛 chūsài	深夜 shēnyè
书架 shūjià	灾难 zāinàn	租用 zūyòng	操练 cāoliàn
粗细 cūxì	松树 sōngshù	私自 sīzì	

阳平—去声

时事 shíshì	别墅 biéshù	白菜 báicài	排队 páiduì
疲倦 píjuàn	矛盾 máodùn	迷路 mílù	缝纫 féngrèn
服务 fúwù	独唱 dúchàng	的确 díquè	同伴 tóngbàn
题目 tímù	年代 niándài	牛肉 niúròu	劳动 láodòng
楼道 lóudào	革命 gémìng	国策 guócè	狂热 kuángrè
回忆 huíyì	急躁 jízào	决定 juédìng	
群众 qúnzhòng	情趣 qíngqù	学校 xuéxiào	习性 xíxìng
折断 zhéduàn	乘客 chéngkè	尝试 chángshì	食物 shíwù

实验 shíyàn　　容易 róngyì　　杂志 zázhì　　足够 zúgòu
存在 cúnzài　　残酷 cánkù　　俗话 súhuà　　随便 suíbiàn
颜色 yánsè　　茁壮 zhuózhuàng

注意:采用以上方法,起引导作用的音节声调必须准确。发音过程注意体会声带的松紧状态。

3. 双音节词语的声调练习

前面的双音节词语是为了训练四个声调安排的比较好的搭配方式,适用于初学者。在反复训练并且比较巩固的基础可以进行下面两组的练习。第 104 组的前后音节声调的搭配难易适中。而第 105 组的前后音节搭配对初学者有比较大的困难,适用于声调学习的巩固提高阶段的训练,初学者避免使用。

(上声在前的双音节词的训练见“语音训练十”)

第 104 组

阴平一阴平

标兵 biāobīng　　扑空 pūkōng　　分工 fēngōng
冬天 dōngtiān　　通知 tōngzhī　　垃圾 lājī
关心 guānxīn　　空间 kōngjiān　　花生 huāshēng
交通 jiāotōng　　青春 qīngchūn　　星期 xīngqī
招生 zhāoshēng　　山坡 shānpō　　资金 zījīn
村庄 cūnzhuāng　　司机 sījī

阳平一阳平

博学 bóxué　　频繁 pínfán　　棉田 miántián
服从 fúcóng　　达成 dáchéng　　同时 tóngshí

农民 nóngmín　联合 liánhé　国防 guófáng
狂言 kuángyán　红旗 hóngqí　结局 jiéjú
球鞋 qiúxié　循环 xúnhuán　执行 zhíxíng
长途 chángtú　食堂 shítáng　人民 rénmín
责成 zéchéng　辞职 cízhí　随从 suícóng

去声一去声

毕业 bìyè　破坏 pòhuài　密切 mìqiè
复信 fùxìn　大概 dàgài　特地 tèdì
内部 nèibù　陆地 lùdì　顾问 gùwèn
扩大 kuòdà　互助 hùzhù　竞赛 jìngsài
庆祝 qìngzhù　项目 xiàngmù　注意 zhùyì
岔路 chàlù　示范 shìfàn　锐利 ruìlì
自治 zìzhì　脆弱 cuìruò　散步 sànbù

第 105 组

阴平一阳平

包含 bāohán　批评 pīpíng　分头 fēntóu
单元 dānyuán　通俗 tōngsú　观摩 guānmó
欢迎 huānyíng　经营 jīngyíng　青年 qīngnián
心得 xīndé　支持 zhīchí　车床 chēchuáng
生词 shēngcí　钻研 zuānyán　粗俗 cūsú
私营 sīyíng

阴平一上声

英勇 yīngyǒng　冰冷 bīnglěng　喷吐 pēntǔ
摸底 mōdǐ　风险 fēngxiǎn　灯塔 dēngtǎ

推理 tuīlǐ　拉倒 lādǎo　钢笔 gāngbǐ
开水 kāishuǐ　黑板 hēibǎn　家属 jiāshǔ
亲手 qīnshǒu　辛苦 xīnkǔ　真理 zhēnlǐ
出口 chūkǒu　生产 shēngchǎn　增长 zēngzhǎng
操场 cāochǎng　思考 sīkǎo

阳平—上声

博览 bólǎn　平等 píngděng　毛笔 máobǐ
烦恼 fánnǎo　读本 dúběn　停止 tíngzhǐ
牛奶 niúnǎi　联想 liánxiǎng　国土 guótǔ
魁伟 kuíwěi　回想 huíxiǎng　结尾 jiéwěi
全体 quántǐ　狭窄 xiázhǎi　直属 zhíshǔ
除草 chúcǎo　食品 shípǐn　如果 rúguǒ
杂草 zácǎo　磁铁 cítiě　随手 suíshǒu

去声—阴平

步枪 bùqiāng　配音 pèiyīn　陌生 mòshēng
饭厅 fàntīng　大家 dàjiā　特征 tèzhēng
内心 nèixīn　列车 lièchē　故乡 gùxiāng
客观 kèguān　互相 hùxiāng　竞争 jìngzhēng
气功 qìgōng　信心 xìnxīn　治安 zhì'ān
唱歌 chànggē　盛开 shèngkāi　认真 rènzhēn
再三 zàisān　措施 cuòshī　丧失 sàngshī

附：古入声字的普通话声调表

ba　①八扒※捌 ②拔※跋

bai　②白 ③百伯(大～子)柏

bao　①剥(～花生) ②雹薄

bei　③北

bi　①逼 ②鼻※荸 ③笔 ④必毕辟(复～)碧壁※璧

bie　①※憋瘪(～三)鳖 ②别(分～) ③※瘪(干～) ④别(～扭)

bo　①拨剥(～削) ②伯驳泊柏（～林)脖博搏膊薄(淡～)※勃舶渤

bu　③卜(占～) ④不

ca　①擦

ce　④册厕侧测策

cha　①插 ②察 ④※刹(～那)

chai　①拆

che　④彻撤※澈

chi　①吃 ③尺 ④斥赤

chu　①出 ④畜(牲～)触※矗

chuo　①※戳 ④绰

cu　④促※簇

cuo　④错

da　①搭答(～应) ②达答(～案)※瘩(～背)

de　②得(～失)德 ○的(助词)得(助词)

dei　③得(我～走了)

di　①滴 ②的(～确)敌笛※涤嘀(～咕)嫡

die　①跌 ②叠蝶※谍碟

du　①督 ②毒独读※椟

duo　②夺度(忖～)※踱

e　②额 ③恶(～心) ④恶(凶～)※扼遏愕噩鳄

fa　①发 ②乏伐罚阀※筏 ④发(理～)

fo　②佛(～家)

fu　②伏佛(仿～)服幅福※拂袱辐蝠 ④复腹覆※缚

ga　①夹(～肢窝)

ge　①胳鸽搁 ②葛(～藤)隔※蛤(～蜊) ③合(十～一升)葛(姓) ④个各

gei　③给(交～)

gu　①骨(～碌) ③谷骨

gua　①刮

guo　①※郭 ②国

he　①喝

hei　①黑※嘿

hu　①忽 ②核(～儿)

hua　②猾滑 ④划

huo　①※豁(～口) ②活 ④或获惑※霍豁(～亮)

ji　①击圾积激※唧 ②及吉级极即急疾集籍※棘辑嫉 ③给(供～)脊 ④迹绩※寂鲫

jia　①夹(～攻) ②夹(～袄)※荚颊 ③甲※钾

jiao　②嚼(～舌) ③角饺脚

jie　①节(～骨眼)结(～巴)接揭 ②节(～目)劫杰洁结(～合)捷截竭

ju　①鞠 ②局菊橘 ④剧

jue　②决角(～色)觉(感～)绝掘脚(～儿)嚼(咀～) ※诀倔(～强)爵 ④倔(脾气～)

ke　①※磕 ②壳(贝～)咳(～嗽) ③渴 ④克刻客

ku　①哭※窟 ④酷

kuo　④扩括阔※廓

la　①拉 ④落(～下)腊蜡辣

lao　④络(～子)落(～枕)※烙(～饼)酪

le　④乐(～观)勒(～令)

lei　①勒(～紧) ④肋

li　④力历立栗粒※沥砾雳

lie　④列劣烈猎裂

liu　④六陆("六"的大写)碌(～碡)

lu　④六(～安,地名)陆(大～)录鹿绿(～林)碌(忙～)

lü　④律率(效～)绿(～色)※氯

lüe　④略掠

luo　④骆络落(～后)※洛烙(炮～)

ma　①抹(～布)

mai　④麦脉

mei　②没

mi　④秘密蜜※觅泌

mie　④灭蔑

mo　①摸 ②膜 ③抹(涂～) ④末没(埋～)抹(～墙)沫脉(含情～～)莫漠墨默※茉陌寞

mu　④木目牧幕※沐睦穆
na　④纳※呐钠捺
ni　④逆※昵匿溺
nie　①捏 ④※聂镊孽
nüe　④※疟(～疾)虐
nuo　④※诺
pai　①拍 ③迫(～击炮)
pi　①劈(～木头)※霹 ③匹劈(～叉) ④辟(开～)僻
piao　②朴(姓)
pie　①撇(～开) ③撇(～嘴)
po　①朴(～刀)泊(湖～)泼 ④朴(～硝)迫(～害)魄
pu　①仆(前～后继)扑 ②仆(～人) ③朴(～素)④※瀑
qi　①七戚漆※柒 ③乞 ④※讫泣
qia　①※掐
qiao　④壳(地～)
qie　①切(～削) ④切(亲～)窃※怯
qu　①曲(～折)屈 ③曲(歌～)
que　①缺 ④却雀(孔～)确鹊
re　④热
ri　④日
rou　④肉
ru　③辱 ④入※褥
ruo　④若弱
sa　①撒(～谎) ③撒(～种) ④※飒萨

sai ①塞(～子)

se ④色(颜～)塞(堵～)※涩瑟

sha ①杀※刹(～车)煞(～尾) ④煞(～费苦心)霎

shai ③色(掉～)

shao ②勺※芍

she ②舌折(树枝～了) ④设涉摄

shi ①失湿※虱 ②十什(～锦)石(～头)识(～别)实拾食蚀 ④式饰适室释※拭

shou ②熟(饭～了)

shu ①叔※淑 ②熟(～悉) ③属(～于) ④术(技～) 束述

shua ①刷(用～子～)

shuai ④率(～领)※蟀

shuo ①说 ④※烁硕

su ②俗 ④肃速宿(～舍)缩(～砂密)※粟

suo ①缩(收～) ③索

ta ①塌踏(～实) ③塔 ④踏(～步)※拓(～本)蹋

te ④特

ti ①踢※剔 ④惕

tie ①帖(妥～)贴 ③帖(请～)铁 ④帖(字～)

tu ①突秃※凸

tuo ①托脱 ④拓(开～)

wa ①挖 ④袜

wo ④沃握

wu ①屋 ④勿物

xi ①夕吸析息悉惜锡熄膝※昔晰蜥 ②习席袭※媳 ④隙

xia ①瞎 ②峡狭※匣侠辖 ④吓(～唬)

xiao ①削(～苹果)

xie ①歇※楔蝎 ②叶(～韵)协胁※挟 ③血(流～了) ④泄屑

xiu ③宿(住了一～)

xu ④畜(～牧)续蓄※旭恤

xue ①削(剥～)※薛 ②穴学 ③雪 ④血(～液)

ya ①压(～力)鸭押 ④轧(～花机)压(～根儿)

yao ①约(～一～重量) ④药钥(～匙)※疟(～子)

ye ①掖(～在怀里) ④业叶页咽(呜～)液※掖(～县)谒腋

yi ①一※揖壹 ③乙 ④亿忆亦役译易疫益翼※屹抑邑绎奕逸溢

yu ④玉育狱浴欲※郁尉(～迟,姓)蔚(～县)

yue ①约 ④月乐(音～)钥(北门锁～)阅悦跃越※岳粤

za ①扎(包～) ②杂砸

zao ②凿

ze ②则责择泽

zei ②贼

zha ①扎(～实) ②扎(挣～)轧(～钢)闸炸(油～)※铡 ③眨 ④栅(～栏)

zhai ①摘 ②宅择(～菜) ③窄

zhao ①着(没～了) ②着(～急)

zhe ①折(～腾) ②折(～叠)哲※辙 ○着

zhi　①支(一～铅笔)汁织 ②执直值侄职植殖 ③只(～有) ④帜质秩※挚掷窒

zhou　①粥 ②轴(～承) ④轴(压～子)

zhu　②术(白～)竹逐烛 ③属(～意)嘱 ④祝筑

zhuo　①捉桌※拙 ②浊啄着(衣～)※灼茁卓酌琢(雕～)

zu　②足族※卒

zuo　①作(～坊) ②昨※琢(～磨) ③※撮(一～毛儿) ④作(～业)

第十二讲　声调(二)

普通话的四个声调是单读一个音节的声调,因此又称为“字调”或“单字调”。每个音节、每个字不是一个个孤立的单位,在词语、句子中音节与音节相连单个音节的声调发生的变化,称作“变调”或“连读变调”。

变调是汉语方言里普遍存在的语音现象,普通话也有这种现象。一般说来,音节与音节相连都会或多或少地产生声调的变化,普通话语音教学只分析、掌握最明显的变调现象,其中“两字组”“三字组”的变调是学习的重点。

(注意: 本书汉语拼音原则上只注“一”“不”变调,其他均注原调,不注变调。特别注明的除外,如叠字形容词。)

四、两字组的变调

普通话里的两字组(即两个音节相连)可以有 16 种声调组合方式。词语中重读音节一般不会变调。

1. 上声的变调

上声在普通话四个声调中音长最长,基本上是个低调,调值实际可以描写为 2114 。前段 21 和后段 14 都比较短暂，特别是后段 14 最容易失落。因此，上声在阴平、阳平、上声、去声前都会产生变调，只有在单念或处在词语、句子的末尾才有可能读原调。上声的两种变调是：

1）上声在阴平、阳平、去声、轻声前，即在非上声前，丢掉后半段“14“上升的尾巴，调值由 214 变为半上声 211，变调调值描写为 ˨˩˦|˨˩˩ 214-211 。(调形符号标在竖线的右边表示变调调值，下同)例如：

上声一阴平

百般 bǎibān	摆脱 bǎituō	保温 bǎowēn	饼干 bǐnggān
打通 dǎtōng	纺织 fǎngzhī	海关 hǎiguān	小说 xiǎoshuō
许多 xǔduō	首先 shǒuxiān	省心 shěngxīn	警钟 jǐngzhōng
火车 huǒchē	老师 lǎoshī	奖杯 jiǎngbēi	马车 mǎchē
旅居 lǚjū	恐慌 kǒnghuāng	铁丝 tiěsī	野心 yěxīn
简称 jiǎnchēng	雨衣 yǔyī	北方 běifāng	海军 hǎijūn
取经 qǔjīng	指标 zhǐbiāo	酒精 jiǔjīng	卷烟 juǎnyān

上声一阳平

祖国 zǔguó	旅行 lǚxíng	导游 dǎoyóu	改革 gǎigé
朗读 lǎngdú	考察 kǎochá	古文 gǔwén	口型 kǒuxíng
讲台 jiǎngtái	打球 dǎqiú	鲤鱼 lǐyú	简洁 jiǎnjié
偶然 ǒurán	浅薄 qiǎnbó	酒席 jiǔxí	耳闻 ěrwén
海拔 hǎibá	几何 jǐhé	柳条 liǔtiáo	抢夺 qiǎngduó
坦白 tǎnbái	取材 qǔcái	漂白 piǎobái	两极 liǎngjí
紧急 jǐnjí	储存 chǔcún	语言 yǔyán	早霞 zǎoxiá

上声一去声

广大 guǎngdà　讨论 tǎolùn　挑战 tiǎozhàn　土地 tǔdì
感谢 gǎnxiè　稿件 gǎojiàn　统治 tǒngzhì　雪亮 xuěliàng
铁道 tiědào　守候 shǒuhòu　美术 měishù　把握 bǎwò
骨干 gǔgàn　感动 gǎndòng　典范 diǎnfàn　款待 kuǎndài
悔过 huǐguò　妥善 tuǒshàn　拐杖 guǎizhàng　努力 nǔlì
纽扣 niǔkòu　诡辩 guǐbiàn　柳树 liǔshù　讲话 jiǎnghuà
马上 mǎshàng　请假 qǐngjià　小麦 xiǎomài　总共 zǒnggòng

上声在轻声前调值也变成半上声 211 。例如：

上声一轻声

矮子 ǎizi　斧子 fǔzi　奶奶 nǎinai　姐姐 jiějie
尾巴 wěiba　老婆 lǎopo　耳朵 ěrduo　马虎 mǎhu
口袋 kǒudai　伙计 huǒji

2) 两个上声相连,前一个上声的调值变为 35。实验语音学从语图和听辨实验证明,前字上声、后字上声构成的组合与前字阳平、后字上声构成的组合在声调模式上是相同的。说明两个上声相连,前字上声的调值变得跟阳平的调值一样。变调调值描写为 ˨˩˦˧˥ 214-35 。例如：

上声一上声

懒散 lǎnsǎn　手指 shǒuzhǐ　母语 mǔyǔ　鬼脸 guǐliǎn
海岛 hǎidǎo　旅馆 lǚguǎn　解渴 jiěkě　广场 guǎngchǎng
首长 shǒuzhǎng　主讲 zhǔjiǎng　简短 jiǎnduǎn　古典 gǔdiǎn
粉笔 fěnbǐ　小组 xiǎozǔ　减少 jiǎnshǎo　水井 shuǐjǐng
土法 tǔfǎ　保险 bǎoxiǎn　许久 xǔjiǔ　友好 yǒuhǎo

勇敢 yǒnggǎn　彼此 bǐcǐ　反省 fǎnxǐng　起早 qǐzǎo
洗澡 xǐzǎo　远景 yuǎnjǐng　表姐 biǎojiě　水桶 shuǐtǒng

2. “一”“不”的变调

“一”“不”都是古清声母的入声字。普通话没有入声,古入声字分别归入其他声调。普通话“一”的单字调是阴平声 55,“不”的单字调是去声 51,在单念或处在词句末尾的时候,不变调。这两个字的变调取决于后一个连读音节的声调,因此我们把它们看成是“两字组”的变调。

“一”有两种变调:

1) 在去声音节前调值变为 35,跟阳平的调值一样。变调调值描写为˥˧˥ 55-35。

例如:

(去 声 前)

一半 yíbàn　一旦 yídàn　一定 yídìng　一度 yídù
一概 yígài　一共 yígòng　一贯 yíguàn　一晃 yíhuàng
一路 yílù　一律 yílǜ　一切 yíqiè　一色 yísè
一味 yíwèi　一向 yíxiàng　一样 yíyàng　一阵 yízhèn
一致 yízhì　一次 yícì　一类 yílèi　一倍 yíbèi
一处 yíchù　一件 yíjiàn　一个 yígè　一带 yídài
一道 yídào　一面 yímiàn　一瞬 yíshùn　一再 yízài
一线 yíxiàn

2) 在阴平、阳平、上声前,即在非去声前,调值变为 51,跟去声的调值一样。变调调值描写为 ˥˥˩ 55-51。

例如:

（阴平前）

一般 yìbān　一边 yìbiān　一端 yìduān　一发 yìfā

一经 yìjīng　一瞥 yìpiē　一身 yìshēn　一生 yìshēng

一天 yìtiān　一些 yìxiē　一心 yìxīn　一朝 yìzhāo

一杯 yìbēi　一家 yìjiā　一批 yìpī　一张 yìzhāng

一枝 yìzhī

（阳平前）

一连 yìlián　一齐 yìqí　一如 yìrú　一时 yìshí

一同 yìtóng　一头 yìtóu　一行 yìxíng　一直 yìzhí

一群 yìqún　一条 yìtiáo

（上声前）

一举 yìjǔ　一口 yìkǒu　一览 yìlǎn　一起 yìqǐ

一手 yìshǒu　一体 yìtǐ　一统 yìtǒng　一早 yìzǎo

一准 yìzhǔn　一总 yìzǒng　一所 yìsuǒ　一朵 yìduǒ

当“一”作为序数表示“第一”时不变调。例如:“一楼”的“一”不变调,表示“第一楼”或“第一层楼”，而变调表示“全楼”。“一连”的“一”不变调表示“第一连”,而变调则表示“全连”。副词“一连”中的“一”也变调,如“一连五天”。

“不”字只有一种变调。当“不”在去声音节前调值变为 35,跟阳平的调值一样。变调调值描写为˥˩˧˥ 51-35。例如:

（去声前）

不必 búbì　不变 búbiàn　不便 búbiàn　不测 búcè

不错 búcuò　不待 búdài　不但 búdàn　不定 búdìng

不断 búduàn　不对 búduì　不够 búgòu　不顾 búgù

不过 búguò　不讳 búhuì　不会 búhuì　不济 bújì
不快 búkuài　不愧 búkuì　不利 búlì　不力 búlì
不料 búliào　不论 búlùn　不妙 búmiào　不善 búshàn
不是 búshì　不适 búshì　不外 búwài　不幸 búxìng
不逊 búxùn　不厌 búyàn　不要 búyào　不用 búyòng
不在 búzài　不振 búzhèn　不致 búzhì　不去 búqù
不信 búxìn　不像 búxiàng

（注意：以上“ 一 ”“ 不 ”均注变调）

当“一”嵌在重叠式的动词之间，“不”夹在动词或形容词之间，夹在动词补语之间轻读，属于“次轻音”。例如：听一听、学一学、写一写、看一看、穿不穿、谈不谈、买不买、去不去、会不会、缺不缺、红不红、好不好、大不大、看不清、起不来、拿不动、打不开。由于“次轻音”的声调仍依稀可辨，当“一”和“不”夹在两个音节中间时，不是依前一个音节变为轻声的调值，而是当音量稍有加强，就依后一个音节产生变调，变调规律如前。

3. 其他变调

当两个去声相连，前面的去声音节不读重音的时候，调值没有降到最低，调值变为高降调 53，变调调值描写为˥˩˥˧ 51-53，称作“半去”。从音高看，后面的去声音节受前面去声调值末尾的影响，比前面的去声音节起点略低。例如：

去声－去声

饭店 fàndiàn　贵重 guìzhòng　介绍 jièshào　借鉴 jièjiàn
密切 mìqiè　戏剧 xìjù　裂缝 lièfèng　迫害 pòhài
木料 mùliào　电话 diànhuà　再见 zàijiàn　外地 wàidì

算术 suànshù	善意 shànyì	注意 zhùyì	汉字 hànzì
降落 jiàngluò	自治 zìzhì	大会 dàhuì	办事 bànshì
互助 hùzhù	预告 yùgào	见面 jiànmiàn	示范 shìfàn
路费 lùfèi	照相 zhàoxiàng	竞赛 jìngsài	致谢 zhìxiè

(北京语音在两个去声相连时,前面一个去声音节的调值也有变为高升调╲|╱ 51-35 的情况，我们把这种变调作为方言看待。)

另外,实验语音学认为,声调的变化有时同声母的清浊有关。譬如后字是浊音声母或零声母音节的时候,两个音节衔接处由于声带颤动没有间断,对音高模式产生影响。当前字是阴平、阳平时,调值结尾高,后面的阳平、上声音节开头的调值受到影响,起头较高。而当前字是上声(变为"半上")、去声时,调值结尾低,后面的阴平、阳平音节开头的调值受到影响,起头也较低。这对普通话声调训练方法很有启发。例如:工人、腰围、轮流、怀疑、真理、中午、牛奶、谜语、马鞍、雨衣、鸟笼、古文、治安、兽医、麦苗、皱纹。

五、三字组的变调

普通话里三字组可以有 64 种声调组合方式。(除三个上声相连外)受轻重音格式的影响,末尾音节一般都保持原有的调形。开头音节一般按两字组的变调规律变调。当中音节受前后音节的影响而发生变调。

1. 当中音节为阳平声的变调

当开头音节是阴平、阳平时,无论末尾音节是什么声调,当中音节的阳平调值变为 55,变调调值描写为˧˥|˥ 35-55。(以下词语

均注原调）例如：

牵牛花 qiānniúhuā　　清华园 Qīnghuáyuán
西洋景 xīyángjǐng　　同情心 tóngqíngxīn
财神爷 cáishényé　　珊瑚岛 shānhúdǎo
白杨树 báiyángshù

这种变调在会话中自然地出现，但一般人不察觉，有意放慢读则不变调。语音教学中不必要求掌握。

2. 当中音节为去声的变调

不论开头、末尾音节是什么声调，当中音节的去声调值变为高降调 53，变调调值描写为˥˩˥˧ 51-53。

炊事员 chuīshìyuán　　文化宫 wénhuàgōng
火焰山 huǒyànshān　　大自然 dàzìrán
前半天 qiánbàntiān　　招待所 zhāodàisuǒ

3. 当中音节为上声的变调(三个上声相连除外)

无论开头音节是什么声调，当中上声音节依末尾音节变调，与两字组上声变调规律相同。例如：

参考书 cānkǎoshū　　龙井茶 lóngjǐngchá
老百姓 lǎobǎixìng　　数理化 shùlǐhuà
水果糖 shuǐguǒtáng　　农产品 nóngchǎnpǐn
大扫除 dàsǎochú

4. 三个上声相连的变调

三个上声音节相连，如果后面没有紧跟着其他音节，也不带什么语气，末尾音节一般不变调。开头、当中的上声音节有两种变调：

1）当词语的结构是“双单格”时，开头、当中的上声音节调值变为 35，跟阳平的调值一样。例如：

手写体 shǒuxiětǐ　　展览馆 zhǎnlǎnguǎn
管理组 guǎnlǐzǔ　　选举法 xuǎnjǔfǎ
洗脸水 xǐliǎnshuǐ　　蒙古语 Měnggǔyǔ
水彩笔 shuǐcǎibǐ　　打靶场 dǎbǎchǎng
勇敢者 yǒnggǎnzhě　　敏感点 mǐngǎndiǎn
虎骨酒 hǔgǔjiǔ　　考古所 kǎogǔsuǒ

2）当词语的结构是“单双格”，开头音节处在被强调的逻辑重音时，读作“半上”，调值变为 211，当中音节则按两字组变调规律变为 35。例如：

冷处理 lěngchǔlǐ　　耍笔杆 shuǎbǐgǎn
小两口 xiǎoliǎngkǒu　　搞管理 gǎoguǎnlǐ
好导演 hǎodǎoyǎn　　海产品 hǎichǎnpǐn
纸老虎 zhǐlǎohǔ　　老保守 lǎobǎoshǒu
小拇指 xiǎomǔzhǐ

也有个别两可的情况，既可以看作是“单双格”，也可以看作是“双单格”。例如：小组长。

六、叠字形容词的变调

1. A A 式的变调

叠字形容词 A A 式第二个音节原字调是阳平、上声、去声(非阴平)时，声调可以变为高平调 55，跟阴平的调值一样。例如：

(为了教学方便,以下叠字形容词均注变调,但在注音读物中通常注原调,不注变调。)

红红 hónghōng 满满 mǎnmān 饱饱 bǎobāo 大大 dàdā

在口语中常带上“儿尾”,读作“儿化韵”,大多表示期望、祈令、要求,语气温和婉转。例如:

平平儿(的) píngpīngr(de) 长长儿(的)chángchāngr(de)

好好儿(地) hǎohāor(de) 慢慢儿(地) mànmānr(de)

稳稳儿(地) wěnwēnr(de) 满满儿(的) mǎnmānr(de)

快快儿(地) kuàikuāir(de)

注意:① 附加“儿尾”的变调口语色彩很浓,书面语形式一般不加“儿尾”。例如:“好好学习,天天向上”。

② 用 A A 式描写当时的情况,可以不变调。例如:大大(眼睛睁得～的),满满(～地斟了一杯酒)。

③ 当口语中 AA 式读“儿化韵 ”时,第二个音节均要变调。

2. A B B 式、A A B B 式的变调

当后面两个叠字音节的声调是阳平、上声、去声,即非阴平调时,调值变为高平调 55,跟阴平的调值一样。例如:

A B B 式:

绿油油 lǜyōuyōu 红彤彤 hóngtōngtōng

乱蓬蓬 luànpēngpēng 慢腾腾 màntēngtēng

热腾腾 rètēngtēng 湿淋淋 shīlīnlīn

湿漉漉(湿渌渌)shīlūlū 亮堂堂 liàngtāngtāng

※明晃晃 mínghuānghuāng 黑洞洞 hēidōngdōng

※火辣辣 huǒlālā ※热辣辣 rèlālā

(以上词语除标注※的词语外,在2012年《现代汉语词典》(第6版)中均在括号里注明变调)

A A B B 式:

慢慢腾腾 mànmantēngtēng　　马马虎虎 mǎmahūhū

明明白白 míngmingbāibāi　　清清楚楚 qīngqingchūchū

吞吞吐吐 tūntūntūtū　　稳稳当当 wěnwendāngdāng

注意:① ABB式、AABB式读得缓慢,也可以不变调。

② 一部分书面语的叠字形容词不能变调。例如:白皑皑、金闪闪、轰轰烈烈、堂堂正正、沸沸扬扬、呜呜咽咽、闪闪烁烁。

思考题:

1) 描述上声的调值,简单说明上声变调产生的条件。

2) 试比较“骑马·起码”“埋马·买马”“油井·有井”,体会两个上声相连,前面上声的变调。

语音训练(十)

1. 上声变调的发音练习

第106组

上声—非上声

※有些 yǒuxiē　产生 chǎnshēng　指挥 zhǐhuī　统一 tǒngyī

紧张 jǐnzhāng　打击 dǎjī　普通 pǔtōng　眼光 yǎnguāng

展开 zhǎnkāi　武装 wǔzhuāng　主观 zhǔguān　主张 zhǔzhāng

纺织 fǎngzhī　本身 běnshēn

※可能 kěnéng　以前 yǐqián　祖国 zǔguó　仿佛 fǎngfú
女人 nǚrén　委员 wěiyuán　有时 yǒushí　本来 běnlái
感情 gǎnqíng　小时 xiǎoshí　以来 yǐlái　感觉 gǎnjué
总结 zǒngjié　改革 gǎigé　举行 jǔxíng　保持 bǎochí
演员 yǎnyuán　海洋 hǎiyáng　语言 yǔyán　警察 jǐngchá
※主义 zhǔyì　准备 zhǔnbèi　伟大 wěidà　只要 zhǐyào
感到 gǎndào　只是 zhǐshì　整个 zhěnggè　马上 mǎshàng
总是 zǒngshì　理论 lǐlùn　表示 biǎoshì　使用 shǐyòng
土地 tǔdì　主任 zhǔrèn　改变 gǎibiàn　广大 guǎngdà
反映 fǎnyìng　美丽 měilì　讨论 tǎolùn　掌握 zhǎngwò
保证 bǎozhèng　武器 wǔqì　赶快 gǎnkuài　巩固 gǒnggù
眼泪 yǎnlèi　宇宙 yǔzhòu　广泛 guǎngfàn　考虑 kǎolǜ
※我们 wǒmen　你们 nǐmen　懂得 dǒngde　显得 xiǎnde
耳朵 ěrduo　尾巴 wěiba　老爷 lǎoye　脑子 nǎozi
老实 lǎoshi　奶奶 nǎinai　姐姐 jiějie　嫂子 sǎozi
椅子 yǐzi

上声—上声

所以 suǒyǐ　影响 yǐngxiǎng　所有 suǒyǒu　只好 zhǐhǎo
引起 yǐnqǐ　管理 guǎnlǐ　指导 zhǐdǎo　采取 cǎiqǔ
老板 lǎobǎn　赶紧 gǎnjǐn　往往 wǎngwǎng　尽管 jǐnguǎn
可以 kěyǐ　品种 pǐnzhǒng　本领 běnlǐng　选举 xuǎnjǔ
理解 lǐjiě　勇敢 yǒnggǎn　打倒 dǎdǎo　彼此 bǐcǐ
厂长 chǎngzhǎng　首长 shǒuzhǎng　手指 shǒuzhǐ
小组 xiǎozǔ　表演 biǎoyǎn　水果 shuǐguǒ　友好 yǒuhǎo

古老 gǔlǎo　雨水 yǔshuǐ　美好 měihǎo　勉强 miǎnqiǎng
保守 bǎoshǒu　广场 guǎngchǎng　女子 nǚzǐ　岛屿 dǎoyǔ
领导 lǐngdǎo　也许 yěxǔ　小姐 xiǎojiě

2. “一”“不”变调的发音练习

第 107 组

一板一眼 yìbǎn-yìyǎn　一唱一和 yíchàng-yíhè
一模一样 yìmú-yíyàng　一丝一毫 yìsī-yìháo
一字一板 yízì-yìbǎn　一朝一夕 yìzhāo-yìxī
一心一意 yìxīn-yíyì　一问一答 yíwèn-yìdá
一张一弛 yìzhāng-yìchí　一起一落 yìqǐ-yíluò
一上一下 yíshàng-yíxià　一前一后 yìqián-yíhòu
一左一右 yìzuǒ-yíyòu　一物降一物 yíwùxiángyíwù

一窍不通 yíqiàobùtōng　一丝不苟 yìsībùgǒu
一丝不挂 yìsībúguà　一尘不染 yìchénbùrǎn
一成不变 yìchéngbúbiàn　一蹶不振 yìjuébúzhèn
一毛不拔 yìmáobùbá　不可一世 bùkěyíshì
不赞一词 búzànyìcí

不管三七二十一 bùguǎnsānqī’èrshíyī
一不做，二不休 yībúzuò，èrbùxiū
不经一事，不长一智 bùjīngyíshì，bùzhǎngyízhì

不管不顾 bùguǎn-búgù　　不卑不亢 bùbēi-búkàng
不伦不类 bùlún-búlèi　　不三不四 bùsān-búsì
不干不净 bùgān-bújìng　　不折不扣 bùzhé-búkòu
不大不小 búdà-bùxiǎo　　不上不下 búshàng-búxià
不见不散 bújiàn-búsàn

第十三讲　声调（三）

七、轻声

1. 普通话词的轻重音格式

普通话的轻声现象与轻重音有密切关系。轻重音表现在词和语句里，词的轻重音是最基本的。根据普通话词的语音结构，我们把普通话轻重音细分为四个等级，即：重音、中音、次轻音、最轻音。

重音——即词的重读音节。普通话中双音节、三音节、四音节词处在末尾的音节大多数读作重音。重音音节一般情况下不产生变调。例如：拼音、冰激凌、展览馆 二氧化碳。

中音——既不强调重读也不特别轻读的一般的音节，又称为“次重音”。例如：汽车、出版、语法。

次轻音——比“中音”略轻，声调受到影响，调值不够稳定，但调形的基本特征仍然依稀可辨。声母和韵母没有明显变化。例如：老虎、诗人、战士、男子、看一看、去不去、西红柿、无线电、慌慌张张。

最轻音——特别轻读的音节。比正常重读音节的音长短得多，完全失去原调调值，重新构成自己特有的调值。韵母或声母往往发生明显变化。最轻音音节就是普通话的轻声音节，绝大多数出现在双音节词中，在双音节词中只出现在后一个音节。例如：桌子、衣裳、豆腐。

普通话词的多音节语音结构中“次轻音”“最轻音”不会出现在第一个音节。

普通话词的主要轻重音格式：

（一）单音节词绝大多数重读，只有极少数固定读作次轻音或最轻音。

用在名词、代词后面的表示方位的词（或语素）“上、下、里、边”等，读作次轻音。例如：太阳下、地下、桌子上、树上、屋子里、碗里、这面、那边。

用在动词后面表示趋向的词，读作次轻音。例如：进来、起来、出去、下去。

助词“的、地、得、着（zhe、zhao）、了、过”，读作最轻音。例如：你的、跳舞的、高兴地、跑得快、坐着（zhe）、找着（zhao）、睡了、学过。

语气词“啊、吧、吗、呢”，读作最轻音。例如：（语气词“啊”可以根据实际音变写作“呀”“哇”“哪”，参见第十四讲）你啊（呀）、好啊（哇）、干啊（哪）、行啊、是啊、开门儿啊、什么字啊、说吧、去吗、人呢。

上面列举的助词、语气词是最轻音，在普通话里固定读轻声。这些单音节词的轻声调值要依据前一个音节确定。这部分单音节词数量极少，但出现频率较高。

（二）双音节词的轻重音格式：

1）中・重——前一个音节读中音，后一个音节读重音。双音节词绝大多数是这个格式。例如:国家、伟大、雷锋、陆军、蝴蝶、出版、人人。

2) 重・次轻——前一个音节读重音，后一个音节读次轻音。后面轻读的音节,声母、韵母一般没有变化,原调调值仍依稀可辨。这类词语一般轻读,偶尔(间或)重读,读音不太稳定。我们可以称为“可轻读词语”。例如:工人、手艺、老鼠、娇气、女士、男子。

《现代汉语词典》在给这类词语注音时,一部分在轻读音节标注声调符号,但在音节前加圆点。例如:新鲜 xīn・xiān,客人 kè・rén,风水 fēng・shuǐ,匀称 yún・chèn。另一部分词语,则未作明确标注。例如:分析 fēnxī、老虎 lǎohǔ、制度 zhìdù。尽管词典用汉语拼音标注出轻读音节的声调符号,但实际读音可以允许后一个音节轻读(次轻音)。

3) 重・最轻音——前一个音节读重音,后一个音节读最轻音。这是轻声词的主要语音结构(详见下文)。例如:椅子、我们、石头、女儿、妈妈、衣服、耳朵。

粗略地描述也可将“重・次轻”和“重・最轻”合并为一种格式“重・轻”,但这样不利于认识轻声词的语音结构。

(三) 三音节词的轻重音格式:

1) 中・次轻・重——末尾的音节读重音,第一个音节读中音,中间的音节读次轻音,声调不太稳定,在慢速的读音中仍保持原调调形,而在一般的会话速度里,会产生某种变调。这是绝大多数三音节词的轻重音格式。例如:炊事员、西红柿、太平庄、打字机。

2) 中・重・最轻——中间的音节读重音,第一个音节读中音,末尾的音节读最轻音。这种格式在三音节词中占少数。其中有的相当于双音节“重·最轻”格式前加上一个限制修饰成分或词缀。有的相当于双音节“中·重”格式后加一个轻读的词缀。例如:胡萝卜、好家伙、老头子、小伙子、同学们、老乡们。

3) 重·最轻·最轻——第一个音节读重音,后面两个音节都读最轻音。其中有的相当于双音节“重·最轻”格式后加上一个轻读的词缀。这种格式的三音节词数量较少。例如:姑娘家、朋友们、娃娃们。

(四) 四音节词的轻重音格式

1) 中·次轻·中·重——末尾的音节读重音,第一个和第三个音节读中音,第二个音节读次轻音。这个格式在四音节词中占绝大多数,包括四字成语在内。例如:二氧化碳、清清楚楚、慌里慌张、嘻嘻哈哈、一马当先、心明眼亮。

2) 中·次轻·重·最轻——重音在第三音节,第一个音节读中音。有两个轻读音节,第二个音节读次轻音,末尾的音节读最轻音。这种格式在四音节词中占极少数。例如:如意算盘、外甥媳妇(儿)。

五个音节以上的,大多是词组(短语),可以划分为双音节、三音节、四音节,参照上面的格式读音。

2. 什么是轻声

轻声是一种特殊的变调现象。由于它长期处于口语轻读音节的地位,失去了原有声调的调值,又重新构成自身特有的音高形式,听感上显得轻短模糊。普通话的轻声都是从阴平、阳平、上声、去声四个声调变化而来,例如:哥哥、婆婆、姐姐、弟弟的第二个音节。说它“特殊”，是因为这种变调总是根据前一个音节声调的调值决定后一个轻声音节的调值，而不论后一个音节原调调值的具体形式。

轻声作为一种变调的语音现象，一定体现在词语和句子中，因此轻声音节的读音不能独立存在。固定读轻声的单音节助词、语气词也不例外，它们的实际轻声调值也要依靠前一个音节的声调来确定。绝大多数的轻声现象表现在一部分老资格的口语双音节词中，长期读作“重・最轻”的轻重音格式，使后一个音节的原调调值变化，构成轻声调值。

3. 轻声的语音特性

从声学上分析，轻声音节的能量较弱，是音高、音长、音色、音强综合变化的效应，但这些语音的要素在轻声音节的辨别中所起作用的大小是不同的。语音实验证明，轻声音节特性是由音高和音长这两个比较重要的因素构成的。从音高上看，轻声音节失去原有的声调调值，变为轻声音节特有的音高形式，构成轻声调值。从音长上看，轻声音节一般短于正常重读音节的长度，甚至大大缩短，可见音长短是构成轻声特性的另一重要因素。尽管轻声音节音长短，但它的调形仍然可以分辨，并在辨别轻声时起着不可忽视的作用。

普通话轻声音节的调值可以归纳为两种形式：

(1) 当前一个音节的声调是阴平、阳平、去声的时候，后一个轻声音节的调形是短促的低降调，调值为 ꜖˪ $\underline{31}$。(调形符号标在竖线的右边表示变调调值，调值下加短横线表示音长短，下同)例如：

(阴平·轻声)

他的 tāde　桌子 zhuōzi　说了 shuōle　哥哥 gēge

先生 xiānsheng　休息 xiūxi　苍蝇 cāngying　姑娘 gūniang

清楚 qīngchu　家伙 jiāhuo　庄稼 zhuāngjia

(阳平·轻声)

红的 hóngde　房子 fángzi　晴了 qíngle　婆婆 pópo

活泼 huópo　泥鳅 níqiu　粮食 liángshi　胡琴 húqin

萝卜 luóbo　行李 xíngli　头发 tóufa

(去声·轻声)

坏的 huàide　扇子 shànzi　睡了 shuìle　弟弟 dìdi

丈夫 zhàngfu　意思 yìsi　困难 kùnnan　骆驼 luòtuo

豆腐 dòufu　吓唬 xiàhu　漂亮 piàoliang

(2) 当前一个音节的声调是上声的时候,后一个轻声音节的调形是短促的半高平调,调值为 ˦ 44。(实际发音受前面上声的影响,往往开头略低于4度,形成一个微升调形,由于轻声音节音长短,这种细微之处不易察觉)例如:

(上声·轻声)

我的 wǒde　斧子 fǔzi　起了 qǐle　姐姐 jiějie

喇叭 lǎba　老实 lǎoshi　脊梁 jǐliang　马虎 mǎhu

耳朵 ěrduo　使唤 shǐhuan　嘱咐 zhǔfu　口袋 kǒudai

轻声音节的音色也或多或少发生变化。最明显的是韵母发生弱化。元音(指主要元音)舌位趋向中央。例如:哥哥 gēge [kɤkə]。历史较长的轻声词甚至固定读作轻声,韵母发生明显变化后,有的已难于还原。例如:助词"的" di > de,助词"了"

liao＞le，词缀“子”zi ＞ ze（注意：“子”读音可以还原为 zi，在语音训练中不提倡读 ze）。有的轻声音节的韵母在口语中有时仿佛消失了，例如：“豆腐”、“丈夫”、“工夫”中的“腐”“夫”fu ＞ f，“意思”的“思”si ＞ s，助词“的”、词缀“子”也会发生这种变化，di ＞ de ＞ d，zi ＞ ze ＞ z。轻声音节的韵母是前响复合元音的，容易变为单元音，例如：“妹妹”[mei ＞ me]、“奶奶”[nai ＞ nɛ]、“眉毛”的“毛”[mɑʊ ＞ mɔ]、“牲口”的“口”[k‘əʊ ＞ k‘ o]。

轻声音节的声母也可能发生变化。不送气的清塞音、清塞擦音声母变为浊塞音、浊塞擦音声母。例如：“爸爸”[pᴀ ＞ bᴀ]、“疙瘩”的“瘩”[tᴀ ＞ dᴀ]、“秧歌”的“歌”[kə ＞ gə]、“亲家”的“家”[tɕiᴀ ＞dʑiə]、“拿着”的“着”[tʂə＞ dʐə]、“椅子”的“子”[tsɿ ＞ dzɿ]。送气音变为不送气音。例如：“胡涂”的“涂”tu ＞ du，“馄饨”的“饨”tun ＞ dun，“活泼”的“泼”po ＞ bo。塞擦音变为擦音。例如：“钥匙”的“匙”chi ＞ shi，“衣裳”的“裳”chang ＞ shang。有时舌尖后清擦音声母的音节变为舌尖浊擦音（或浊通音）自成音节。例如：“就是”“要是”的“是”。[ʂʅ ＞ ʐ]。

轻声音节的音色变化是不稳定的。语音训练只要求学生掌握已经固定下来的轻声现象（字典、词典已收入的）。例如：助词“的”读 de，“了”读 le，词缀“子”读 zi，“钥匙”读 shi，“衣裳”读 shang。其他轻声语音变化不要求掌握。

实验语音学认为，音强在辨别轻重音方面起的作用很小。在普通话轻声音节中音强不起明显作用。轻声音节听感上轻短模糊，是心理感知作用。由于轻声音节音长短，读音时所需能量明显减少，但音强并不一定比正常重读音节小。

思考题:

1) 普通话词有哪些轻重音格式? 轻声出现在哪种轻重音格式中?

2) 从声学的语音四要素分析,轻声主要表现出哪些特性?

3) "轻音"与"轻声"有区别吗? 给词语注音标上声调符号的音节是否都不轻读,为什么?

语音训练(十一)

1. 轻声的发音训练

轻声的发音训练首先要体会轻声音节音长短的特点。为了发音练习的方便,连同轻声音节前面的音节,把这两个音节看成两拍,前面的音节读音延长,读作一拍半,后面的轻声音节读作半拍。同时注意轻声音节在阴平、阳平、去声后的音高形式是短促的低降调 $\underline{31}$,而在上声后是短促的半高平调 $\underline{44}$。例如:

第108组

(阴平·轻声)

黑的 hēide　喝的 hēde　丢了 diūle　梳子 shūzi
跟头 gēntou　多么 duōme　叔叔 shūshu　听过 tīngguo
追呀 zhuīya　他吗 tāma　巴掌 bāzhang

(阳平·轻声)

红的 hóngde　拿着 názhe　熟了 shóule　篮子 lánzi
石头 shítou　什么 shénme　爷爷 yéye　学过 xuéguo
人呢 rénne　行吗 xíngma　云彩 yúncai

(上声·轻声)

粉的 fěnde	打着 dǎzhe	好了 hǎole	本子 běnzi
里头 lǐtou	怎么 zěnme	姐姐 jiějie	想过 xiǎngguo
走哇 zǒuwa	管吗 guǎnma	打算 dǎsuan	

(去声·轻声)

绿的 lǜde	坐着 zuòzhe	错了 cuòle	凳子 dèngzi
木头 mùtou	这么 zhème	妹妹 mèimei	念过 niànguo
对呀 duìya	是啊 shì(r) a	豆腐 dòufu	

2. 常用轻声词的发音训练

(选自《现代汉语频率词典》使用度最高、频率最高的前 8000 个词)

第 109 组

我们 wǒmen	他们 tāmen	你们 nǐmen	人们 rénmen
咱们 zánmen	它们 tāmen	她们 tāmen	什么 shénme
怎么 zěnme	这么 zhème	为什么 wèishénme	
那么 nàme	为了 wèile	除了 chúle	极了 jíle
得了 déle	算了 suànle	罢了 bàle	对了 duìle
好了 hǎole	妈妈 māma	爸爸 bàba	爷爷 yéye
太太 tàitai	哥哥 gēge	叔叔 shūshu	弟弟 dìdi
老太太 lǎotàitai	奶奶 nǎinai	妹妹 mèimei	谢谢 xièxie
姐姐 jiějie	婶婶 shěnshen	星星 xīngxing	伯伯 bóbo
娃娃 wáwa	舅舅 jiùjiu	姑姑 gūgu	婆婆 pópo
猩猩 xīngxing	似的 shìde	有的 yǒude	接着 jiēzhe

觉着 juézhe	跟着 gēnzhe	石头 shítou	里头 lǐtou
骨头 gǔtou	前头 qiántou	馒头 mántou	木头 mùtou
舌头 shétou	指头 zhǐtou	拳头 quántou	上头 shàngtou
念头 niàntou	后头 hòutou	枕头 zhěntou	外头 wàitou
罐头 guàntou	丫头 yātou	跟头 gēntou	锄头 chútou

第 110 组

* 东西 dōngxi	* 地方 dìfang	先生 xiānsheng
事情 shìqing	认识 rènshi	部分 bùfen
朋友 péngyou	学生 xuésheng	知识 zhīshi
* 人家 rénjia	* 多少 duōshao	姑娘 gūniang
困难 kùnnan	明白 míngbai	衣服 yīfu
清楚 qīngchu	意思 yìsi	喜欢 xǐhuan
队伍 duìwu	师傅 shīfu	消息 xiāoxi
大夫 dàifu	老爷 lǎoye	休息 xiūxi
意识 yìshi	头发 tóufa	粮食 liángshi
少爷 shàoye	工夫 gōngfu	耳朵 ěrduo
尾巴 wěiba	棉花 miánhua	骆驼 luòtuo
商量 shāngliang	家伙 jiāhuo	老实 lǎoshi
脑袋 nǎodai	舒服 shūfu	窗户 chuānghu
招呼 zhāohu	牲口 shēngkou	漂亮 piàoliang
嘴巴 zuǐba	麻烦 máfan	丈夫 zhàngfu
结实 jiēshi	收拾 shōushi	便宜 piányi
糊涂 hútu	衣裳 yīshang	* 买卖 mǎimai
活泼 huópo	葡萄 pútao	* 大爷 dàye

打听 dǎting	老婆 lǎopo	胳膊 gēbo
模糊 móhu	包袱 bāofu	心思 xīnsi
打量 dǎliang	咳嗽 késou	苍蝇 cāngying
吆喝 yāohe	闺女 guīnü	高粱 gāoliang
合同 hétong	灯笼 dēnglong	耽误 dānwu
眉毛 méimao	秀才 xiùcai	功夫 gōngfu
笑话 xiàohua	豆腐 dòufu	哆嗦 duōsuo
规矩 guīju	* 本事 běnshi	出息 chūxi
葫芦 húlu	委屈 wěiqu	相声 xiàngsheng
喇叭 lǎba	萝卜 luóbo	含糊 hánhu
弟兄 dìxiong	参谋 cānmou	嘱咐 zhǔfu
帐篷 zhàngpeng	称呼 chēnghu	约莫 yuēmo
下巴 xiàba	在乎 zàihu	* 大方 dàfang
衙门 yámen	迷糊 míhu	和尚 héshang
佩服 pèifu	马虎 mǎhu	宽敞 kuānchang
神仙 shénxian	琢磨 zuómo	叫唤 jiàohuan
狐狸 húli	收成 shōucheng	使唤 shǐhuan
疙瘩 gēda	扎实 zhāshi	稳当 wěndang
铃铛 língdang	折腾 zhēteng	庄稼 zhuāngjia
篱笆 líba	机灵 jīling	指甲 zhǐjia
吓唬 xiàhu	岁数 suìshu	见识 jiànshi
嘀咕 dígu	窝棚 wōpeng	唾沫 tuòmo
刺猬 cìwei	钥匙 yàoshi	扫帚 sàozhou
动弹 dòngtan	养活 yǎnghuo	* 地道 dìdao

耷拉 dāla	运气 yùnqi	手巾 shǒujin
蘑菇 mógu	芝麻 zhīma	记性 jìxing
应酬 yìngchou	秧歌 yāngge	棺材 guāncai
街坊 jiēfang	点心 diǎnxin	踏实 tāshi
甘蔗 gānzhe	云彩 yúncai	停当 tíngdang
名堂 míngtang	架势 jiàshi	柴火 cháihuo
比方 bǐfang	抬举 táiju	

第 111 组

孩子 háizi	样子 yàngzi	房子 fángzi	儿子 érzi
日子 rìzi	身子 shēnzi	肚子 dùzi	肚子 dǔzi
院子 yuànzi	桌子 zhuōzi	一阵子 yízhènzi	小伙子 xiǎohuǒzi
鬼子 guǐzi	村子 cūnzi	帽子 màozi	鼻子 bízi
脑子 nǎozi	嫂子 sǎozi	叶子 yèzi	椅子 yǐzi
脖子 bózi	老头子 lǎotóuzi	影子 yǐngzi	绳子 shéngzi
虫子 chóngzi	胡子 húzi	种子 zhǒngzi	小子 xiǎozi
铺子 pùzi	个子 gèzi	嗓子 sǎngzi	橘子 júzi
小孩子 xiǎoháizi	亭子 tíngzi	凳子 dèngzi	担子 dànzi
法子 fǎzi(fá•zi)	拢子 lǒngzi	谷子 gǔzi	斧子 fǔzi
辫子 biànzi	麦子 màizi	盖子 gàizi	车子 chēzi
袜子 wàzi	蚊子 wénzi	果子 guǒzi	筷子 kuàizi
篮子 lánzi	步子 bùzi	车轮子 chēlúnzi	笼子 lóngzi
箱子 xiāngzi	疯子 fēngzi	本子 běnzi	席子 xízi
厂子 chǎngzi	炉子 lúzi	链子 liànzi	瓶子 píngzi
汉子 hànzi	盒子 hézi	院子 yuànzi	管子 guǎnzi

圈子 quānzi	条子 tiáozi	狮子 shīzi	骡子 luózi
牌子 páizi	鸭子 yāzi	沙子 shāzi	根子 gēnzi
胆子 dǎnzi	鞭子 biānzi	摊子 tānzi	旗子 qízi
辈子 bèizi	领子 lǐngzi	梯子 tīzi	钳子 qiánzi
窗子 chuāngzi	袖子 xiùzi	妹子 mèizi	带子 dàizi
金子 jīnzi	钉子 dīngzi	刀子 dāozi	椰子 yēzi
褂子 guàzi	豹子 bàozi	班子 bānzi	* 老子 lǎozi
帘子 liánzi	扣子 kòuzi	性子 xìngzi	刷子 shuāzi
裤子 kùzi	稿子 gǎozi	头子 tóuzi	轮子 lúnzi
钩子 gōuzi	兔子 tùzi	台子 táizi	锭子 dìngzi
爪子 zhuǎzi	毯子 tǎnzi	笛子 dízi	路子 lùzi
柜子 guìzi	裙子 qúnzi	珠子 zhūzi	靴子 xuēzi
老婆子 lǎopózi	鸽子 gēzi	膀子 bǎngzi	银子 yínzi
乱子 luànzi	耗子 hàozi	崽子 zǎizi	曲子 qǔzi
片子 piānzi	片子 piànzi	饺子 jiǎozi	豆子 dòuzi
池子 chízi	梆子 bāngzi	苇子 wěizi	桃子 táozi
扇子 shànzi	句子 jùzi	点子 diǎnzi	

注：加 * 的轻声词，普通话中读作轻声或不轻声有意义上的差别。

第十四讲　音变

一、儿化

1. 什么是儿化

普通话以北方话为基础方言。儿化现象则是北方话的特点之一，它主要由词尾“儿”变化而来。据考证，从唐代开始汉语产生了一个重要的词尾“儿”。如唐代金昌绪诗“打起黄莺儿，莫教枝上啼。”但当时还是个独立的音节，也不读作 er。直到明清时代，词尾“儿”才读成 er。

词尾“儿”本是一个独立的音节，由于口语中处于轻读的地位，长期与前面的音节流利地连读而产生音变，“儿”(er) 失去了独立性，“化”到前一个音节，只保持一个卷舌动作，使两个音节融合成为一个音节，前面的音节或多或少地发生变化。这种语音现象就是“儿化”。我们把这种带有卷舌色彩的韵母称作“儿化韵”。

普通话“儿化”的作用主要是：表示温和、喜爱的感情色彩。例如：花猫儿、女孩儿、好玩儿、慢慢儿。形容细小、轻微的状态和性质。例如：火柴棍儿、小鱼儿、门缝儿、一会儿、没事儿。确定名词词性。在兼作动词、名词或兼作形容词、名词的词，儿化后确定为名词词性。例如：盖儿、画儿、尖儿、准儿。区别词义。例如：头（脑袋），头儿（带头的、领导人）；白面（面粉），白面儿（白色粉末或指毒品海洛因）。

少数带词尾“儿”的词不读作儿化，或者在文艺作品中起某种修辞作用，“儿”独立为一个音节，读成“次轻音”。例如：女儿、月儿、云儿、蚕儿。在对仗整齐的诗歌或词语的节律中需要占一个音节的时候，“儿”不读儿化。例如：花儿朵朵向阳开。

2. 儿化韵音变规则

儿化音变的基本性质是使一个音节的主要元音带上卷舌色彩。（-r 是儿化韵的形容性符号，不把它作为一个音素看待。）儿化韵的音变条件取决于是否利于卷舌动作。

1）儿化音变是从后向前使韵腹（主要元音）、韵尾（尾音）发生变化，对声母、韵头（介音）-i-、-ü-没有影响。

2）丢掉韵尾 -i、-n、-ng。

3）在主要元音上（主要元音是 i、ü 时除外）加卷舌动作。这些主要元音大多数变为带有卷舌色彩的央元音 ɑr[ɐr] 和 er[ər]。

4）在主要元音 i、ü 后面加上 er[ər]。包括原形韵母 5 个：i、in、ing、ü、ün。另外，儿化时舌尖元音 -i[ɿ]和[ʅ]被丢掉而加上一个 er。

5）后鼻尾音韵母儿化时，除丢掉韵尾 -ng 外，往往使主要元音鼻化。

3. 儿化韵的实际读音分类

普通话 39 个韵母，除本身已是卷舌韵母的 er 外，理论上都可以儿化。但口语中韵母 ê 只出现在叹词中,未见儿化词;韵母 o 只出现在 bo、po、mo、fo 中,实际是 uo 拼写上的省略,可以不另列为一类。实际只有 36 个韵母可以儿化。儿化韵的实际发音可以分为三大类:

1) 主要元音读作 ar[ɐr]。如果丢掉韵尾,加上韵头成为 ar、iar、uar、üar 四种形式。(为了对比方便,把儿化前的韵母称作"原形韵母"。例词前为原形韵母,下同)

ar		iar		uar		üar	
a	刀把儿	ia	豆芽儿	ua	花儿		
ai	小孩儿			uai	一块儿		
an	笔杆儿	ian	一点儿	uan	玩儿	üan	圆圈儿
ang	帮忙儿	iang	唱腔儿	uang	蛋黄儿		

注意:ang、iang、uang 儿化后 -ng 丢掉,主要元音鼻化,舌位稍稍偏后。

2) 主要元音读作 er [ər],或者加上 er。如果丢掉韵尾,加上韵头成为 er、ier、uer、üer 四种韵母形式。

er		ier		uer		üer	
		ie	小街儿			üe	木橛儿
ei	椅子背儿			uei	麦穗儿		
en	窍门儿			uen	花纹儿		
eng	板凳儿						
		i	小鸡儿			ü	金鱼儿
		in	脚印儿			ün	红裙儿
		ing	电影儿				

-i（前） 棋子儿

铁丝儿

-i（后） 没事儿

树枝儿

注意：

（1）主要元音是 i、ü 的韵母儿化后是在原韵母后加上 er，读儿化韵时 i、ü 仍然是主要元音，不能当作韵头（介音），要读得长些，可以描写为 i:er、ü:er。注意体会“小鸡儿” ji:er 与“小街儿” jier 的读音差别。

（2）ie、üe 儿化后主要元音受前元音的影响变为稍稍偏前的卷舌央元音。

（3）eng、ing 儿化后带有鼻化音。

3）主要元音读作或带韵尾 ur。带韵尾 -u（-o）的韵母读作 -ur[-ʊr]或[-ɔr]。ao、iao、ou、iou 四个韵母儿化时，韵尾保留，而且从主要元音向韵尾 -u（-o）方向滑动的全过程中都带有卷舌动作。ao、iao 儿化时，一般只滑到[ɔ]。

ur	[ur]	u	白兔儿			
	[ʊr]	ong	小虫儿	[iʊr]	iong	小熊儿
-ur	[ɑɔr]	ao	草稿儿	[iɑɔr]	iao	小鸟儿
	[əʊr]	ou	小猴儿	[iəʊr]	iou	打球儿

除了这三大类外，没有概括进来的还有 2 个韵母。

uor　[uo̞r]　干活儿　山坡儿

er　[ɤr]　山歌儿

二、语气助词“啊”的音变

语气助词“啊”单独的读音是 ɑ [A],出现在句末或句中的停顿处,表示语气缓和,增加感情色彩。由于“啊”总是在其他音节之后读作轻声,因此,常跟前面音节末尾的音素连读产生音变。

1. 当前面音节末尾音素是 i、ü 时(包括单韵母 i、ü 或韵尾是-i 的情况),ɑ [A]“啊”读 yɑ[jA],汉字写作 “啊”和“呀”。

(由于“啊”处于轻读地位,在单元音 ü 后不能继续保持圆唇,而音变为 yɑ。)

例如:千万注意啊! Qiānwàn zhùyì yɑ!

这是谁啊? Zhè shì shuí yɑ ?

真可爱啊! Zhēn kě’ài yɑ!

好大的雨啊! Hǎo dà de yǔ yɑ!

当前面的音节末尾是元音 ɑ、o、e、ê 时,ɑ[A]“啊”也读 yɑ [jA],汉字写作“啊”或“呀”。(这类音变有时也可能在 ɑ[A]“啊”前面加上舌根浊通音[ɰ],听起来还像 ɑ[A])

例如:是他啊! Shì tā yɑ!

快,吃西瓜啊! Kuài, chī xīguā yɑ!

真多啊! Zhēn duō yɑ!

这是什么车啊! Zhè shì shénme chē yɑ!

大家一起学啊! Dàjiā yìqǐ xué yɑ!

2. 音变为 wɑ[wA],汉字写作“啊”或“哇”。当前面一个音节末尾的音素是 u 时(包括单韵母 u 或韵尾 -u(-o) 两种情况),

ɑ [A]“啊”读 wɑ[wA]，汉字写作“啊”或 ”哇”。

例如：身上这么多土啊！Shēnshàng zhème duō tǔ wɑ!

在哪儿住啊？Zài nǎr zhù wɑ?

大家跳啊！Dàjiā tiào wɑ!

这是金丝猴啊！Zhè shì jīnsīhóu wɑ!

3. 当前面一个音节韵母是舌尖后元音 -i[ʅ]、卷舌元音 er[ər]，或者是儿化韵时，ɑ[A]“啊”读 rɑ[ʐA]，汉字只能写作“啊”。

例如：这是一件大事啊！Zhè shì yí jiàn dàshì rɑ!

我的好女儿啊！Wǒde hǎo nǚ’ér rɑ!

快开门儿啊！Kuài kāiménr rɑ!

4. 当前面一个音节韵母是舌尖前元音 -i[ɿ]时，ɑ[A]“啊”读[zA]，汉字只能写作“啊”。([z]是个舌尖前浊擦音)

例如：孩子啊！Háizi [z]ɑ!

去过几次啊？Qù guò jǐcì [z]ɑ?

他五十四啊！Tā wǔshísì [z]ɑ!

5. 当前面一个音节的韵尾是 -n 时，ɑ[A]“啊”读 nɑ [nA]，汉字写作“啊”或“哪”。

例如：大家加油干啊！Dàjiā jiāyóu gàn nɑ!

怎么办啊？Zěnmebàn nɑ?

这么沉啊！Zhème chén nɑ!

6.当前面一个音节韵尾是-ng 时，ɑ[A]“啊”读 ngɑ[ŋA]，汉字只能写为“啊”。(ng 是两个字母表示一个舌面后的鼻音，与 g、k、h 同部位。)

例如:弟兄们,冲啊! Dìxiōngmen, chōng nga!

大家唱啊! Dàjiā chàng nga!

她弹的电子琴多好听啊! Tā tán de diànzǐqín duō hǎotīng nga!

思考题:

1) 儿化韵的音变为什么只对原形韵母的韵腹、韵尾产生影响?韵尾 -ng 是舌面后鼻音,似乎并不影响卷舌动作,为什么也在儿化韵的音变中丢掉了?

2) 体会"鱼儿"与"裙儿"、"些儿"与"心儿"、"歌儿"与"根儿"之间读作儿化韵时的不同。

3) 说明儿化的作用,并各举出 3 个儿化词。

4) 给下列句子中"啊"的音变注音:

天啊!

快走啊!

没有事儿啊!

你倒是去啊!

好大的锅啊!

谁啊? 他啊!

今天你值日啊!

语音训练(十二)

儿化韵和儿化词的发音练习

为了练习方便,下面列出每个原形韵母,用符号 > 表示由哪个原形韵母变为儿化韵。并用汉语拼音字母和国际音标逐一描写出儿化后这个韵母的实际发音。列出的儿化词，逐一按汉语拼音的拼写规则注音。

a > ar [ɐr]

那儿 nàr	哪儿 nǎr	把儿 bàr
碴儿 chár	刀把儿 dāobàr	话把儿 huàbàr
号码儿 hàomǎr	价码儿 jiàmǎr	在哪儿 zàinǎr
找茬儿 zhǎochár	打杂儿 dǎzár	板擦儿 bǎncār

ai > ar [ɐr]

带儿 dàir	盖儿 gàir	名牌儿 míngpáir
鞋带儿 xiédàir	窗台儿 chuāngtáir	壶盖儿 húgàir
小孩儿 xiǎoháir	女孩儿 nǚháir	男孩儿 nánháir
加塞儿 jiāsāir		

an > ar [ɐr]

坎儿 kǎnr	快板儿 kuàibǎnr	腰板儿 yāobǎnr
老伴儿 lǎobànr	蒜瓣儿 suànbànr	脸盘儿 liǎnpánr
脸蛋儿 liǎndànr	收摊儿 shōutānr	栅栏儿 zhàlanr
包干儿 bāogānr	白干儿(白酒)báigānr	笔杆儿 bǐgǎnr
光杆儿 guānggǎnr	门槛儿 ménkǎnr	

ang > ar [ɐr] 严式描写为[ɑ̃r]

帮忙儿 bāngmángr	药方儿 yàofāngr	赶趟儿 gǎntàngr
香肠儿 xiāngchángr	瓜瓤儿 guārángr	

ia > iar [iɐr]

掉价儿 diàojiàr	一下儿 yíxiàr	豆芽儿 dòuyár

纸匣儿 zhǐxiár

ian > iar [iɐr]

片儿 piànr　沿儿 yánr　燕儿 yànr

小辫儿 xiǎobiànr　照片儿 zhàopiānr　扇面儿 shànmiànr

差点儿 chàdiǎnr　一点儿 yìdiǎnr　雨点儿 yǔdiǎnr

有点儿 yǒudiǎnr　聊天儿 liáotiānr　拉链儿 lāliànr

冒尖儿 màojiānr　坎肩儿 kǎnjiānr　牛角尖儿 niújiǎojiānr

牙签儿 yáqiānr　露馅儿 lòuxiànr　心眼儿 xīnyǎnr

iang > iar [iɐr] 严式描写为[iɑ̃r]

鼻梁儿 bíliángr　娘儿(俩)niángr(liǎ)　透亮儿 tòuliàngr

花样儿 huāyàngr　看样儿 kànyàngr　像样儿 xiàngyàngr

好样儿(的)hǎoyàngr(de)

ua > uar [uɐr]

画儿 huàr　脑瓜儿 nǎoguār　大褂儿 dàguàr

麻花儿 máhuār　笑话儿 xiàohuar　牙刷儿 yáshuār

uai > uar [uɐr]

一块儿 yíkuàir

uan > uar [uɐr]

茶馆儿 cháguǎnr　饭馆儿 fànguǎnr　火罐儿 huǒguànr

猪倌儿 zhūguānr　落款儿 luòkuǎnr　打转儿 dǎzhuànr

拐弯儿 guǎiwānr　好玩儿 hǎowánr　撒欢儿 sāhuānr

大碗儿 dàwǎnr

uang > uar [uɐr] 严式描写为[uɑ̃r]

相框儿 xiàngkuàngr　蛋黄儿 dànhuángr　打晃儿 dǎhuàngr

天窗儿 tiānchuāngr

üan > üar [yɐr]

烟卷儿 yānjuǎnr　手绢儿 shǒujuànr　出圈儿 chūquānr

包圆儿 bāoyuánr　人缘儿 rényuánr　绕远儿 ràoyuǎnr

杂院儿 záyuànr

ei > er [ər]

刀背儿 dāobèir　椅子背儿 yǐzi bèir　摸黑儿 mōhēir

倍儿(棒)bèir(bàng)

en > er [ər]

老本儿 lǎoběnr　花盆儿 huāpénr　嗓门儿 sǎngménr

把门儿 bǎménr　调门儿 diàoménr　串门儿 chuànménr

哥们儿 gēmenr　纳闷儿 nàmènr　后跟儿 hòugēnr

高跟儿 gāogēnr　压根儿 yàgēnr　别针儿 biézhēnr

一阵儿 yízhènr　走神儿 zǒushénr　大婶儿 dàshěnr

杏仁儿 xìngrénr　刀刃儿 dāorènr

小人儿(书)xiǎorénr(shū)

eng > er [ər] 严式描写为[ə̃r]

钢镚儿 gāngbèngr　夹缝儿 jiāfèngr　板凳儿 bǎndèngr

脖颈儿 bógěngr　八成儿 bāchéngr　提成儿 tíchéngr

麻绳儿 máshéngr

ie > ier [iər]

锅贴儿 guōtiēr　半截儿 bànjiér　小街儿 xiǎojiēr

一些儿 yìxiēr　小鞋儿 xiǎoxiér

üe > üer [yər]

旦角儿 dànjuér　主角儿 zhǔjuér　木橛儿 mùjuér

uei > uer [uər]

会儿 huìr　跑腿儿 pǎotuǐr　一会儿 yíhuìr

这会儿 zhèhuìr　多会儿 duōhuìr　耳垂儿 ěrchuír

墨水儿 mòshuǐr　围嘴儿 wéizuǐr　烟嘴儿 yānzuǐr

走味儿 zǒuwèir　洋味儿 yángwèir

uen > uer [uər]

准儿 zhǔnr　打盹儿 dǎdǔnr　胖墩儿 pàngdūnr

屁股蹲儿 pìgu dūnr　砂轮儿 shālúnr

三轮儿 sānlúnr　冰棍儿 bīnggùnr　光棍儿 guānggùnr

没准儿 méizhǔnr　开春儿 kāichūnr

i > i:er [i:ər]

针鼻儿 zhēnbír　垫底儿 diàndǐr　肚脐儿 dùqír

玩意儿 wányìr　没好气儿 méi hǎo qìr

in > i:er [i:ər]

有劲儿 yǒujìnr　卖劲儿 màijìnr　一个劲儿 yíge jìnr

一股劲儿 yìgǔ jìnr　胡琴儿 húqinr　送信儿 sòngxìnr

脚印儿 jiǎoyìnr

ing > i:er [i:ər] 严式描写为[i: ə̃r]

零儿 língr　花瓶儿 huāpíngr　打鸣儿 dǎmíngr

图钉儿 túdīngr　门铃儿 ménlíngr　眼镜儿 yǎnjìngr

蛋清儿 dànqīngr　火星儿 huǒxīngr　人影儿 rényǐngr

ü > ü:er [yːər]

毛驴儿 máolǘr　　蛐蛐儿 qūqur　　小曲儿 xiǎoqǔr

金鱼儿 jīnyúr　　痰盂儿 tányúr

ün > ü:er [yːər]

合群儿 héqúnr　　花裙儿 huāqúnr

-i(前) > er [ər]

瓜子儿 guāzǐr　　铜子儿 tóngzǐr　　石头子儿 shítouzǐr

没词儿 méicír　　毛刺儿 máocìr　　挑刺儿 tiāocìr

-i(后) > er [ər]

侄儿 zhír　　墨汁儿 mòzhīr　　锯齿儿 jùchǐr

记事儿 jìshìr　　没事儿 méishìr　　年三十儿 niánsānshír

e > er [ɤr]

这儿 zhèr　　个儿 gèr　　嗝儿 gér

模特儿 mótèr　　逗乐儿 dòulèr　　唱歌儿 chànggēr

挨个儿 āigèr　　打嗝儿 dǎgér　　饭盒儿 fànhér

在这儿 zàizhèr　　下巴颏儿 xiàbakēr

u > ur [ur]

主儿 zhǔr　　碎步儿 suìbùr　　没谱儿 méipǔr

媳妇儿 xífur　　纹路儿 wénlùr　　手鼓儿 shǒugǔr

泪珠儿 lèizhūr　　有数儿 yǒushùr　　梨核儿 líhúr

煤核儿 méihúr　　身子骨儿 shēnzi gǔr　　指头肚儿 zhǐtou dùr

ong > or [ʊr] 严式描写为[ʊ̃r]

空儿 kòngr　　果冻儿 guǒdòngr　　门洞儿 méndòngr

胡同儿 hútòngr　　抽空儿 chōukòngr　　酒盅儿 jiǔzhōngr

小葱儿 xiǎocōngr 萤火虫儿 yínghuǒchóngr

iong > ior [iʊr] 严式描写为[iʊ̃r]

小熊儿 xiǎoxióngr

ao > aor [ɑɔr]

着儿(招儿) zhāor 红包儿 hóngbāor 灯泡儿 dēngpàor
半道儿 bàndàor 小道儿 xiǎodàor 走道儿 zǒudàor
手套儿 shǒutàor 跳高儿 tiàogāor 好好儿 hǎohāor
符号儿 fúhàor 口罩儿 kǒuzhàor 绝招儿 juézhāor
口哨儿 kǒushàor 早早儿 zǎozāor 蜜枣儿 mìzǎor
一股脑儿 yìgǔ nǎor

iao > iaor [iɑɔr]

鱼漂儿 yúpiāor 火苗儿 huǒmiáor 跑调儿 pǎodiàor
面条儿 miàntiáor 小鸟儿 xiǎoniǎor 豆角儿 dòujiǎor
开窍儿 kāiqiàor

ou > our [əʊr]

兜儿 dōur 猴儿 hóur 衣兜儿 yīdōur
年头儿 niántóur 老头儿 lǎotóur 两头儿 liǎngtóur
小偷儿 xiǎotōur 炕头儿 kàngtóur 个头儿 gètóur
头头儿 tóutour 两口儿 liǎngkǒur 门口儿 ménkǒur
纽扣儿 niǔkòur 线轴儿 xiànzhóur 小丑儿 xiǎochǒur
高手儿 gāoshǒur 加油儿 jiāyóur

iou > iour [iəʊr]

顶牛儿 dǐngniúr 蜗牛儿 wōniúr 一溜儿 yíliùr
抓阄儿 zhuājiūr 打球儿 dǎqiúr 棉球儿 miánqiúr

uo(o) > uor [uǫr]

朵儿 duǒr	座儿 zuòr	蝈蝈儿 guōguor
火锅儿 huǒguōr	做活儿 zuòhuór	大伙儿 dàhuǒr
饭桌儿 fànzhuōr	邮戳儿 yóuchuōr	小说儿 xiǎoshuōr
被窝儿 bèiwōr	酒窝儿 jiǔwōr	心窝儿 xīnwōr
大家伙儿 dàjiāhuǒr	末儿 mòr	土坡儿 tǔpōr
粉末儿 fěnmòr	耳膜儿 ěrmór	

第十五讲　语音规范化

语音规范化是现代汉语规范化的组成部分。此处现代汉语指现代汉民族共同语。规范化的现代汉民族共同语就是我们所说的“普通话”。这里所谓规范化就是使汉民族共同语更加明确、更加一致、更加统一的标准。不言而喻，语音规范化是指确立并推行普通话的语音标准。在推广普通话工作中，标准音的推广占首要的地位。

一、普通话语音与北京语音

普通话以北京语音为标准音，也就是以北京语音系统为标准音。由于北京在历史上长期是全国政治、经济、文化的中心，北京话成为北方方言的代表，北京话的语音系统成为普通话的语音标准，这是历史发展的必然结果，不是人们主观意愿所能任意取舍的。

北京话毕竟是一种汉语方言。普通话采取北京语音系统（音系）作为标准音，并不是不加分析、不加选择囫囵采用，语音规范化就是要排除北京话的特殊土语成分。虽然，我们很难在普通话语音和北京语音之间划一条绝对的界限，但我们还是能够区别普通话和北京话的特殊土语成分。

北京话的特殊土语成分可以表现在语音的许多方面。（参见《普通话与北京土音的界限》徐世荣）

在声母上，例如：一部分年轻女性把普通话舌面前音 j、q、x 读作舌尖前音 z、c、s。也有人把 z、c、s 读作齿间音[tθ][tθ‘][θ]。

在声调（变调）上，例如：

通红 tōng > tòng　　　　自个儿 gèr > gěr

跟前儿 qiánr > qiǎnr　　　没法儿 fǎr > fār

真个的 gè > gé

在音节上，例如：

biā　贴，如"～在墙上"。

dèn　拉，扯，如"把绳子～直"。也写作"扽"。

tēi　是"忒" tuī 的变读。

sēi　是"塞" sāi 的变读。

（以上几个例子是普通话音节没有收入的）

piǎn 自吹，炫耀，也写作"谝"。

bíng 是"甭" béng 的又读。

liān　是"连" lián 的变读。

（以上几个例子没有超出普通话音节，但一般没有这个声调的音节）

二、轻声词和儿化词的读音规范

我们分别在第十三讲、第十四讲学习了普通话轻声和儿化的读音，并在"语音训练"中编入"常用轻声词的发音训练"和"儿化韵和儿化词的发音训练”的内容。尽管如此,在实际教学中,还会发现一些词语在不同的工具书、教科书中标注轻声、儿化读音的处理上是不同的,人们无所适从。这是目前语音规范化需要尽快解决的问题,有关方面正在着手研制普通话轻声词、儿化词的读音规范。在尚未正式公布实施这些规范和标准之前,普通话语音教学可以参考《现代汉语词典》的注音。

三、普通话异读词的审音问题

异读词是指同一个词或语素有两种或几种读音。异读词是受方言的影响,主要是受北京话的影响产生的。北京语音内部的这种分歧有的是在语音发展过程中个别词或词素读音发生了变化,产生新旧两读。例如:“危险”的“危”、“期望的“期”旧读阳平,今读阴平。北京语音有的词存在文白两读(“文”指书面语,“白”指口语)。例如:“单薄”口语读 dānbáo,书面语读 dānbó(正确读音为 dānbó)。有的是由于口语变读产生的分歧。例如:“波浪”读作 bōlàng 或 pōlàng(正确读音为 bōlàng)。有的则是按汉字的“声旁”误读产生两读,久而久之,形成异读。例如:“酵母”读作 jiàomǔ 或 xiàomǔ(正确读音为 jiàomǔ)。少数是由于普通话吸收方言词,同时吸收了方言读音产生的。例如:吸收吴方言“揩油”这个词,读作 kāiyóu 或 kāyóu(正确读音为 kāiyóu)。

1956 年,普通话审音委员会成立,以审定异读词为主。普通话审音委员会于 1957 年至 1962 年分三次发表了《普通话异读词审音表初稿》,并于 1963 年辑录成《普通话异读词审音总表初稿》

(以下简称《初稿》)。随着语言的发展,作为语音规范化的标准,《初稿》中原审的一些词语的读音需要重新审定,也亟需定稿。在1982年6月重建了普通话审音委员会,对《初稿》进行了修订。1985年12月27日,国家语言文字工作委员会、国家教育委员会(现为教育部)、广播电视部(现为广播电影电视总局)正式公布了《普通话异读词审音表》。在三个部委联合发出的通知中决定:"自公布之日起,文教、出版、广播等部门及全国其他部门、行业所涉及的普通话异读词的读音、标音,均以本表为准。"

下面列出正式公布的《普通话异读词审音表》对《初稿》修订、增补的词条(按正式公布的读音为序,增补的词条前面加※),并加以简要说明,以便大家学习。

词条	注音	说明
※曝光	bào	用作"日晒"义时,如"一曝十寒"读作 pù。
※猹	chá	统读 chá。
橙子	chéng	取消 chén 音,统读 chéng。
闯荡	chuǎng	取消 chuàng 音,统读 chuǎng。
从容	cóng	取消 cōng 音,统读 cóng。
呆板	dāi	取消 ái 音,统读 dāi。
幅儿	fúr	取消 fǔ 音,统读 fú。
诸葛(姓)	gě	作姓氏都读 gě。
骨头	gǔ	取消 gú 音,除"骨碌""骨朵"读 gū 外,统读 gǔ。
汲	jí	字典、词典注音不一致,不取 jī,统读 jí。
脊梁	jǐ	取消 jí 音,统读 jǐ。

成绩	jì	取消 jī 音,统读 jì。
踪迹	jì	取消 jī 音,统读 jì。
※嗟叹	jiē	取消又音 juē,统读 jiē。
苤蓝	lan	lan 轻声作 lan,不作 la。
擂鼓	léi	除在“擂台”“打擂”中读 lèi 音外,都读 léi。
潦草	liáo	在“潦草”“潦倒”中读 liáo。
※拎	līn	字典、词典注音不一致,不取 līng,统读 līn。
※ 牤	māng	不取俗读 máng,统读 māng。
麦芒	máng	取消 wáng 音,统读 máng。
盟誓	méng	取消 míng 音,统读 méng。
眯眼	mí	用作“尘土入眼”义时读 mí,也写作“迷”;用作“微微合眼”义时读作 mī。
便秘	mì	除“秘鲁”读 bì 外,都读 mì。
嬷嬷	mómo	不取 mā 音,统读 mó。
澎湃	péng	取消 pēng 音,统读 péng。
※落魄	pò	字典、词典注音为“bó”,写作“泊”;注音为“tuò”,写作“拓”。
※蹼	pǔ	不取 pú,统读 pǔ。
槭树	qì	取消 qī 音,统读 qì。
荨麻	qián	文读 qián,口语读 xún。如在“荨麻疹”中读 xún。
缠绕	rào	取消 rǎo 音, 统读 rào。
※任(姓、地名)	rén	不取误读 rèn。

啥	shá	取消 shà 音，统读 shá。
红杉	shān	文读 shān，口语读 shā。
苫布	shàn	“草帘、草垫子”名物义仍读 shān，其余都读 shàn。
胜任	shèng	统读 shèng。（《初稿》注：“旧读 shēng。）
※螫	shì、zhē	文读 shì，口语读 zhē。
※往	wǎng	取消 wàng 音，统读 wǎng。
唯唯诺诺	wéi	取消 wěi 音，统读 wéi。
萎缩	wěi	取消 wēi 音，统读 wěi。（《初稿》注：“萎”单用念阴平，如“气萎，买卖萎”）
※霰	xiàn	统读 xiàn。
咆哮	xiào	取消 xiāo 音，统读 xiào。
血	xiě、xuè	文读 xuè，口语读 xiě。
乳臭	xiù	此处“臭”指气味，不是“香臭”的“臭”。
铜臭	xiù	参见“乳臭”条。
寻思	xún	取消 xín 音，统读 xún。
驯服	xùn	取消 xún 音，统读 xùn。
※沿	yán	取消 yàn 音，统读 yán。
※荫	yìn	统读 yìn。“树荫”“林荫”应写作“树阴”“林阴”。
锁钥	yuè	文读 yuè，口语读 yào。
穿凿	záo	取消 zuò、zuó 音，统读 záo。
侦察	zhēn	（原审作 zhēn，《初稿》误印为 zhèng ）
※装帧	zhēn	取消 zhèng 音，统读 zhēn。

指甲 zhǐ 取消 zhī、zhí 音,统读 zhǐ。

掷色子 zhì 取消 zhī 音,统读 zhì。

※筑 zhù 统读 zhù。

卓见 zhuó 取消 zhuō 音,统读 zhuó。

自作自受 zuò 除“作坊”读 zuō 外,其余都读 zuò。

2012 年版《现代汉语词典》,依照审音表改注了读音,其中一部分附加了某些说明,或作了某种变通处理。(已明确注明〈方〉〈书〉的不在此列)例如:

呆板	dāibǎn	(旧读 áibǎn)
从容	cóngróng	(旧读 cōngróng)
盟	méng	(旧读 míng)
荨麻疹	xúnmázhěn	(旧读 qiánmázhěn)
帧	zhēn	(旧读 zhèng)
萎	wěi	义项(2)注(口语中也读 wēi)
凿	záo	凿² 后注(旧读 zuò)
确凿	quèzáo	(旧读 quèzuò)
凿空	záokōng	(旧读 zuòkōng)
凿枘	záoruì	(旧读 zuòruì)
凿凿	záozáo	(旧读 zuòzuò)
指甲	zhǐjia	(口语中多读 zhī・jia)
指头	zhǐtou	(口语中多读 zhí・tou)
作弄	zuònòng	(口语中多读 zuōnòng)
作死	zuòsǐ	(口语中多读 zuōsǐ)
作揖	zuòyī	(口语中多读 zuōyī)

作践　　zuòjian　　（口语中多读 zuójian）

作料　　zuòliao　　（口语中多读 zuóliao）

语音规范的内容还包括：由于没有掌握多音多义字的读音、形声字声旁的错误类推以及形近字的错读等产生的一批容易错认误读的字音。不过，这批容易误读的字音，在一般教科书和教学参考书中已经作了详尽的说明，本书不再赘述。

思考题：

1）学习普通话语音应该注意哪些语音规范问题？

2）认真学习《普通话异读词审音表》，记忆自己尚未掌握的读音。

附录

一、汉 语 拼 音 方 案

一　字母表

字母：	Aa	Bb	Cc	Dd	Ee	Ff	Gg
名称：	ㄚ	ㄅㄝ	ㄘㄝ	ㄉㄝ	ㄜ	ㄝㄈ	ㄍㄝ
	Hh	Ii	Jj	Kk	Ll	Mm	Nn
	ㄏㄚ	ㄧ	ㄐㄧㄝ	ㄎㄝ	ㄝㄌ	ㄝㄇ	ㄋㄝ
	Oo	Pp	Qq	Rr	Ss	Tt	
	ㄛ	ㄆㄝ	ㄑㄧㄡ	ㄚㄦ	ㄝㄙ	ㄊㄝ	
	Uu	Vv	Ww	Xx	Yy	Zz	
	ㄨ	ㄪㄝ	ㄨㄚ	ㄒㄧ	ㄧㄚ	ㄗㄝ	

V 只用来拼写外来语、少数民族语言和方言。

字母的手写体依照拉丁字母的一般书写习惯。

二　声母表

b	p	m	f	d	t	n	l
ㄅ玻	ㄆ坡	ㄇ摸	ㄈ佛	ㄉ得	ㄊ特	ㄋ讷	ㄌ勒
g	k	h		j	q	x	
ㄍ哥	ㄎ科	ㄏ喝		ㄐ基	ㄑ欺	ㄒ希	
zh	ch	sh	r	z	c	s	
ㄓ知	ㄔ蚩	ㄕ诗	ㄖ日	ㄗ资	ㄘ雌	ㄙ思	

在给汉字注音的时候，为了使拼式简短，zh　ch　sh 可以省

作 ẑ ĉ ŝ。

三 韵母表

	i 丨 衣	u ㄨ 乌	ü ㄩ 迂
a ㄚ 啊	ia 丨ㄚ 呀	ua ㄨㄚ 蛙	
o ㄛ 喔		uo ㄨㄛ 窝	
e ㄜ 鹅	ie 丨ㄝ 耶		üe ㄩㄝ 约
ai ㄞ 哀		uai ㄨㄞ 歪	
ei ㄟ 欸		uei ㄨㄟ 威	
ao ㄠ 熬	iao 丨ㄠ 腰		
ou ㄡ 欧	iou 丨ㄡ 忧		
an ㄢ 安	ian 一ㄢ 烟	uan ㄨㄢ 弯	üan ㄩㄢ 冤
en ㄣ 恩	in 丨ㄣ 因	uen ㄨㄣ 温	ün ㄩㄣ 晕
ang ㄤ 昂	iang 丨ㄤ 央	uang ㄨㄤ 汪	
eng ㄥ亨的韵母	ing 丨ㄥ 英	ueng ㄨㄥ 翁	
ong (ㄨㄥ)轰的韵母	iong ㄩㄥ 雍		

(1) “知、蚩、诗、日、资、雌、思”七个音节的韵母用 i,即:知、蚩、诗、日、资、雌、思等字拼作 zhi,chi,shi ri,zi,ci,si。

(2) 韵母儿写成 er,用作韵尾的时候写成 r。例如:“儿童”拼作 ertong,“花儿”拼作 huar。

(3) 韵母ㄝ单用的时候写成 ê。

(4) i 行的韵母,前面没有声母的时候,写成 yi (衣),ya (呀),ye (耶),yao (腰),you (忧),yan(烟),yin(因),yang(央),ying(英),yong(雍)。

u 行的韵母,前面没有声母的时候,写成 wu(乌),wa(蛙),wo(窝),wai (歪),wei (威),wan (弯),wen (温),wang (汪),weng (翁)。

ü 行的韵母,前面没有声母的时候,写成 yu (迂),yue (约),yuan (冤),yun (晕);ü 上两点省略。

ü 行的韵母跟声母 j,q,x 拼的时候,写成 ju (居),qu (区),xu (虚),ü 上两点也省略;但是跟声母 n,l 拼的时候,仍然写成 nü (女),lü (吕)。

(5) iou,uei,uen 前面加声母的时候,写成 iu,ui,un。例如 niu (牛),gui (归),lun (论)。

(6) 在给汉字注音的时候,为了使拼式简短,ng 可以省作 ŋ。

四　声调符号

阴平	阳平	上声	去声
ˉ	ˊ	ˇ	ˋ

声调符号标在音节的主要母音上。轻声不标。例如:

妈 mā　麻 má　马 mǎ　骂 mà　吗 ma
（阴平）（阳平）（上声）（去声）（轻声）

五　隔音符号

a,o,e 开头的音节连接在其他音节后面的时候,如果音节的界限发生混淆,用隔音符号（'）隔开,例如:pi'ao（皮袄）。

二、汉语拼音字母名称读音

（1982年8月17日国家标准局、中国文字改革委员会
联合发出的国标〔1982〕339号文件）

汉语拼音字母	字母名称读音		
	汉语拼音	注音字母	国际音标
A	ɑ	ㄚ	[a]
B	bê	ㄅㄝ	[b̥ɛ]
C	cê	ㄘㄝ	[tsʻɛ]
D	dê	ㄉㄝ	[d̥ɛ]
E	e	ㄜ	[ə]
F	êf	ㄝㄈ	[ɛf]
G	gê	ㄍㄝ	[g̊ɛ]
H	hɑ	ㄏㄚ	[xa]
I	yi	ㄧ	[i]
J	jie	ㄐㄧㄝ	[tɕiɛ]
K	kê	ㄎㄝ	[kʻɛ]
L	êl	ㄝㄌ	[ɛl]
M	êm	ㄝㄇ	[ɛm]
N	nê	ㄋㄝ	[nɛ]
O	o	ㄛ	[o]
P	pê	ㄆㄝ	[pʻɛ]
Q	qiu	ㄑㄧㄡ	[tɕʻiu]
R	ɑr	ㄚㄦ	[ar]
S	ês	ㄝㄙ	[ɛs]
T	tê	ㄊㄝ	[tʻɛ]
U	wu	ㄨ	[u]
V	vê	ㄪㄝ	[vɛ]
W	wɑ	ㄨㄚ	[wa]
X	xi	ㄒㄧ	[ɕi]
Y	yɑ	ㄧㄚ	[ja]
Z	zê	ㄗㄝ	[tsɛ]

注：[b̥ɛ][d̥ɛ][g̊ɛ]中的“˳”是清音化符号。

[tsʻɛ][kʻɛ][pʻɛ][tɕʻiu][tʻɛ]中的“ʻ”是送气符号，表示“ʻ”前的音是送气音。

三、国际音标 （修订至 2015 年）

The International Phonetic Alphabet（Revised to 2015）

辅音（肺部） Consonants（Pulmonic）

	双唇音 Bilabial	齿唇音 Labiodental	齿间音 Dental	齿龈音 Alveolar	齿龈后音 Postalveolar	卷舌音 Retroflex	硬腭音 Palatal	软腭音 Velar	小舌音 Uvular	喉壁音 Pharyngeal	声门音 Glottal
塞音（爆发音） Plosive	p b			t d		ʈ ɖ	c ɟ	k g	q ɢ		ʔ
鼻音 Nasal	m	ɱ		n		ɳ	ɲ	ŋ	ɴ		
颤音 Trill	ʙ			r					ʀ		
闪音或弹音 Tap or Flap		*ⱱ		ɾ		ɽ					
擦音 Fricative	ɸ β	f v	θ ð	s z	ʃ ʒ	ʂ ʐ	ç ʝ	x ɣ	χ ʁ	ħ ʕ	h ɦ
边擦音 Lateral fricative				ɬ ɮ							
近音（无擦通音） Approximant		ʋ		ɹ		ɻ	j	ɰ			
边近音（边通音） Lateral approximant				l		ɭ	ʎ	ʟ			

在同一格子里的符号，右边为浊辅音，左边为清辅音。阴影区域表示不可能产生的音。
Symbols to the right in a cell are voiced, to the left are voiceless. Shaded areas denote articulations judged impossible.

辅音(非肺部) Consonants(Non-Pulmonic)

搭嘴音 Click		浊内爆音 Voiced implosive		挤喉音 Ejectives	
ʘ	双唇 Bilabial	ɓ	双唇 Bilabial	’	例如: Examples:
ǀ	齿 Dental	ɗ	齿/齿龈 Dental / alveolar	p’	双唇 Bilabial
ǃ	(post) alveola 龈(后)	ʄ	Palatal 硬腭	t’	Dental/alveolar 齿/龈
ǂ	腭龈 Palatoalveolar	ɠ	软腭 Velar	k’	软腭 Velar
ǁ	齿龈边 Alveolar lateral	ʛ	小舌 Uvular	s’	齿龈擦 Alveolar fricative

元音 Vowels

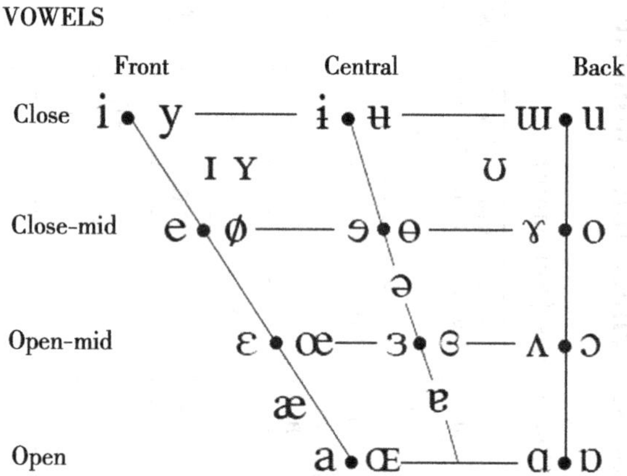

Where symbols appear in pairs, the one to the right represents a rounded vowel.

	前 Front		央 Central		后 Back
闭(高) Close	i y		ɨ ʉ		ɯ u
次闭(近高) Near-close		ɪ ʏ		ʊ	
半闭(半高) Close-mid	e ø		ɘ ɵ		ɤ o
中 Mid			ə		
半开(半低) Open-mid	ɛ œ		ɜ ɞ		ʌ ɔ
次开(近低) Near-open	æ		ɐ		
开(低) Open	a ɶ				ɑ ɒ

成对出现的音标,右边的为圆唇元音。
Where symbols appear in pairs, the one to the right represents a rounded vowel.

其他符号 Other Symbols

ʍ 唇软腭清擦音 Voiceless labial-velar fricative	ɕ ʑ 龈腭擦音 Alveolo-palatal fricatives
w 唇软腭浊近音(通音) Voiced labial-velar approximant	ɺ 龈边闪音 Alveolar lateral flap
ɥ 唇硬腭浊近音(通音) Voiced labial-palatal approximant	ɧ 同时发 ʃ 和 x Simultaneous ʃ and x
ʜ 会厌清擦音 Voiceless epiglottal fricative	必要时可在塞擦音及双重音加连音符,把两个符号连接起来。 Affricates and double articulations can be represented by two symbols joined by a tie bar if necessary. k͡p t͜s
ʢ 会厌浊擦音 Voiced epiglottal fricative	
ʡ 会厌塞音(爆发音) Epiglottal plosive	

超音段 Suprasegmentals

ˈ	主重音 Primary Stress	ˌfoʊnəˈtɪʃən
ˌ	次重音 Secondary Stress	
ː	长音 Long	eː
ˑ	半长音 Half-long	eˑ
˘	特短 Extra-short	ĕ
|	小句(音步)组 Minor (foot) group	
‖	主句(语调)组 Major (intonation) group	
.	音节间断 Syllable break	ɹi.ækt
‿	连接(不间断) Linking (absence of break)	

声调及词重音 Tones & Word Accents

平调 Level			起伏调 Contour		
e̋ 或 or	˥	高 Extra high	ě 或 or	˩˥	升调 Rising
é 或 or	˦	半高 High	ê 或 or	˥˩	降调 Falling
ē	˧	中 Mid	e᷄	˦˥	高升调 High rising
è	˨	半低 Low	e᷅	˩˨	低升调 Low rising
ȅ	˩	低 Extra low	e᷈	˧˦˧	升降调 Rising-falling
↓	降阶 Downstep		↗	(语调)整体上升 Global rise	
↑	升阶 Upstep		↘	(语调)整体下降 Global fall	

附加符号 Diacritics

̥	清化 Voiceless	n̥ d̥	̤	气声音 Breathy voiced	b̤ a̤	̪	齿化 Dental	t̪ d̪
̬	浊化 Voiced	s̬ t̬	̰	吱嘎音 Creaky voiced	b̰ a̰	̺	舌尖化 Apical	t̺ d̺
^{h}	送气 Aspirated	t^h d^h	̼	舌唇化 Linguolabial	t̼ d̼	̻	舌叶化 Laminal	t̻ d̻
̹	更圆 More rounded	ɔ̹	^{w}	唇化 Labialized	t^w d^w	̃	鼻化 Nasalized	ẽ
̜	略展 Less rounded	ɔ̜	^{j}	腭化/硬腭化 Palatalized	t^j d^j	^{n}	鼻除阻 Nasal release	d^n
̟	偏前 Advanced	u̟	^{ɣ}	软腭化 Velarized	$t^ɣ$ $d^ɣ$	^{l}	边除阻 Lateral release	d^l
̠	偏后 Retracted	e̠	^{ʕ}	喉壁化 Pharyngealized	$t^ʕ$ $d^ʕ$	̚	无闻除阻 No audible release	d̚
̈	央化 Centralized	ë	̴	软腭化或咽化 Velarized or Pharyngealized	ɫ			
̽	中央化 Mid-centralized	e̽	̝	偏高 Raised	e̝		(ɹ̝ =齿龈浊擦音 =voiced alveolar fricative)	
̩	成音节/音节性 Syllabic	n̩	̞	偏低 Lowered	e̞		(β̞ =双唇浊近音(通音) =voiced bilabial approximant)	
̯	不成音节/非音节性 Non-syllabic	e̯	̘	舌根前移 Advanced Tongue Root	e̘			
˞	卷舌化 Rhoticity	ɚ a˞	̙	舌根后移 Retracted Tongue Root	e̙			

一些带下伸部分的音标，附加符号可以加在音标的上方。例如：ŋ̊
Some diacritics may be placed above a symbol with a descender, e.g. ŋ̊

四、中国通用音标符号集

中华人民共和国教育部
国家语言文字工作委员会　语言文字规范

GF3007-2006

2006-02-27 发布　　2006-08-01 实施

前　言

本规范由教育部语言文字信息管理司提出立项。

本规范由国家语言文字工作委员会语言文字规范(标准)审定委员会审定。

本规范由教育部、国家语言文字工作委员会发布、实施。

本规范起草单位:中国社会科学院语言研究所。协作单位:中国社会科学院民族学与人类学研究所,北京北大方正集团有限公司。

本规范起草人员:张振兴、熊正辉、孙宏开、李蓝、尹江红、沈明。

1　范围

本规范规定了中国通用音标符号分类、排序、命名的原则以及具体的分类、排序和名称,给出了中国通用音标符号集的常用集和次常用集。

本规范给出的各类音标符号适用于语言研究、语言调查、语言教学及相关的科学研究、出版印刷、信息处理等方面。

2　规范性引用文件

下列文件中的条款通过本规范的引用而成为本规范的条款。凡是注日期的引用文件,其随后所有的修改单(不包括勘误的内容)或修订版均不适用于本规范,然而,鼓励根据本规范达成协议的各方研究是否可使用这些文件的最新版本。凡是不注日期的引用文件,其最新版本适用于本规范。

1) 汉语拼音方案　(1958 年 2 月 11 日第一届全国人民代表

大会第五次会议批准）

2）GB 13000.1—1993　信息技术　通用多八位编码字符集

3）GB/T 20000.2—2001　标准化工作指南　第2部分：采用国际标准的规则（ISO/IEC Guide 21，Adoption of International Standards as regional or national standards，MOD）

4）ISO/IEC 10646.1—1993　信息技术　通用多八位编码字符集

3　术语

3.1 国际音标（The International Phonetic Alphabet）

国际语音学会制订的、可以用来标记各种语言的符号。国际音标符号主要选用拉丁字母，为了能准确标音，也使用特制符号。

3.2 国际语音学会（International Phonetic Association）

国际语音学会（IPA）是世界知名的语言研究机构之一，成立于1886年。该学会制订和发布国际音标，主办语音研究的专业刊物《国际语音学会学报》，在世界语言学界有重要影响。

3.3 元音（Vowel）

也称“母音”。与辅音相对的两大语音分类范畴之一。元音发音时声带振动，发音通道没有出现阻塞或明显的摩擦。

3.3.1 圆唇元音（Rounded Vowel）

嘴唇拢圆时所发的元音。如[y]、[ɔ]等。

3.3.2 非圆唇元音（Unrounded Vowel）

嘴唇展开呈扁平状时发的元音。如[ɤ]、[æ]等。

3.3.3 前元音（Front Vowel）

舌位较前时发的元音。如[i]、[a]等。

3.3.4 后元音(Back Vowel)

舌位较后时发的元音。如[ɤ]、[ɑ]等。

3.3.5 央元音(Central Vowel)

舌位不偏前不靠后、舌头自然置于口腔中央时发的元音。如[ɨ]、[ɵ]。

3.3.6 高元音(Closed Vowel)

又称“闭元音”或“关元音”。发音时开口度最小的元音。如[y]、[u]等。

3.3.7 近高元音(Near-closed Vowel)

开口度稍低于高元音的元音。如[ɪ]、[ʊ]等。

3.3.8 低元音(Open Vowel)

又称“开元音”。发音时开口度最大的元音。如[a]、[ɒ]等。

3.3.9 近低元音(Near-open Vowel)

开口度稍高于低元音的元音。如[æ]、[ɐ]等。

3.3.10 中元音(Mid Vowel)

开口度介于高元音和低元音之间的元音。如[ə]。

3.3.11 半高元音(Sub-closed Vowel)

又称“半闭元音”或“半关元音”。开口度介于高元音和中元音之间的元音。如[e]、[ɤ]等。

3.3.12 半低元音(Sub-open Vowel)

又称“半开元音”。开口度介于中元音和低元音之间的元音。如[ɛ]*、[ʌ]等。

---

* 原稿误作[æ]。

3.3.13 舌尖元音(Apical Vowel)

舌尖前部与硬颚形成非常狭窄的发音通道时发出的元音。如[ɿ]、[ʮ]等。

3.3.14 紧音(Tense Voice)

又称“紧元音”、“紧嗓音”。指一种通过控制喉头和咽部的紧张度发出的音。紧音一般认为属元音,也有研究证明紧音属整个音节。紧音现在没有专用的符号,惯例是在听感近似的元音下加短横线来表示,如[i̠]、[o̠]等。

3.4 辅音(Consonant)

也称“子音”,与元音相对的两大语音分类范畴之一。辅音发音时发音通道发生了阻塞或明显的摩擦。

3.4.1 清辅音(Voiceless Consonant)

发音时声带没有振动的辅音。如[p]、[t]等。

3.4.2 浊辅音(Voiced Consonant)

发音时声带发生振动的辅音。如[b]、[d]等。

3.4.3 塞音(Plosive Consonant)

又称“爆破音”、“破裂音”。发音器官先完全闭塞(成阻),形成压力(持阻)后再突然放开(除阻)形成的辅音。如[p]、[d]等。

3.4.4 擦音(Fricative Consonant)

又称“摩擦音”。气流通过时形成明显摩擦噪音的辅音。如[f]、[z]等。

3.4.5 塞擦音(Affricate Consonant)

发音器官先闭塞(成阻),除阻时形成摩擦的辅音。如[ʦ]、[ʥ]等。

3.4.6 送气(Aspirated Consonant)

辅音除阻时有较强的气流。如[tʻ]、[ʦʰ]等。

3.4.7 不送气(Unaspirated Consonant)

辅音除阻时没有明显的气流。如[t]、[ʦ]等。

3.4.8 清化(Devoiced)

发清辅音时声带没有振动。清化符是一个上加或下加的小圆圈,如[n̥]、[ŋ̊]等。

3.4.9 浊化(Voiced)

发浊辅音时声带发生振动。浊化符是一个下加的小尖角,如[s̬]、[t̬]等。

3.4.10 吸气管(Click)

又称"搭嘴音"。指发音器官先完全闭塞(成阻),形成压力(持阻)后突然放开(除阻)向口腔内部吸气时形成的非肺部气流辅音。吸气音都是清辅音。如[ʘ]、[ǂ]等。

3.4.11 缩气音(Implosive)

又称"内破音""内爆音""吸气塞音"。指一种喉部下降,带动口腔气流向里流动时产生的非肺部气流塞音。缩气音一般是浊辅音。如[ɓ]、[ɗ]等。

3.4.12 紧喉音(Creak)

又称"喉化音""嘎吱声"或"嘎裂音"。由声带的一端极缓慢地振动产生的一种有明显噪声的辅音。紧喉音是在听感近似的辅音下加浪号来表示,如[s̰]、[t̰]等。

3.4.13 近音(Approximant)

又称"半元音""半辅音""无擦通音""通音"。多指位于音节边界，发音时带有轻微摩擦的浊辅音或元音。如[ʋ]是摩擦较小的[v]，[j]是带一些摩擦的[i]等。国际语音学界把[l ɭ ʎ]等边音也归入“近音”范畴。

3.5 声调(Tone)

在一些语言中，语音(或字音)的高低升降是区别意义的重要因素之一。这种有音位价值，以高、低、升、降为表现形式的语音就是声调。

3.5.1 调高(Pitch)

又称“音高”。指语音音调的高低，是构成声调和语调的决定性因素。音调的高低取决于基频的大小，一般以赫兹(Hz)为计量单位。

3.5.2 调型(Tone Pattern)

声调平、升、降、曲等的表现形式。以北京话为例，阴平是平调(高平)，阳平是升调(中高升)，上声是降升调(次低降＋次高升)，去声是降调(全降)。

3.5.3 调类(Tone Category)

声调的类别。在汉语中，中古汉语有平声、上声、去声、入声四个调类；北京话(不计轻声)有阴平、阳平、上声、去声四个调类。

3.5.4 调值(Tone Pitch)

声调高、低、升、降等的具体读音。以北京话的四个声调为例，阴平的调值是高平(˥ 55)，阳平的调值是中高升(˧˥ 35)，上声的调值是次低降＋次高升(˨˩˦ 214)，去声的调值是全降(˥˩ 51)。

3.5.5 变调(Tone Sandhi)

指有的字音的声调在语流中发生了变化，这种与原单字调不同的声调就叫变调。

3.5.6 轻声(Neutral Tone)

某些字音的声调在一定条件下读得比较轻而短,这种与单字调相比较轻较短的声调就叫轻声。

3.5.7 平调(Level Tone)

从开始到结束都比较平直,没有明显起伏的声调。如北京话的阴平调[˥ 55]。

3.5.8 升调(Rising Tone)

开头部分比较低,然后上扬的声调。如北京话的阳平调[˧˥ 35]。

3.5.9 降调(Falling Tone)

开头部分比较高,然后下降的声调。如北京话的去声调[˥˩ 51]。

3.5.10 降升调(Fall-rise Tone)

又称“曲调”、“凹调”。指先降后升的声调。如北京话的上声调[˨˩˦ 214]。

3.5.11 升降调(Rise-fall Tone)

又称“拱调”、“凸调”。指先升后降的声调。如福州话的阳去调[˨˦˨ 242]。

4 音标符号的分类原则

4.1 中国通用音标符号集以国际语音学会音标符号的分类原则为基础,并根据中国语言学界使用音标符号的惯例适当加以调整。

4.2 根据这个分类原则,中国通用音标符号集把音标符号分成辅音和元音符号、声调符号、附加符号三类。

5 音标符号的排序原则

5.1 辅音音标和元音音标的字符形体比较复杂,中国通用音标符号集以汉语拼音字母为归类目标，先建立音标符号与汉语拼音字母的对应关系，然后按汉语拼音字母表的顺序统一排序。在汉语拼音字母表中无法找到对应关系的音标符号则放在“Z”字母之后排序。

5.2.1* 声调符号的排列顺序是：中国传统的调类号，国际语音学会通用的声调符号，五度制字母式声调符号。

5.2.2 调类号的排列顺序是：阴平，阳平，阴上，阳上，阴去，阳去，阴入，阳入。

5.2.3 国际语音学会通用的声调符号的排列顺序是：上加符号，旁加符号。

5.2.4 五度制字母式声调符号的排列顺序是：平调，升调，降调，降升调，升降调，平升调，平降调，升平调，降平调，轻声。

5.3 附加符号根据国际语音学会最新公布（修订至 2005 年）的附加符号表排列顺序。中国语言学界使用的附加符号插入相应的位置。

6 音标符号的命名原则

6.1 参照国际语音学会的学术规范命名元音符号、辅音符号和各种附加符号，并根据中国语言学界的使用习惯进行调整。

6.2 根据五度制原理命名五度制字母式声调符号。

6.3 根据汉语语言学的学术传统命名调类符号。

7 中国通用音标符号集的说明

7.1 中国通用音标符号集是在全面收集、整理中国语言学界、文化教育界、印刷出版业界使用的各种音标符号的基础上制定的，

* 原文此处有误。5.2.1 应为 5.2，5.2.2 应为 5.2.1，5.2.3 应为 5.2.2，5.2.4 应为 5.2.3。

这个符号集同时还全面兼容国际语音学会制定的国际音标符号。

7.2 中国通用音标符号集分“常用集”和“次常用集”两个部分。常用集收列中国语言学界和文化教育界经常使用的音标符号。次常用集收列中国语言学界和文化教育界不常用的音标符号。其中包括中国及亚洲地区的语言中不用的音标符号;国际语音学会早期使用过,现在已停用的音标符号;以及使用频率比较低的音标符号。

7.3 中国通用音标符号集收列音标符号的总数为 627 个。其中,常用集计 410 个音标符号,次常用集计 217 个音标符号。常用集中,元音辅音符号为 115 个,编号是 001-115;声调及语调符号为 247 个,编号是 201-447;附加符号为 48 个,编号是 501-548。次常用集中,元音辅音符号为 90 个,编号是 601-690;声调符号为 95 个,编号是 701-795;附加符号为 32 个,编号是 801-832。

7.4 以下是一些附加标记的含义:

①在序号后加“※”:中国语言学家使用,但 IPA 尚未正式认可的音标符号。

②在序号后加“+”:其他国家的语言学家使用,但 IPA 尚未正式认可的音标符号。

③在序号后加“×”并注明年代:国际语音学会已停用的音标符号。后面的年代为停用的时间。

④在“语音学描述”一栏加“/”:该音标未定义。

中国通用音标符号集

一、常用集

(1) 常用元音和辅音符号

编号	符号	语音学描述
001	a	前低不圆唇元音
002	ɐ	央近低不圆唇元音
003	ɑ	后低不圆唇元音
004	ɒ	后低圆唇元音
005	æ	前近低不圆唇元音
006※	ᴀ	央低不圆唇元音
007	b	双唇浊不送气辅音
008	ɓ	双唇缩气音
009	β	双唇浊擦音
010※	bv	唇齿浊塞擦音
011	c	舌面中清塞音
012	ɕ	舌面前清擦音
013	ç	舌面中清擦音
014	d	舌尖中浊塞音
015	ɗ	舌尖中缩气音
016	ɖ	舌尖后浊塞音
017※	ȡ	舌面前浊塞音
018	dz	舌尖前浊塞擦音
019	dʒ	舌叶浊塞擦音
020	dʑ	舌面前浊塞擦音
021※	dʐ	舌尖后浊塞擦音
022※	dð	齿间浊塞擦音
023	e	前半高不圆唇元音
024	ə	央元音
025	ɘ	央半高不圆唇元音
026	ɛ	前半低不圆唇元音
027	ɜ	央半低不圆唇元音
028	ɣ	舌根浊擦音
029	ᴇ	前中不圆唇元音
030※	ɤ	后半高不圆唇元音
031※	ɚ	央卷舌元音
032	f	唇齿清擦音
033	ɸ	双唇清擦音

注:原文 007 应为“双唇不送气浊塞音”。

034	ɡ	舌根浊塞音
035※	g	舌根浊塞音
036	ɢ	小舌浊塞音
037	h	喉清擦音
038	ɦ	喉浊擦音
039	ɥ	前高圆唇近音
040	i	前高不圆唇元音
041	ɨ	央高不圆唇元音
042	ɪ	前近高不圆唇元音
043※	ɿ	舌尖前不圆唇元音
044※	ʅ	舌尖后不圆唇元音
045	j	舌面中近音
046	ʝ	舌面中浊擦音
047	ɟ	舌面中不送气浊塞音
048	k	舌根清不送气塞音
049	l	舌尖中边音
050	ɬ	舌尖中清边擦音
051	ɭ	舌尖后边音
052	ɮ	舌尖中浊边擦音
053	m	双唇鼻音
054	ɱ	唇齿鼻音

055	ɯ	后高不圆唇元音
056	ɰ	舌根近音
057	n	舌尖中鼻音
058	ɲ	舌面中鼻音
059	ŋ	舌根鼻音
060	ɳ	舌尖后鼻音
061	ɴ	小舌鼻音
062※	ȵ	舌面前鼻音
063	o	后半高圆唇元音
064	ɵ	央半高圆唇元音
065	ø	前半高圆唇元音
066	ɞ	央半低圆唇元音
067	œ	前半低圆唇元音
068	ɶ	前低圆唇元音
069	ɔ	后半低圆唇元音
070	θ	齿间清擦音
071※	Ø	零声母
072	p	双唇不送气清塞音
073	pf	唇齿不送气清塞擦音
074	q	小舌清塞音
075	r	舌尖中颤音

注:原文 039 应为“前近高圆唇元音”,048 应为“舌根不送气清塞音”。

076	ɾ	舌尖中闪音
077	ɹ	舌尖中近音
078	ɽ	舌尖后闪音
079	ɻ	舌尖后近音
080	ʀ	小舌颤音
081	s	舌尖前清擦音
082	ʂ	舌尖后清擦音
083	ʃ	舌叶清擦音
084	t	舌尖中不送气清塞音
085	ʈ	舌尖后不送气清塞音
086※	ȶ	舌面前不送气清塞音
087	ʦ	舌尖前不送气清塞擦音
088	ʧ	舌叶不送气清塞擦音
089	ʨ	舌面前不送气清塞擦音
090※	ʈʂ	舌尖后不送气清塞擦音
091※	tθ	齿间不送气清塞擦音
092	u	后高圆唇元音
093	ʉ	央高圆唇元音
094	ʊ	后近高圆唇元音
095	v	唇齿浊擦音
096	ʋ	唇齿近音

097	ʌ	后半低不圆唇元音
098	w	双唇近音
099	x	舌根清擦音
100	χ	小舌清擦音
101	y	前高圆唇元音
102	ʎ	舌面中边音
103	ʏ	前近高圆唇元音
104※	ʮ	舌尖前圆唇元音
105※	ʯ	舌尖后圆唇元音
106	z	舌尖前浊擦音
107	ʐ	舌尖后浊擦音
108	ʑ	舌面前浊擦音
109	ʒ	舌叶浊擦音
110	ð	齿间浊擦音
111	ʔ	喉不送气清塞音
112	ʡ	会厌清塞音
113	ʕ	咽壁浊擦音
114	ʢ	会厌浊擦音
115※	ʔ	喉不送气清塞音

(2) 常用声调符号

编号	符号	名　称	编号	符号	名　称
201※	꜀	阴平(左下)	224※	꜒	短高平变调
202※	꜁	阳平(左下)	225※	꜓	短次高平变调
203※	꜂	阴上(左上)	226※	꜔	短中平变调
204※	꜃	阳上(左上)	227※	꜕	短次低平变调
205※	꜄	阴去(右上)	228※	꜖	短低平变调
206※	꜅	阳去(右上)	229※	˩˨	低升
207※	꜆	阴入(右下)	230※	˩˧	低中升
208※	꜇	阳入(右下)	231※	˩˦	低次高升
209	˥	高平	232※	˩˥	全升
210	˦	次高平	233※	˨˧	次低升
211	˧	中平	234※	˨˦	次低次高升
212	˨	次低平	235※	˨˥	次低高升
213	˩	低平	236※	˧˦	中升
214※	꜒	高平变调	237※	˧˥	中高升
215※	꜓	次高平变调	238※	˦˥	次高升
216※	꜔	中平变调	239※	꜖꜕	低升变调
217※	꜕	次低平变调	240※	꜖꜔	低中升变调
218※	꜖	低平变调	241※	꜖꜓	低次高升变调
219	˥	短高平	242※	꜖꜒	全升变调
220	˦	短次高平	243※	꜕꜔	次低升变调
221	˧	短中平	244※	꜕꜓	次低次高升变调
222	˨	短次低平	245※	꜕꜒	次低高升变调
223	˩	短低平	246※	꜔꜓	中升变调
			247※	꜔꜒	中高升变调

248※	꜓꜒	次高升变调
249※	˩˨	短低升
250※	˩˧	短低中升
251※	˩˦	短低次高升
252※	˩˥	短全升
253※	˨˧	短次低升
254※	˨˦	短次低次高升
255※	˨˥	短次低高升
256※	˧˦	短中升
257※	˧˥	短中高升
258※	˦˥	短次高升
259※	꜖꜕	短低升变调
260※	꜖꜔	短低中升变调
261※	꜖꜓	短低次高升变调
262※	꜖꜒	短全升变调
263※	꜕꜔	短次低升变调
264※	꜕꜓	短次低次高升变调
265※	꜕꜒	短次低高升变调
266※	꜔꜓	短中升变调
267※	꜔꜒	短中高升变调
268※	꜓꜒	短次高升变调
269※	˨˩	低降
270※	˧˩	中低降
271※	˦˩	次高降
272※	˥˩	全降
273※	˧˨	中降
274※	˦˨	次高次低降
275※	˥˨	高次低降
276※	˦˧	次高降
277※	˥˧	高中降
278※	˥˦	高降
279※	꜕꜖	低降变调
280※	꜔꜖	中低降变调
281※	꜓꜖	次高降变调
282※	꜒꜖	全降变调
283※	꜔꜕	中降变调
284※	꜓꜕	次高次低降变调
285※	꜒꜕	高次低降变调
286※	꜓꜔	次高降变调
287※	꜒꜔	高中降变调
288※	꜒꜓	高降变调
289※	˨˩	短低降
290※	˧˩	短中低降
291※	˦˩	短次高降
292※	˥˩	短全降
293※	˧˨	短中降
294※	˦˨	短次高次低降
295※	˥˨	短高次低降
296※	˦˧	短次高降
297※	˥˧	短高中降

298※		短高降
299※		短低降变调
300※		短中低降变调
301※		短次高降变调
302※		短全降变调
303※		短中降变调
304※		短次高次低降变调
305※		短高次低降变调
306※		短次高降变调
307※		短高中降变调
308※		短高降变调
309※		低降＋低升
310※		低降＋低中升
311※		低降＋低次高升
312※		低降＋全升
313※		中低降＋低升
314※		中低降＋低中升
315※		中低降＋低次高升
316※		中低降＋全升
317※		中降＋次低升
318※		中降＋次低次高升
319※		中降＋次低高升
320※		次高低降＋低升
321※		次高低降＋低中升
322※		次高低降＋低次高升
323※		次高低降＋全升
324※		次高次低降＋次低升
325※		次高次低降＋次低次高升
326※		次高次低降＋次低高升
327※		次高降＋中升
328※		次高降＋中高升
329※		全降＋低升
330※		全降＋低中升
331※		全降＋低次高升
332※		全降＋全升
333※		高次低降＋次低升
334※		高次低降＋次低次高升
335※		高次低降＋次低高升
336※		高中降＋中升
337※		高中降＋中高升
338※		高降＋次高升
339※		低降＋低升变调
340※		低降＋低中升变调
341※		低降＋低次高升变调
342※		低降＋全升变调
343※		中低降＋低升变调
344※		中低降＋低中升变调
345※		中低降＋低次高升变调
346※		中低降＋全升变调
347※		中降＋次低升变调

348※		中降+次低次高升变调
349※		中降+次低高升变调
350※		次高低降+低升变调
351※		次高低降+低中升变调
352※		次高低降+低次高升变调
353※		次高低降+全升变调
354※		次高次低降+次低升变调
355※		次高次低降+次低次高升变调
356※		次高次低降+次低高升变调
357※		次高降+中升变调
358※		次高降+中高升变调
359※		全降+低升变调
360※		全降+低中升变调
361※		全降+低次高升变调
362※		全降+全升变调
363※		高次低降+次低升变调
364※		高次低降+次低次高升变调
365※		高次低降+次低高升变调
366※		高中降+中升变调
367※		高中降+中高升变调
368※		高降+次高升变调
369※		低升+低降
370※		低中升+中低降
371※		低次高升+次高低降
372※		全升+全降
373※		低中升+中降
374※		低次高升+次高次低降
375※		全升+高次低降
376※		低次高升+次高降
377※		全升+高中降
378※		全升+高降
379※		次低升+中低降
380※		次低升+中降
381※		次低次高升+次高低降
382※		次低次高升+次高次低降
383※		次低次高升+次高降
384※		次低高升+全降
385※		次低高升+高次低降
386※		次低高升+高中降
387※		次低高升+高降
388※		中升+次高低降
389※		中升+次高次低降
390※		中升+次高降
391※		中高升+全降
392※		中高升+高次低降
393※		中高升+高中降
394※		中高升+高降
395※		次高升+全降
396※		次高升+高次低降
397※		次高升+高中降

398※	˦˥˦	次高升+高降
399※	˩˨˩	低升+低降变调
400※	˩˧˩	低中升+中低降变调
401※	˩˦˩	低次高升+次高低降变调
402※	˩˥˩	全升+全降变调
403※	˩˧˨	低中升+中降变调
404※	˩˦˨	低次高升+次高次低降变调
405※	˩˥˨	全升+高次低降变调
406※	˩˦˧	低次高升+次高降变调
407※	˩˥˧	全升+高中降变调
408※	˩˥˦	全升+高降变调
409※	˨˧˩	次低升+中低降变调
410※	˨˧˨	次低升+中降变调
411※	˨˦˩	次低次高升+次高低降变调
412※	˨˦˨	次低次高升+次高次低降变调
413※	˨˦˧	次低次高升+次高降变调
414※	˨˥˩	次低高升+全降变调
415※	˨˥˨	次低高升+高次低降变调
416※	˨˥˧	次低高升+高中降变调
417※	˨˥˦	次低高升+高降变调
418※	˧˦˩	中升+次高低降变调
419※	˧˦˨	中升+次高次低降变调
420※	˧˦˧	中升+次高降变调
421※	˧˥˩	中高升+全降变调
422※	˧˥˨	中高升+高次低降变调
423※	˧˥˧	中高升+高中降变调
424※	˧˥˦	中高升+高降变调
425※	˦˥˩	次高升+全降变调
426※	˦˥˨	次高升+高次低降变调
427※	˦˥˧	次高升+高中降变调
428※	˦˥˦	次高升+高降变调
429※	꜒	高轻
430※	꜓	次高轻
431※	꜔	中轻
432※	꜕	次低轻
433※	꜖	低轻
434※	˥	高轻
435※	˦	次高轻
436※	˧	中轻
437※	˨	次低轻
438※	˩	低轻
439※	•	轻声
440※	↓	语调下降
441※	↑	语调上升
442※	↗	语调滑升
443※	↘	语调滑降
444※	⤴	语调滑升
445※	⤵	语调滑降
446※	↕	拉宽音程
447※	⤈	挤紧音程

(3) 常用附加符号

编号	符号	语音学描述
501	ʰ	清送气
502	ʱ	浊送气
503	ʲ	带舌面中浊擦音
504※	ᵐ	带双唇鼻音
505	ⁿ	带舌尖前鼻音
506※	ᶮ	带舌面中鼻音
507※	ᵑ	带舌根鼻音
508※	ᵛ	带唇齿浊擦音
509	ʷ	带唇化音
510	⁀	上连音符
511	‿	下连音符
512	⌢	上连接符
513	‿	下连接符
514	~	软颚化
515×1989	˞	带卷舌音
516×1979	ʻ	送气
517	ʼ	紧喉
518	˚	清化(上加的)
519※	̥	清化(下加的)
520	̬	浊化
521	̰	紧喉音
522	̪	齿音化
523	̺	舌尖化
524	̻	舌叶化
525	̹	唇更圆
526	̜	唇较展
527	̟	舌位更前(下加的)
528	̠	舌位较后(下加的)
529	̝	舌位更高(下加的)
530	̞	舌位更低(下加的)
531	˔	舌位更高(旁加的)
532	˕	舌位更低(旁加的)
533	̯	不自成音节
534	˘	最短
535	～	鼻化
536	̩	自成音节(下加的)
537※	̍	自成音节(上加的)
538	ˈ	重音
539	ˌ	次重音
540	ː	长音
541	ˑ	次长音
542※	̱	紧元音
543	•	舌位更低
544	.	音节分隔符
545	~	两可
546	[	国际音标左标记符
547	]	国际音标右标记符
548	/	音位标记符

二、次常用集

(1) 次常用元音和辅音符号

编号	符号	语音学描述
601	B	双唇颤音
602	bß	双唇浊塞擦音
603	ʗ	小舌吸气音
604$_{\times 1993}$	ƈ	舌面中清缩气音
605	č	/
606	cç	舌面中清塞擦音
607	ᶑ	舌尖后缩气音
608	ɖʐ	舌尖后浊塞擦音
609	ɖʑ	舌面前浊塞擦音
610	ə	/
611	ɚ	央卷舌元音
612	ɝ	央半低卷舌元音
613	ɤ	后半高不圆唇元音
614	γ	/
615	fŋ	软颚清擦音
616	ɠ	舌根缩气音
617	g	/
618	ʛ	小舌缩气音
619	gɣ	舌根浊塞擦音
620	gɣ	舌根浊塞擦音
621	ɢʁ	小舌浊塞擦音
622	ɧ	ʃ与 x 混合的清擦音
623	ħ	咽壁清擦音
624	ʜ	会厌清擦音
625	hʋ	/
626	hɥ	/
627※	ï	舌尖不圆唇元音
628	ɿ	舌尖前不圆唇元音
629	ʅ	舌尖后不圆唇元音
630$_{\times 1989}$	ɩ	前近高不圆唇元音
631$_{\times 1979}$	ʞ	舌根吸气音
632$_{\times 1993}$	ƙ	舌根清缩气音
633	ɟ	/
634	ɫ	软颚化边音
635	L	软颚边音
636	ǰ	/
637	ɟʝ	舌面中浊塞擦音
638	ʅ	/
639	ǀ	齿间吸气音
640	ǃ	齿龈(后)吸气音
641	ǂ	颚龈吸气音

642	ǁ	齿龈边吸气音
643	ls	舌尖清边擦音
644	lz	舌尖浊边擦音
645	ɱ	/
646	ɧ	/
647	ɳ	/
648	ŋ	/
649	σ	/
650	ȣ	/
651	ɷ	后近高圆唇元音
652×1996	ɘ	央半低圆唇元音
653	ʘ	双唇吸气音(搭嘴音)
654×1993	ƥ	双唇清缩气音
655	ƥ	/
656	pɸ	唇齿清塞擦音
657	ʠ	小舌清缩气音
658	qχ	小舌清塞擦音
659	ɺ	舌尖中边闪音
660×1989	ɾ	舌尖中闪音
661	ʁ	小舌浊擦音
662	ʄ	舌面中缩气音
663	ʃ	/
664	ʄ	/
665	š	/
666×1989	ʆ	颚化的舌尖前清擦音

667×1989	ʇ	舌尖前吸气音
668×1993	ƭ	舌尖前清缩气音
669	ŧ	/
670	tʂ	舌尖后清塞擦音
671	ʨ	舌面前清塞擦音
672	ʊ	/
673	ʊ̢	/
674	ɷ	/
675	ω	/
676※	Ψ	双唇清颤音
677	ʍ	ɸ 和 x 混合的清擦音
678	w̫	可闻的咂唇音
679	ɰ	/
680	ɥ	舌尖前圆唇元音
681	ʮ	舌尖后圆唇元音
682	λ	/
683	ƛ	/
684×1976	ƻ	/
685×1989	ʓ	颚化的舌尖前浊擦音
686	ȝ	/
687	ž	/
688	ƽ	/
689	ƽ	/
690	⊏	可闻的啮齿音

(2) 次常用声调符号

编号	符号	名称	编号	符号	名称
701	˝	高平(55:)	724※	˧˥	中平高升
702	ˊ	次高平(44:)	725※	˦˥	次高平高升
703	ˉ	中平(33:)	726※	꜖꜕	低平升变调
704	ˎ	次低平(22:)	727※	꜖꜔	低平中升变调
705	˵	低平(11:)	728※	꜖꜓	低平次高升变调
706	ˇ	全升(15:)	729※	꜖꜒	低平高升变调
707	ˆ	全降(51:)	730※	꜕꜔	次低平中升变调
708	ˏ	中高升(35:)	731※	꜕꜓	次低平次高升变调
709	ˎ	低中升(13:)	732※	꜕꜒	次低平高升变调
710	˷	中高升＋高中降(353:)	733※	꜔꜓	中平次高升变调
711×1989	˘	长降调	734※	꜔꜒	中平高升变调
712×1989	ˇ	降升调	735※	꜓꜒	次高平高升变调
713×1989	ˆ	升降调	736※	˥˦	高平次高降
714×1989	ˎ	低降调	737※	˥˧	高平中降
715×1989	ˏ	低升调	738※	˥˨	高平次低降
716※	˩˨	低平升	739※	˥˩	高平低降
717※	˩˧	低平中升	740※	˦˧	次高平中降
718※	˩˦	低平次高升	741※	˦˨	次高平次低降
719※	˩˥	低平高升	742※	˦˩	次高平低降
720※	˨˧	次低平中升	743※	˧˨	中平次低降
721※	˨˦	次低平次高升	744※	˧˩	中平低降
722※	˨˥	次低平高升	745※	˨˩	次低平低降
723※	˧˦	中平次高升	746※	꜒꜓	高平次高降变调
			747※	꜒꜔	高平中降变调

748※	꜒꜒꜕	高平次低降变调
749※	꜒꜒꜖	高平低降变调
750※	꜓꜓꜔	次高平中降变调
751※	꜓꜓꜕	次高平次低降变调
752※	꜓꜓꜖	次高平低降变调
753※	꜔꜔꜕	中平次低降变调
754※	꜔꜔꜖	中平低降变调
755※	꜕꜕꜖	次低平低降变调
756※	˩˨˨	低升次低平
757※	˩˧˧	低升中平
758※	˩˦˦	低升次高平
759※	˩˥˥	低升高平
760※	˨˧˧	次低升中平
761※	˨˦˦	次低升次高平
762※	˨˥˥	次低升高平
763※	˧˦˦	中升次高平
764※	˧˥˥	中升高平
765※	˦˥˥	次高升高平
766※	꜖꜕꜕	低升次低平变调
767※	꜖꜔꜔	低升中平变调
768※	꜖꜓꜓	低升次高平变调
769※	꜖꜒꜒	低升高平变调
770※	꜕꜔꜔	次低升中平变调
771※	꜕꜓꜓	次低升次高平变调
772※	꜕꜒꜒	次低升高平变调
773※	꜔꜓꜓	中升次高平变调
774※	꜔꜒꜒	中升高平变调
775※	꜓꜒꜒	次高升高平变调
776※	˥˦˦	高降次高平
777※	˥˧˧	高降中平
778※	˥˨˨	高降次低平
779※	˥˩˩	高降低平
780※	˦˧˧	次高降中平
781※	˦˨˨	次高降次低平
782※	˦˩˩	次高降低平
783※	˧˨˨	中降次低平
784※	˧˩˩	中降低平
785※	˨˩˩	次低降低平
786※	꜒꜓꜓	高降次高平变调
787※	꜒꜔꜔	高降中平变调
788※	꜒꜕꜕	高降次低平变调
789※	꜒꜖꜖	高降低平变调
790※	꜓꜔꜔	次高降中平变调
791※	꜓꜕꜕	次高降次低平变调
792※	꜓꜖꜖	次高降低平变调
793※	꜔꜕꜕	中降次低平变调
794※	꜔꜖꜖	中降低平变调
795※	꜕꜖꜖	次低降低平变调

(3) 次常用附加符号

编号	符号	语音学描述
801※	ç	舌面中清送气
802※	ə	带央元音
803	ɣ	带舌根浊擦音
804※	ɤ	带后半高不圆唇元音
805※	H	带会厌清擦音
806※	ɥ	带前高圆唇近音
807	l	带舌尖中边音
808※	θ	带齿间清擦音
809	r	带舌尖中颤音
810	ɹ	带舌尖中近音
811	ɻ	带舌尖后近音
812	ʁ	带小舌浊擦音
813※	ʋ	带唇齿近音
814	x	带舌根清擦音
815※	χ	小舌清送气
816	y	带前高圆唇元音
817	ʔ	带喉不送气清塞音
818	ʕ	带咽壁擦音
819×1989	s	延长时带 s 音
820×1989	w	(下加的)唇化
821	̤	带浊气流
822	̫	唇化
823	¨	央化
824	̽	央中化
825	̚	不除阻收音
826※	<	吸气
827※	˧	舌根前伸(旁加的)
828※	˫	舌根后缩(旁加的)
829※1989	+	舌位更前(旁加的)
830※1989	−	舌位较后(旁加的)
831※1979	˙	央化,颚化
832※1989	.	舌位更高

附录 1（资料性附录）:《方言调查字表》(修订本)音标表

	方法＼部位			双唇		齿唇	齿间	舌尖前	舌尖后	舌叶（舌尖及面）	舌面前	舌面中	舌根（舌面后）	小舌	喉壁	喉
辅音	塞	清	不送气	p				t	ʈ		ȶ	c	k	q		ʔ
			送气	pʻ				tʻ	ʈʻ		ȶʻ	cʻ	kʻ	qʻ		ʔʻ
		浊	不送气	b				d	ɖ		ȡ	ɟ	g	ɢ		
			送气	bʻ				dʻ	ɖʻ		ȡʻ	ɟʻ	gʻ	ɢʻ		
	塞擦	清	不送气			pf	tθ	ts	tʂ	tʃ	tɕ					
			送气			pfʻ	tθʻ	tsʻ	tʂʻ	tʃʻ	tɕʻ					
		浊	不送气			bv	dð	dz	dʐ	dʒ	dʑ					
			送气			bvʻ	dðʻ	dzʻ	dʐʻ	dʒʻ	dʑʻ					
	鼻	浊		m		ɱ		n	ɳ		ȵ	ɲ	ŋ	ɴ		
	滚	浊						r						ʀ		
	闪	浊						ɾ	ɽ					ʀ		
	边	浊						l	ɭ			ʎ				
	边擦	清						ɬ								
		浊						ɮ								
	擦	清		ɸ		f	θ	s	ʂ	ʃ	ɕ	ç	x	χ	ħ	h
		浊		β		v	ð	z	ʐ	ʒ	ʑ	j	ɣ	ʁ	ʕ	ɦ
	无擦通音及半元音	浊		w	ɥ	ʋ		ɹ	ɻ			j(ɥ)	ɰ(w)			

元音	圆唇元音	舌尖元音 前	舌尖元音 后	舌面元音 前	舌面元音 央	舌面元音 后
高	(ʮ ʯ y ʉ u)	ɿʮ	ʅʯ	i y	ɨ ʉ	ɯ u
半高	(ø o)			e ø	ə	ɤ o
半低	(œ ɔ)			ɛ œ		ʌ ɔ
低	(ɒ)			æ a	ɐ	ɑ ɒ

附录 2 (资料性附录):《方言》杂志“本刊使用的音标”之一

方言 1979 年第 2 期 157—160 页(1979 年 5 月 24 日出版)

本刊使用的音标

方言编辑部

壹　本刊使用的音标及其他记音符号见 160 页,每个音标符号都有顺序号。其中包括:(1) 国际语音学会认可的现在通行的音标符号,就是所谓国际音标;(2) 国际语音学会过去认可,现在决定不再使用的音标符号;(3) 第 1 项以外的、我国语言学界常用的音标符号;(4) 第 1 项以外的、外国语言学界常用的音标符号。

其中 399—483 号,符号和[a]一起排印,[a]是用来表示符号的相对位置的。

其中 484—494 号十一个音标符号是补充的。16_a—420_a 号十三个音标符号是准备用来取代原有的音标符号的,如 16_a 号取代 16 号。这二十四个音标符号正在制造中,还不使用。

贰　第壹节第 3 项说的音标,主要有下列十一个。

21 [ᴀ] ——1[a]和 24[ɑ]中间的元音。

107 [ᴇ] ——66[e]和 95[ε]中间的元音。

394 [ɿ] ——舌尖前不圆唇元音,国际音标用 368[z̩]。

396 [ʅ] ——舌尖后不圆唇元音,国际音标用 379[ʐ̩]或 267[ɹ̩]。

149 [ï] ——舌尖不圆唇元音,394[ɿ]和 396[ʅ]的总括符号。

395 [ʮ] ——舌尖前圆唇元音。即 394[ɿ]加圆唇作用。

397 [ʯ] ——舌尖后圆唇元音。即 396[ʅ]加圆唇作用。

349 [ÿ] ——舌尖圆唇元音，395[ʮ]和 397[ʯ]的总括符号。

295 [ȶ] ——舌面前清塞音。

62 [ȡ] ——舌面前浊塞音。

203 [ȵ] ——舌面前鼻音。以上三个和 42[ɕ]同部位。国际音标用 205[ɲ]表示和 43[ç]同部位的鼻音，也表示和 42[ɕ]同部位的鼻音。

有的出版物上说[ɿ，ʅ]是国际音标。其实[ɿ，ʅ，ʮ，ʯ]都是从瑞典方言字母借用的。

叁　国际音标调号系统不很完备，所以本刊用五度制字母式声调符号。见 158 页。158 页调号代码是用数目字表示调值。所以[˩]是“11：”调，[˥]是“：55”调。159 页调号代码是对排字车间说的。主要是说明[˩]调号铅字倒过来就是[˥]，两个调号用的是同一个铅字，所以前者的代码是“11”，后者是“011”，即倒排的“11”。

肆　本刊第一期用的 463—470 号八个调类符号太小，改用下列 701—708 号调类符号。

阴平	阴上	阴去	阴入	阴平	阴上	阳去	阳入
꜀丁	꜂顶	订꜄	滴꜆	꜁亭	꜃锭	定꜅	笛꜇
701	703	705	707	702	704	706	708

附录 2 (资料性附录):《方言》杂志“本刊使用的音标”之二

五度制字母式声调符号(简称字调调号、调号)

这种标调法把说话的平均音高分为低、半低、中、半高、高五度。竖线为标准线,分四格五点,由下向下,1、2、3、4、5 分别代表低、半低、中、半高、高。横线表示调形,即长短高低升降曲折。圆点表示轻声。

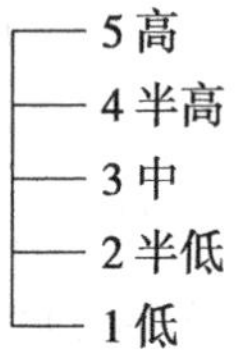

调号的标准线

标准线(竖线)在右为本调(系统调、独用调)调号,标准线在左为变调(临时调、连读调)调号。

用数字表示调号时,冒号“:”替代标准线;一位数表示短调;两位数表示平调、升调、降调,但个位是零“0”的两位数表示轻声;三位数表示曲折调。

a˩˩ 11:	a˩˨ 12:	a˩˧ 13:	a˩˦ 14:	a˩˥ 15:	a꜒꜒ :55	a꜓꜒ :45	a꜔꜒ :35	a꜕꜒ :25	a꜖꜒ :15
a˨˩ 21:	a˨˨ 22:	a˨˧ 23:	a˨˦ 24:	a˨˥ 25:	a꜒꜓ :54	a꜓꜓ :44	a꜔꜓ :34	a꜕꜓ :24	a꜖꜓ :14
a˧˩ 31:	a˧˨ 32:	a˧˧ 33:	a˧˦ 34:	a˧˥ 35:	a꜒꜔ :53	a꜓꜔ :43	a꜔꜔ :33	a꜕꜔ :23	a꜖꜔ :13
a˦˩ 41:	a˦˨ 42:	a˦˧ 43:	a˦˦ 44:	a˦˥ 45:	a꜒꜕ :52	a꜓꜕ :42	a꜔꜕ :32	a꜕꜕ :22	a꜖꜕ :12
a˥˩ 51:	a˥˨ 52:	a˥˧ 53:	a˥˦ 54:	a˥˥ 55:	a꜒꜖ :51	a꜓꜖ :41	a꜔꜖ :31	a꜕꜖ :21	a꜖꜖ :11
a˩˧˩ 131:	a˩˦˧ 143:	a˩˥˧ 153:			a꜒꜔꜒ :535	a꜔꜕꜒ :325	a꜔꜖꜒ :315		
a˨˩˨ 212:	a˨˩˧ 213:	a˨˩˦ 214:	a˨˩˥ 215:	a˨˦˨ 242:	a꜓꜒꜓ :454	a꜔꜒꜓ :354	a꜕꜒꜓ :254	a꜖꜒꜓ :154	a꜓꜕꜓ :424
a˧˩˧ 313:	a˧˩˥ 315:	a˧˨˥ 325:	a˧˥˩ 351:	a˧˥˧ 353:	a꜔꜒꜔ :353	a꜖꜒꜔ :153	a꜖꜓꜔ :143	a꜒꜖꜔ :513	a꜔꜖꜔ :313
a˦˩˨ 412:	a˦˨˦ 424:				a꜓꜒꜕ :452	a꜕꜓꜕ :242			
a˥˩˧ 513:	a˥˨˧ 523:	a˥˧˥ 535:			a꜔꜒꜖ :351	a꜔꜓꜖ :341	a꜖꜔꜖ :131		
a˩ 1:	a˨ 2:	a˧ 3:	a˦ 4:	a˥ 5:	a꜒ :5	a꜓ :4	a꜔ :3	a꜕ :2	a꜖ :1
a˩ 10:	a˨ 20:	a˧ 30:	a˦ 40:	a˥ 50:	a꜒ :50	a꜓ :40	a꜔ :30	a꜕ :20	a꜖ :10

附录2(资料性附录):《方言》杂志“本刊使用的音标”之三

印刷厂调号代码

本调调号(竖线在右),印刷厂代码和上页相同,毋须说明。变调调号(竖线在左),印刷厂代码和上页不同,对比上页和本页就可以看出来。印刷厂变调代码前头加零“0”,表示倒排的意思。如“011”表示“11 调号倒排”或“倒排的 11 调号”,实际调值是 55[꜒]

变调调值折合成变调调号代码有三个步骤。第一步是数字变换,但个位数零“0”不变换。

1→5　　2→4　　3→3　　4→2　　5→1

第二步是颠倒两位数或三位数里数字的次序,但个位数是零“0”的两位数不颠倒。第三步是前头加零“0”。把这三个步骤倒过来,就能从变调代码折合成变调调值。第一步去掉前头的零“0”。第二步同上第二步。第三步同上第一步。

a˩	a˩˨	a˩˧	a˩˦	a˩˥
11	12	13	14	15
a˨˩	a˨	a˨˧	a˨˦	a˨˥
21	22	23	24	25
a˧˩	a˧˨	a˧	a˧˦	a˧˥
31	32	33	34	35
a˦˩	a˦˨	a˦˧	a˦	a˦˥
41	42	43	44	45
a˥˩	a˥˨	a˥˧	a˥˦	a˥
51	52	53	54	55
a˩˧˩	a˩˦˧	a˩˥˧		
131	143	153		
a˨˩˨	a˨˩˧	a˨˩˦	a˨˩˥	a˨˦˨
212	213	214	215	242
a˧˩˧	a˧˩˥	a˧˨˥	a˧˥˩	a˧˥˧
313	315	325	351	353
a˦˩˨	a˦˨˦			
412	424			
a˥˩˧	a˥˨˧	a˥˧˥		
513	523	535		
a˩	a˨	a˧	a˦	a˥
1	2	3	4	5
a˩	a˨	a˧	a˦	a˥
10	20	30	40	50

a꜖	a꜖꜕	a꜖꜔	a꜖꜓	a꜖꜒
011	012	013	014	015
a꜕꜖	a꜕	a꜕꜔	a꜕꜓	a꜕꜒
021	022	023	024	025
a꜔꜖	a꜔꜕	a꜔	a꜔꜓	a꜔꜒
031	032	033	034	035
a꜓꜖	a꜓꜕	a꜓꜔	a꜓	a꜓꜒
041	042	043	044	045
a꜒꜖	a꜒꜕	a꜒꜔	a꜒꜓	a꜒
051	052	053	054	055
a꜖꜔꜖	a꜖꜓꜔	a꜖꜒꜔		
0131	0143	0153		
a꜕꜖꜕	a꜕꜖꜔	a꜕꜖꜓	a꜕꜖꜒	a꜕꜓꜕
0212	0213	0214	0215	0242
a꜔꜖꜔	a꜔꜖꜒	a꜔꜕꜒	a꜔꜒꜖	a꜔꜒꜔
0313	0315	0325	0351	0353
a꜓꜖꜕	a꜓꜕꜓			
0412	0424			
a꜒꜖꜔	a꜒꜕꜔	a꜒꜔꜒		
0513	0523	0535		
a꜖	a꜕	a꜔	a꜓	a꜒
01	02	03	04	05
a꜖	a꜕	a꜔	a꜓	a꜒
010	020	030	040	050

附录 2 (资料性附录):《方言》杂志“本刊使用的音标”之四

音标及其他记音符号

a 1	ã 2	ă 3	ä 4	ȧ 5	ạ 6	ā 7	á 8	å 9	ą 10	à 11	ȧ 12	ɐ 13	ɐ̃ 14	ʕ 15	æ 16	æ̃ 17	æ̈ 18	æ̇ 19	ʔ 20	ᴀ 21	ᴀ̃ 22	ʔ̩ 23	ɑ 24
ɑ̃ 25	ɑ̆ 26	ɑ̄ 27	ɓ 28	ɒ 29	ɒ̃ 30	ɒ̆ 31	ɒ̈ 32	ɒ̇ 33	ʔ 34	b 35	b̥ 36	ɓ̥ 37	ɓ 38	β 39	c 40	č 41	ɕ 42	ç 43	ʗ 44	ɔ 45	ɔ̃ 46	ɔ̆ 47	ɔ̄ 48
ɔ̇ 49	ɔ̣ 50	ɔ̄ 51	ɔ̨ 52	d 53	ɗ 54	đ 55	ḍ 56	d̥ 57	ḏ 58	d̬ 59	ɖ 60	d̨ 61	ȡ 62	ɗ 63	ð 64	ʣ 65	e 66	ẽ 67	ĕ 68	e͓ 69	ë 70	ė 71	ẹ 72
ē 73	é 74	ę 75	ȩ 76	è 77	ɘ 78	é 79	ə 80	ə̃ 81	ə̆ 82	ə͓ 83	ə̇ 84	ə̄ 85	ə̢ 86	ʥ 87	ə 88	ɚ 89	ɚ̃ 90	ʤ 91	ɚ 92	ɚ̃ 93	ʥ̢ 94	ε 95	ε̃ 96
ɛ̆ 97	ɛ̇ 98	ɛ̈ 99	ɛ̣ 100	ɛ̄ 101	ɛ̨ 102	ɜ 103	ɜ̃ 104	ɝ 105	ɝ̃ 106	ᴇ 107	ᴇ̈ 108	ᴇ̇ 109	f 110	ɟ 111	ƒ 112	ɸ 113	g 114	ɢ 115	ǧ 116	ġ 117	ɠ 118	ɡ 119	ɡ̊ 120
g̊ 121	ɡ̬ 122	ɠ 123	h 124	ɥ 125	ħ 126	ḥ 127	ɥ̊ 128	ɧ 129	h̨ 130	ɦ 131	hɥ 132	i 133	ĩ 134	ǐ 135	i̠ 136	ī 137	ī 138	í 139	i̥ 140	ì 141	hn 142	ɨ 143	ɨ̃ 144
hʋ 145	ɪ 146	ɪ̃ 147	ᵻ 148	ï 149	ʝ 150	ɩ 151	ɩ̃ 152	j 153	ǰ 154	j̊ 155	k 156	ʞ 157	ƙ 158	k̬ 159	k̨ 160	ɺ 161	l 162	l̃ 163	ł 164	ḷ 165	l̥ 166	ḻ 167	ɬ 168
ɭ̊ 169	ɭ 170	l̥ 171	ɬ 172	ɮ 173	m 174	m̆ 175	ṁ 176	m̄ 177	ḿ 178	ɱ 179	ɱ 180	m̀ 181	m̨ 182	ɯ 183	ɯ̃ 184	ɯ̆ 185	ɰ 186	ɰ̊ 187	n 188	ñ 189	ň 190	ṅ 191	ṇ 192
n̄ 193	ń 194	ŋ̥ 195	ŋ̱ 196	ŋ̫ 197	ŋ̣ 198	ŋ̤ 199	ɳ 200	ǹ 201	ŋ̨ 202	ȵ 203	ȵ̊ 204	ɲ 205	ɲ̊ 206	ŋ 207	ŋ̆ 208	ŋ̄ 209	ŋ́ 210	ŋ̊ 211	ŋ̇ 212	ŋ̀ 213	ƞ 214	ŋ 215	ŋ̃ 216
ŋ̊ 217	ɴ 218	ɴ̥ 219	o 220	õ 221	ŏ 222	ö 223	ȯ 224	ọ 225	ō 226	ó 227	o̥ 228	ò 229	σ 230	ø 231	ɵ 232	ɵ̃ 233	θ 234	ø 235	ø̃ 236	ø̆ 237	ȣ 238	œ 239	œ̃ 240
œ̆ 241	ɶ 242	ɷ 243	ɷ̃ 244	ɷ̈ 245	ɷ̇ 246	ɵ 247	p 248	p 249	ƥ 250	þ 251	q 252	r 253	ř 254	ṛ 255	r̄ 256	ɍ 257	ɼ 258	ɼ 259	ɽ 260	ṙ 261	ɽ 262	ɾ 263	ř 264
ɹ 265	ɹ̥ 266	ɹ̣ 267	ɻ 268	ɼ 269	ʀ 270	ʀ̥ 271	ʁ 272	ꜱ 273	ɕ 274	š 275	ş 276	ṡ 277	ś 278	ṣ 279	s̱ 280	ʂ 281	ʂ̥ 282	ʂ̊ 283	ʂ 284	t 285	ʇ 286	ŧ 287	ţ 288
ṭ 289	ṯ 290	t̬ 291	ƫ 292	ʈ 293	ȶ 294	ƭ 295	ʦ 296	u 297	ũ 298	ŭ 299	u̯ 300	ü 301	u̇ 302	ū 303	ù 304	ụ 305	ú 306	ʧ 307	ʉ 308	ʉ̈ 309	ʨ 310	ʊ 311	ʊ̃ 312
ʊ̈ 313	ʊ̇ 314	tʂ 315	ʋ 316	ʊ̃ 317	ʊ̈ 318	ʊ̇ 319	ᴖ 320	ᴖ̇ 321	ᴖ̈ 322	v 323	ɣ 324	ɣ 325	ɣ̥ 326	ʋ 327	ɰ 328	ʌ 329	ʌ̃ 330	ʌ̆ 331	w 332	ʍ 333	ẅ 334	w̥ 335	ω 336
ω̇ 337	ω̈ 338	x 339	x̨ 340	χ 341	ɤ 342	ɤ̃ 343	ɤ̆ 344	y 345	ʎ 346	ỹ 347	y̆ 348	ÿ 349	ȳ 350	ý 351	ʎ̊ 352	ỳ 353	ẙ 354	ɣ 355	ɣ̃ 356	ʏ 357	ʏ̃ 358	ᴢ 359	ƶ 360
ž 361	ż 362	ẓ 363	z̄ 364	ź 365	ʐ 366	ẕ 367	ʐ̣ 368	ʐ̱ 369	ż 370	ȥ 371	ž 372	ʒ 373	ƻ 374	ʑ 375	ʑ̆ 376	ʑ̄ 377	ʑ́ 378	ʑ̍ 379	ʑ̇ 380	ʑ̌ 381	ƶ 382	ƶ̇ 383	ʓ 384
ʒ 385	ʒ̍ 385	ʒ̢ 387	ƺ 388	ʒ̶ 389	ʃ 390	ʆ 391	ʃ̨ 392	ʅ 393	ɿ 394	ʮ 395	ʅ 396	ʯ 397	ɳ 398										

ˈa 399	ˈa 400	ˌa 401	ˌa 402	ˈa 403	ˊa 404	ˏa 405	ˏa 406	ˋa 407	ˎa 408	ˎa 409	ˉa 410	-a 411	ˍa 412	aʾ 413	a· 414	a˝ 415	a· 416
a- 417	aˣ 418	•a 419	·a 420	ˋa 421	ˎa 422	ˏa 423	ˇa 424	˅a 425	ˬa 426	ˆa 427	˄a 428	˰a 429	a˜ 430	a˷ 431	aʿ 432	aʼ 433	aʼ 434
a′ 435	aˉ 436	a′ 437	aˇ 438	aˋ 439	a̖ 440	a• 441	aʾ 442	a• 443	a▾ 444	a◂ 445	a› 446	a▴ 447	a▾ 448	a◂ 449	a▸ 450	a‹ 451	a› 452
a¨ 453	aː 454	aˑ 455	a: 456	a· 457	a. 458	˙ɑ 459	a˙ 460	.a 461	a. 462	ʻa 463	,a 464	aʼ 465	a, 466	,a 467	ʻa 468	aʼ 469	a, 470
a↓ 471	a↑ 472	a↕ 473	a↕ 474	a↕ 475	a⤵ 476	a⤴ 477	a→ 478	a→ 479	a← 480	a> 481	#a 482	a< 483					
g̊ 484	ɳ̊ 485	ƶ̊ 486	ʑ̊ 487	ɰ 488	a⌝ 489	a⊙ 490	a□ 491	a{ 492	a} 493	a≠ 494							
æ 16_{a}	ǣ 17_{a}	æ̈ 18_{a}	æ̇ 19_{a}	ᴇ 107_{a}	ᴇ̈ 108_{a}	ᴇ̇ 109_{a}	œ 239_{a}	œ̃ 240_{a}	œ̆ 241_{a}	ɶ 242_{a}	•a 419_{a}	∘a 420_{a}					

附录 3（资料性附录）：国际语音学会音标表（2005）

THE INTERNATIONAL PHONETIC ALPHABET (revised to 2005)

CONSONANTS (PULMONIC)

	Bilabial	Labiodental	Dental	Alveolar	Post alveolar	Retroflex	Palatal	Velar	Uvular	Pharyngeal	Glottal
Plosive	p b			t d		ʈ ɖ	c ɟ	k ɡ	q ɢ		ʔ
Nasal	m	ɱ		n		ɳ	ɲ	ŋ	ɴ		
Trill	ʙ			r					ʀ		
Tap or Flap		ⱱ		ɾ		ɽ					
Fricative	ɸ β	f v	θ ð	s z	ʃ ʒ	ʂ ʐ	ç ʝ	x ɣ	χ ʁ	ħ ʕ	h ɦ
Lateral fricative				ɬ ɮ							
Approximant		ʋ		ɹ		ɻ	j	ɰ			
Lateral approximant				l		ɭ	ʎ	ʟ			

Where symbols appear in pairs, the one to the right represents a voiced consonant. Shaded areas denote articulations judged impossible.

CONSONANTS (NON-PULMONIC)

Clicks		Voiced implosives		Ejectives	
ʘ	Bilabial	ɓ	Bilabial	ʼ	Examples:
ǀ	Dental	ɗ	Dental/alveolar	pʼ	Bilabial
ǃ	(Post)alveolar	ʄ	Palatal	tʼ	Dental/alveolar
ǂ	Palatoalveolar	ɠ	Velar	kʼ	Velar
ǁ	Alveolar lateral	ʛ	Uvular	sʼ	Alveolar fricative

VOWELS

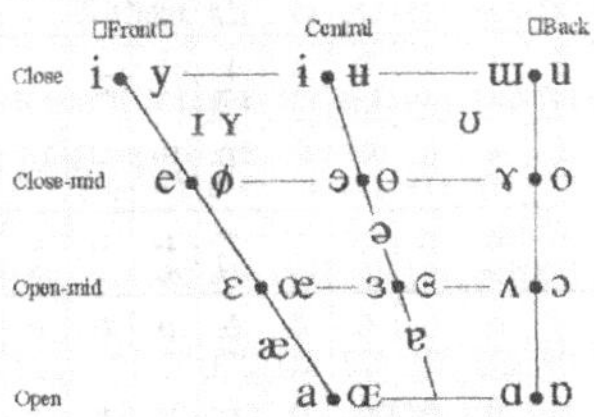

Where symbols appear in pairs, the one to the right represents a rounded vowel.

OTHER SYMBOLS

ʍ Voiceless labial-velar fricative
w Voiced labial-velar approximant
ɥ Voiced labial-palatal approximant
ʜ Voiceless epiglottal fricative
ʢ Voiced epiglottal fricative
ʡ Epiglottal plosive
ɕ ʑ Alveolo-palatal fricatives
ɺ Voiced alveolar lateral flap
ɧ Simultaneous ʃ and x

Affricates and double articulations can be represented by two symbols joined by a tie bar if necessary. k͡p t͡s

DIACRITICS Diacritics may be placed above a symbol with a descender, e.g. ŋ̊

̥	Voiceless	n̥ d̥	̤	Breathy voiced	b̤ a̤	̪	Dental	t̪ d̪
̬	Voiced	s̬ t̬	̰	Creaky voiced	b̰ a̰	̺	Apical	t̺ d̺
ʰ	Aspirated	tʰ dʰ	̼	Linguolabial	t̼ d̼	̻	Laminal	t̻ d̻
̹	More rounded	ɔ̹	ʷ	Labialized	tʷ dʷ	̃	Nasalized	ẽ
̜	Less rounded	ɔ̜	ʲ	Palatalized	tʲ dʲ	ⁿ	Nasal release	dⁿ
̟	Advanced	u̟	ˠ	Velarized	tˠ dˠ	ˡ	Lateral release	dˡ
̠	Retracted	e̠	ˤ	Pharyngealized	tˤ dˤ	̚	No audible release	d̚
̈	Centralized	ë	̴	Velarized or pharyngealized	ɫ			
̽	Mid-centralized	e̽	̝	Raised	e̝ (ɹ̝ = voiced alveolar fricative)			
̩	Syllabic	n̩	̞	Lowered	e̞ (β̞ = voiced bilabial approximant)			
̯	Non-syllabic	e̯	̘	Advanced Tongue Root	e̘			
˞	Rhoticity	ɚ a˞	̙	Retracted Tongue Root	e̙			

SUPRASEGMENTALS

ˈ Primary stress
ˌ Secondary stress ˌfoʊnəˈtɪʃən
ː Long eː
ˑ Half-long eˑ
̆ Extra-short ĕ
| Minor (foot) group
‖ Major (intonation) group
. Syllable break ɹi.ækt
‿ Linking (absence of a break)

TONES AND WORD ACCENTS

LEVEL			CONTOUR		
e̋ or	˥	Extra high	ě or	˩˥	Rising
é	˦	High	ê	˥˩	Falling
ē	˧	Mid	e᷄	˦˥	High rising
è	˨	Low	e᷅	˩˨	Low rising
ȅ	˩	Extra low	e᷈	˧˦˧	Rising-falling
ꜜ		Downstep	↗		Global rise
ꜛ		Upstep	↘		Global fall

附录 4(资料性附录):《符号集》与 IPA 部分符号名称对照表

有一些辅音符号,中国语言学界基本上是采用赵元任的命名,《中国通用音标符号集》也是沿用赵氏的命名,这些符号的名称与 IPA 有一些差别。下面列表对照这两种名称的异同。

序号	符号型体	《符号集》名称	IPA 名称	中文译名
1		双唇	*Bilabial*	双唇
2		唇齿①	*Labiodental*	唇齿
3		齿间	*Dental*	齿
4		舌尖前②	*Alveolar*	齿龈
5		舌尖中③		
6		舌尖后④	*Retroflex*	卷舌
7		舌叶	*Postalveola*	齿龈后
8		舌面前	*Alveolo-palatal*	龈颚
9		舌面中	*Palatal*	硬颚
10		舌根⑤	*Velar*	软颚
11		小舌	*Uvular*	小舌
12		咽⑥	*Pharyngeal*	咽
13		喉	*Glottal*	喉

注①:也有人把这种辅音称为“齿唇音”,意思是这种辅音属唇音不属齿音。

注②③:有的人把②和③合称为“舌尖前音”。

注④:也有比较多的人把这种辅音称为“卷舌音”。

注⑤:也有人把这种辅音称为“舌面后音”。

注⑥:也有人把这种辅音称为“喉壁音”。

五、汉语拼音正词法基本规则

GB/T 16159—2012

（中华人民共和国国家质量监督检验检疫总局、中国国家标准化管理委员会2012年6月29日发布，2012年10月1日实施）

前　言

本标准按照GB/T 1.1—2009给出的规则起草。

本标准代替GB/T 16159—1996《汉语拼音正词法基本规则》。

本标准与GB/T 16159—1996相比，主要变化如下：

——将原标准中正词法的具体规定、用法调整为分词连写、人名地名拼写、大写、缩写、标调、移行、标点符号使用等7个部分的基本规则。其中，把原先按词类分节的部分归到分词连写规则之下，并增加了“缩写规则”和“标点符号使用规则”。

——取消原标准中与名词、动词、形容词、代词、数词和量词并列的“虚词”一节，把虚词词类提升，与实词词类并列，以贯彻按词类分节的原则。

——修改了原标准中关于非汉语人名、地名的汉语拼音拼写规则。

——参照ISO 7098《中文罗马字母拼写法》的规定，补充了“汉字数字用汉语拼音拼写，阿拉伯数字则仍保留阿拉伯数字写法”的规定。

——增加了在某些场合，专有名词的所有字母可全部大写，也可不标声调的规定。

——增加了变通规则,以照顾某些领域的特殊需要。

本标准由教育部语言文字信息管理司提出并归口。

本标准主要起草单位:中国社会科学院语言研究所、教育部语言文字应用研究所。

本标准主要起草人:董琨、李志江、金惠淑、史定国、王楠、杜翔。

1 范围

本标准规定了用《汉语拼音方案》拼写现代汉语的规则。内容包括分词连写规则、人名地名拼写规则、大写规则、标调规则、移行规则、标点符号使用规则等。为了适应特殊的需要,同时规定了一些变通规则。

本标准适用于文化教育、编辑出版、中文信息处理及其他方面的汉语拼音拼写。

2 规范性引用文件

下列文件对于本文件的应用是必不可少的。凡是注日期的引用文件,仅注日期的版本适用于本文件。凡是不注日期的引用文件,其最新版本(包括所有的修改单)适用于本文件。

GB/T 15834　标点符号用法

GB/T 28039　中国人名汉语拼音字母拼写规则

《汉语拼音方案》(1958 年 2 月 11 日第一届全国人民代表大会第五次会议批准)

《中国地名汉语拼音字母拼写规则(汉语地名部分)》(1984 年 12 月 25 日中国地名委员会、中国文字改革委员会、国家测绘局

发布）

3 术语和定义

下列术语和定义适用于本文件。

3.1 词 word

语言里最小的、可以独立运用的单位。

3.2 汉语拼音方案 scheme for the Chinese phonetic alphabet

给汉字注音和拼写普通话语音的方案，1958 年 2 月 11 日第一届全国人民代表大会第五次会议批准。方案采用拉丁字母，并用附加符号表示声调，是帮助学习汉字和推广普通话的工具。

3.3 汉语拼音正词法 the Chinese phonetic alphabet orthography

汉语拼音的拼写规范及其书写格式的准则。

4 制定原则

4.1 本标准是在《汉语拼音方案》确定的音节拼写规则的基础上进一步规定的词的拼写规则。

4.2 以词为拼写单位，适当考虑语音、语义等因素，并兼顾词的拼写长度。

4.3 按语法词类分节规定分词连写规则。

5 总则

5.1 拼写普通话基本上以词为书写单位。例如：

rén（人）	pǎo（跑）	hǎo（好）
nǐ（你）	sān（三）	gè（个）
hěn（很）	bǎ（把）	hé（和）

de（的）　　ā（啊）　　pēng（砰）

fúróng（芙蓉）　　qiǎokèlì（巧克力）

māma（妈妈）　　péngyou（朋友）

yuèdú（阅读）　　wǎnhuì（晚会）

zhòngshì（重视）　　dìzhèn（地震）

niánqīng（年轻）　　qiānmíng（签名）

shìwēi（示威）　　niǔzhuǎn（扭转）

chuánzhī（船只）　　dànshì（但是）

fēicháng（非常）　　dīngdōng（叮咚）

āiyā（哎呀）　　diànshìjī（电视机）

túshūguǎn（图书馆）

5.2 表示一个整体概念的双音节和三音节结构，连写。例如：

quánguó（全国）　　zǒulái（走来）

dǎnxiǎo（胆小）　　huánbǎo（环保）

gōngguān（公关）　　chángyòngcí（常用词）

àiniǎozhōu（爱鸟周）　　yǎnzhōngdīng（眼中钉）

èzuòjù（恶作剧）　　pòtiānhuāng（破天荒）

yīdāoqiē（一刀切）　　duìbuqǐ（对不起）

chīdexiāo（吃得消）

5.3 四音节及四音节以上表示一个整体概念的名称，按词或语节(词语内部由语音停顿而划分成的片段)分写，不能按词或语节划分的，全部连写。例如：

wúfèng gāngguǎn（无缝钢管）

huánjìng bǎohù guīhuà（环境保护规划）

jīngtǐguǎn gōnglǜ fàngdàqì（晶体管功率放大器）
Zhōnghuá Rénmín Gònghéguó（中华人民共和国）
Zhōngguó Shèhuì Kēxuéyuàn（中国社会科学院）
yánjiūshēngyuàn（研究生院）
hóngshízìhuì（红十字会）
yúxīngcǎosù（鱼腥草素）
gāoměngsuānjiǎ（高锰酸钾）
gǔshēngwùxuéjiā（古生物学家）

5.4 单音节词重叠，连写；双音节词重叠，分写。例如：

rénrén（人人）
niánnián（年年）
kànkan（看看）
shuōshuo（说说）
dàdà（大大）
hónghóng de（红红的）
gègè（个个）
tiáotiáo（条条）
yánjiū yánjiū（研究研究）
shāngliang shāngliang（商量商量）
xuěbái xuěbái（雪白雪白）
tōnghóng tōnghóng（通红通红）

重叠并列即 AABB 式结构，连写。例如：

láiláiwǎngwǎng（来来往往）
shuōshuōxiàoxiào（说说笑笑）
qīngqīngchǔchǔ（清清楚楚）
wānwānqūqū（弯弯曲曲）
fāngfāngmiànmiàn（方方面面）
qiānqiānwànwàn（千千万万）

5.5 单音节前附成分(副、总、非、反、超、老、阿、可、无、半等)或单音节后附成分(子、儿、头、性、者、员、家、手、化、们等)与其他词语,连写。例如:

fùbùzhǎng(副部长)　　zǒnggōngchéngshī(总工程师)
fùzǒnggōngchéngshī(副总工程师)
fēijīnshǔ(非金属)　　fēiyèwù rényuán(非业务人员)
fǎndàndào dǎodàn(反弹道导弹)
chāoshēngbō(超声波)　　lǎohǔ(老虎)
āyí(阿姨)　　kěnì fǎnyìng(可逆反应)
wútiáojiàn(无条件)　　bàndǎotǐ(半导体)
zhuōzi(桌子)　　jīnr(今儿)
quántou(拳头)　　kēxuéxìng(科学性)
shǒugōngyèzhě(手工业者)　　chéngwùyuán(乘务员)
yìshùjiā(艺术家)　　tuōlājīshǒu(拖拉机手)
xiàndàihuà(现代化)　　háizimen(孩子们)

5.6 为了便于阅读和理解,某些并列的词、语素之间或某些缩略语当中可用连接号。例如:

bā-jiǔ tiān(八九天)　　shíqī-bā suì(十七八岁)
rén-jī duìhuà(人机对话)　　zhōng-xiǎoxué(中小学)
lù-hǎi-kōngjūn(陆海空军)
biànzhèng-wéiwù zhǔyì(辩证唯物主义)
Cháng-Sānjiǎo(长三角[长江三角洲])
Hù-Níng-Háng Dìqū(沪宁杭地区)
Zhè-Gàn Xiàn(浙赣线)

Jīng-Zàng Gāosù Gōnglù（京藏高速公路）

6 基本规则

6.1 分词连写规则

6.1.1 名词

6.1.1.1 名词与后面的方位词，分写。例如：

shān shàng（山上） shù xià（树下）

mén wài（门外） mén wàimian（门外面）

hé li（河里） hé lǐmian（河里面）

huǒchē shàngmian（火车上面）

xuéxiào pángbiān（学校旁边）

Yǒngdìng Hé shàng（永定河上）

Huáng Hé yǐnán（黄河以南）

6.1.1.2 名词与后面的方位词已经成词的，连写。例如：

tiānshang（天上） dìxia（地下）

kōngzhōng（空中） hǎiwài（海外）

6.1.2 动词

6.1.2.1 动词与后面的动态助词“着”“了”“过”，连写。例如：

kànzhe（看着）

tǎolùn bìng tōngguòle（讨论并通过了）

jìnxíngguo（进行过）

6.1.2.2 句末的“了”兼做语气助词，分写。例如：

Zhè běn shū wǒ kàn le.（这本书我看了。）

6.1.2.3 动词与所带的宾语，分写。例如：

kàn xìn（看信） chī yú（吃鱼）

kāi wánxiào（开玩笑）　　jiāoliú jīngyàn（交流经验）

动宾式合成词中间插入其他成分的，分写。

jūle yī gè gōng（鞠了一个躬）

lǐguo sān cì fà（理过三次发）

6.1.2.4 动词(或形容词)与后面的补语，两者都是单音节的，连写；其余情况，分写。例如：

gǎohuài（搞坏）　　dǎsǐ（打死）

shútòu（熟透）　　jiànchéng（建成[楼房]）

huàwéi（化为[蒸气]）　　dàngzuò（当作[笑话]）

zǒu jìnlái（走进来）　　zhěnglǐ hǎo（整理好）

jiànshè chéng（建设成[公园]）

gǎixiě wéi（改写为[剧本]）

6.1.3 形容词

6.1.3.1 单音节形容词与用来表示形容词生动形式的前附成分或后附成分，连写。例如：

mēngmēngliàng（蒙蒙亮）　liàngtángtáng（亮堂堂）

hēigulōngdōng（黑咕隆咚）

6.1.3.2 形容词与后面的“些”“一些”“点儿”“一点儿”，分写。例如：

dà xiē（大些）　　dà yīxiē（大一些）

kuài diǎnr（快点儿）　　kuài yīdiǎnr（快一点儿）

6.1.4 代词

6.1.4.1 人称代词、疑问代词与其他词语，分写。例如：

Wǒ ài Zhōngguó.（我爱中国。）

Tāmen huílái le.（他们回来了。）

Shuí shuō de?（谁说的?） Qù nǎlǐ?（去哪里?）

6.1.4.2 指示代词“这”“那”，疑问代词“哪”与后面的名词或量词，分写。例如：

zhè rén（这人） nà cì huìyì（那次会议）

zhè zhī chuán（这只船） nǎ zhāng bàozhǐ（哪张报纸）

指示代词“这”“那”，疑问代词“哪”与后面的“点儿”“般”“边”“时”“会儿”，连写。例如：

zhèdiǎnr（这点儿） zhèbān（这般）

zhèbiān（这边） nàshí（那时）

nàhuìr（那会儿）

6.1.4.3 “各”“每”“某”“本”“该”“我”“你”等与后面的名词或量词，分写。例如：

gè guó（各国） gè rén（各人）

gè xuékē（各学科） měi nián（每年）

měi cì（每次） mǒu rén（某人）

mǒu gōngchǎng（某工厂） běn shì（本市）

běn bùmén（本部门） gāi kān（该刊）

gāi gōngsī（该公司） wǒ xiào（我校）

nǐ dānwèi（你单位）

6.1.5 数词和量词

6.1.5.1 汉字数字用汉语拼音拼写，阿拉伯数字则仍保留阿拉伯数字写法。例如：

èr líng líng bā nián（二〇〇八年）

èr fēn zhī yī (二分之一)

wǔ yòu sì fēn zhī sān (五又四分之三)

sān diǎn yī sì yī liù (三点一四一六)

líng diǎn liù yī bā (零点六一八)　635fēnjī (635 分机)

6.1.5.2 十一到九十九之间的整数,连写。例如:

shíyī (十一)　　shíwǔ (十五)

sānshísān (三十三)　　jiǔshíjiǔ (九十九)

6.1.5.3 "百""千""万""亿"与前面的个位数,连写;"万""亿"与前面的十位以上的数,分写,当前面的数词为"十"时,也可连写。例如:

shí yì líng qīwàn èrqiān sānbǎi wǔshíliù/shíyì líng qīwàn èrqiān sānbǎi wǔshíliù (十亿零七万二千三百五十六)

liùshísān yì qīqiān èrbǎi liùshíbā wàn sìqiān líng jiǔshíwǔ (六十三亿七千二百六十八万四千零九十五)

6.1.5.4 数词与前面表示序数的"第"中间,加连接号。例如:

dì-yī (第一)　　dì-shísān (第十三)

dì-èrshíbā (第二十八)

dì-sānbǎi wǔshíliù (第三百五十六)

数词(限于"一"至"十")与前面表示序数的"初",连写。例如:

chūyī (初一)　　chūshí (初十)

6.1.5.5 代表月日的数词,中间加连接号。例如:

wǔ-sì (五四)　　yīèr-jiǔ (一二·九)

6.1.5.6 数词与量词，分写。例如：

liǎng gè rén（两个人）　yī dà wǎn fàn（一大碗饭）

liǎng jiān bàn wūzi（两间半屋子）

kàn liǎng biàn（看两遍）

数词、量词与表示约数的“多”“来”“几”，分写。例如：

yībǎi duō gè（一百多个）　shí lái wàn rén（十来万人）

jǐ jiā rén（几家人）　jǐ tiān gōngfu（几天工夫）

“十几”“几十”连写。例如：

shíjǐ gè rén（十几个人）　jǐshí gēn gāngguǎn（几十根钢管）

两个邻近的数字或表位数的单位并列表示约数，中间加连接号。例如：

sān-wǔ tiān（三五天）　qī-bā gè（七八个）

yì-wàn nián（亿万年）　qiān-bǎi cì（千百次）

复合量词内各并列成分连写。例如：

réncì（人次）　qiānwǎxiǎoshí（千瓦小时）

dūngōnglǐ（吨公里）　qiānkèmǐměimiǎo（千克·米/秒）

6.1.6 副词

副词与后面的词语，分写。例如：

hěn hǎo（很好）　dōu lái（都来）

gèng měi（更美）　zuì dà（最大）

bù lái（不来）　bù hěn hǎo（不很好）

gānggāng zǒu（刚刚走）　fēicháng kuài（非常快）

shífēn gǎndòng（十分感动）

6.1.7 介词

介词与后面的其他词语,分写。例如:

zài qiánmiàn zǒu(在前面走)

xiàng dōngbiān qù(向东边去)

wèi rénmín fúwù(为人民服务)

cóng zuótiān qǐ(从昨天起)

bèi xuǎnwéi dàibiǎo(被选为代表)

shēng yú 1940 nián(生于 1940 年)

guānyú zhège wèntí(关于这个问题)

cháozhe xiàbian kàn(朝着下边看)

6.1.8 连词

连词与其他词语,分写。例如:

gōngrén hé nóngmín(工人和农民)

tóngyì bìng yōnghù(同意并拥护)

guāngróng ér jiānjù(光荣而艰巨)

bùdàn kuài érqiě hǎo(不但快而且好)

Nǐ lái háishi bù lái?(你来还是不来?)

Rúguǒ xià dàyǔ, bǐsài jiù tuīchí.(如果下大雨,比赛就推迟。)

6.1.9 助词

6.1.9.1 结构助词“的”“地”“得”“之”“所”等与其他词语,分写。其中,“的”“地”“得”前面的词是单音节的,也可连写。例如:

dàdì de nǚ'ér(大地的女儿)

Zhè shì wǒ de shū. /Zhè shì wǒde shū.(这是我的书。)

Wǒmen guòzhe xìngfú de shēnghuó.（我们过着幸福的生活。）

Shāngdiàn li bǎimǎnle chī de, chuān de, yòng de. / Shāngdiàn li bǎimǎnle chīde, chuānde, yòngde.（商店里摆满了吃的、穿的、用的。）

mài qīngcài luóbo de（卖青菜萝卜的）

Tā zài dàjiē shàng mànman de zǒu.（他在大街上慢慢地走。）

Tǎnbái de gàosu nǐ ba.（坦白地告诉你吧。）

Tā yī bù yī gè jiǎoyìnr de gōngzuòzhe.（他一步一个脚印儿地工作着。）

dǎsǎo de gānjìng（打扫得干净）

xiě de bù hǎo / xiěde bù hǎo（写得不好）

hóng de hěn / hóngde hěn（红得很）

lěng de fādǒu / lěngde fādǒu（冷得发抖）

shàonián zhī jiā（少年之家）

zuì fādá de guójiā zhī yī（最发达的国家之一）

jù wǒ suǒ zhī（据我所知）

bèi yīngxióng de shìjì suǒ gǎndòng（被英雄的事迹所感动）

6.1.9.2 语气助词与其他词语，分写。例如：

Nǐ zhīdào ma?（你知道吗？）

Zěnme hái bù lái a?（怎么还不来啊？）

Kuài qù ba!（快去吧！）

Tā yīdìng huì lái de.(他一定会来的。)

Huǒchē dào le.(火车到了。)

Tā xīnlǐ míngbai, zhǐshì bù shuō bàle.(他心里明白,只是不说罢了。)

6.1.9.3 动态助词

动态助词主要有"着""了""过"。见 6.1.2.1 的规定。

6.1.10 叹词

叹词通常独立于句法结构之外,与其他词语分写。例如:

À! Zhēn měi!(啊!真美!)

Ńg,nǐ shuō shénme?(嗯,你说什么?)

Hng,zǒuzhe qiáo ba!(哼,走着瞧吧!)

Tīng míngbai le ma? Wèi!(听明白了吗?喂!)

Āiyā, wǒ zěnme bù zhīdào ne!(哎呀,我怎么不知道呢!)

6.1.11 拟声词

拟声词与其他词语,分写。例如:

"hōnglōng" yī shēng("轰隆"一声)

chánchán liúshuǐ(潺潺流水)

mó dāo huòhuò(磨刀霍霍)

jījīzhāzhā jiào gè bù tíng(叽叽喳喳叫个不停)

Dà gōngjī wōwō tí.(大公鸡喔喔啼。)

"Dū——", qìdí xiǎng le.("嘟——",汽笛响了。)

Xiǎoxī huāhuā de liútǎng.(小溪哗哗地流淌。)

6.1.12 成语和其他熟语

6.1.12.1 成语通常作为一个语言单位使用,以四字文言语句为主。结构上可以分为两个双音节的，中间加连接号。例如：

fēngpíng-làngjìng（风平浪静）

àizēng-fēnmíng（爱憎分明）

shuǐdào-qúchéng（水到渠成）

yángyáng-dàguān（洋洋大观）

píngfēn-qiūsè（平分秋色）

guāngmíng-lěiluò（光明磊落）

diānsān-dǎosì（颠三倒四）

结构上不能分为两个双音节的，全部连写。例如：

céngchūbùqióng（层出不穷）

bùyìlèhū（不亦乐乎）　zǒng'éryánzhī（总而言之）

àimònéngzhù（爱莫能助）　yīyīdàishuǐ（一衣带水）

6.1.12.2 非四字成语和其他熟语内部按词分写。例如：

bēi hēiguō（背黑锅）

yī bíkǒng chū qìr（一鼻孔出气儿）

bā gānzi dǎ bù zháo（八竿子打不着）

zhǐ xǔ zhōuguān fàng huǒ, bù xǔ bǎixìng diǎn dēng（只许州官放火，不许百姓点灯）

xiǎocōng bàn dòufu——yīqīng-èrbái（小葱拌豆腐——一清二白）

6.2 人名地名拼写规则

6.2.1 人名拼写

6.2.1.1 汉语人名中的姓和名分写，姓在前，名在后。复姓连写。

双姓中间加连接号。姓和名的首字母分别大写,双姓两个字首字母都大写。笔名、别名等,按姓名写法处理。例如:

Lǐ Huá(李华)　Wáng Jiànguó(王建国)

Dōngfāng Shuò(东方朔)　Zhūgě Kǒngmíng(诸葛孔明)

Zhāng-Wáng Shūfāng(张王淑芳)

Lǔ Xùn(鲁迅)　Méi Lánfāng(梅兰芳)

Zhāng Sān(张三)　Wáng Mázi(王麻子)

6.2.1.2 人名与职务、称呼等,分写;职务、称呼等首字母小写。例如:

Wáng bùzhǎng(王部长)　Tián zhǔrèn(田主任)

Wú kuàijì(吴会计)　Lǐ xiānsheng(李先生)

Zhào tóngzhì(赵同志)　Liú lǎoshī(刘老师)

Dīng xiōng(丁兄)　Zhāng mā(张妈)

Zhāng jūn(张君)　Wú lǎo(吴老)

Wáng shì(王氏)　Sūn mǒu(孙某)

Guóqiáng tóngzhì(国强同志)　Huìfāng āyí(惠芳阿姨)

6.2.1.3 "老""小""大""阿"等与后面的姓、名、排行,分写,分写部分的首字母分别大写。例如:

Xiǎo Liú(小刘)　Lǎo Qián(老钱)

Lǎo Zhāngtour(老张头儿)　Dà Lǐ(大李)

Ā Sān(阿三)

6.2.1.4 已经专名化的称呼,连写,开头大写。例如:

Kǒngzǐ(孔子)　Bāogōng(包公)

Xīshī(西施)　Mèngchángjūn(孟尝君)

6.2.2 地名拼写

6.2.2.1 汉语地名中的专名和通名，分写，每一分写部分的首字母大写。例如：

Běijīng Shì（北京市）　　Héběi Shěng（河北省）

Yālù Jiāng（鸭绿江）　　Tài Shān（泰山）

Dòngtíng Hú（洞庭湖）　　Táiwān Hǎixiá（台湾海峡）

6.2.2.2 专名与通名的附加成分，如是单音节的，与其相关部分连写。例如：

Xīliáo Hé（西辽河）　　Jǐngshān Hòujiē（景山后街）

Cháoyángménnèi Nánxiǎojiē（朝阳门内南小街）

Dōngsì shítiáo（东四十条）

6.2.2.3 已专名化的地名不再区分专名和通名，各音节连写。例如：

Hēilóngjiāng（黑龙江[省]）　　Wángcūn（王村[镇]）

Jiǔxiānqiáo（酒仙桥[医院]）

不需区分专名和通名的地名，各音节连写。例如：

Zhōukǒudiàn（周口店）　　Sāntányìnyuè（三潭印月）

6.2.3 非汉语人名、地名的汉字名称，用汉语拼音拼写。例如：

Wūlánfū（乌兰夫，Ulanhu）

Jièchuān Lóngzhījiè（芥川龙之介，Akutagawa Ryunosuke）

Āpèi Āwàngjìnměi（阿沛·阿旺晋美，Ngapoi Ngawang Jigme）

Mǎkèsī（马克思，Marx）　　Wūlǔmùqí（乌鲁木齐，Ürümqi）

Lúndūn (伦敦,London)　　Dōngjīng (东京,Tokyo)

6.2.4 人名、地名拼写的详细规则,遵循 GB/T 28039《中国人名汉语拼音字母拼写规则》《中国地名汉语拼音字母拼写规则(汉语地名部分)》。

6.3 大写规则

6.3.1 句子开头的字母大写。例如:

Chūntiān lái le.(春天来了。)

Wǒ ài wǒ de jiāxiāng.(我爱我的家乡。)

诗歌每行开头的字母大写。例如:

《Yǒude Rén》(《有的人》)

Zāng Kèjiā (臧克家)

Yǒude rén huózhe,(有的人活着,)

Tā yǐjīng sǐ le;(他已经死了;)

Yǒude rén sǐ le,(有的人死了,)

Tā hái huózhe。(他还活着。)

6.3.2 专有名词的首字母大写。例如:

Běijīng (北京)　　Chángchéng (长城)

Qīngmíng (清明)　　jǐngpōzú (景颇族)

Fēilǜbīn (菲律宾)

由几个词组成的专有名词,每个词的首字母大写。例如:

Guójì Shūdiàn (国际书店)　　Hépíng Bīnguǎn (和平宾馆)

Guāngmíng Rìbào (光明日报)

Guójiā Yǔyán Wénzì Gōngzuò Wěiyuánhuì (国家语言文字工作委员会)

在某些场合，专有名词的所有字母可全部大写。例如：

XIÀNDÀI HÀNYǓ CÍDIǍN（现代汉语词典）

BĚIJĪNG（北京） LǏ HUÁ（李华）

DŌNGFĀNG SHUÒ（东方朔）

6.3.3 专有名词成分与普通名词成分连写在一起，是专有名词或视为专有名词的，首字母大写。例如：

Míngshǐ（明史） Hànyǔ（汉语）

Yuèyǔ（粤语） Guǎngdōnghuà（广东话）

Fójiào（佛教） Tángcháo（唐朝）

专有名词成分与普通名词成分连写在一起，是一般语词或视为一般语词的，首字母小写。例如：

guǎnggān（广柑） jīngjù（京剧）

ējiāo（阿胶） zhōngshānfú（中山服）

chuānxiōng（川芎） zàngqīngguǒ（藏青果）

zhāoqín-mùchǔ（朝秦暮楚） qiánlǘzhījì（黔驴之技）

6.4 缩写规则

6.4.1 连写的拼写单位（多音节词或连写的表示一个整体概念的结构），缩写时取每个汉字拼音的首字母，大写并连写。例如：

Běijīng（缩写：BJ）（北京） ruǎnwò（缩写：RW）（软卧）

6.4.2 分写的拼音单位（按词或语节分写的表示一个整体概念的结构），缩写时以词或语节为单位取首字母，大写并连写。例如：

guójiā biāozhǔn（缩写：GB）（国家标准）

hànyǔ shuǐpíng kǎoshì (缩写:HSK)(汉语水平考试)

pǔtōnghuà shuǐpíng cèshì (缩写:PSC)(普通话水平测试)

6.4.3 为了给汉语拼音的缩写形式做出标记,可在每个大写字母后面加小圆点。例如:

Běijīng (北京)也可缩写:B.J.

guójiā biāozhǔn (国家标准)也可缩写:G.B.

6.4.4 汉语人名的缩写,姓全写,首字母大写或每个字母大写;名取每个汉字拼音的首字母,大写,后面加小圆点。例如:

Lǐ Huá (缩写:Lǐ H.或 LǏ H.)(李华)

Wáng Jiànguó (缩写:Wáng J.G.或 WÁNG J.G.)(王建国)

Dōngfāng Shuò (缩写:Dōngfāng S.或 DŌNGFĀNG S.)(东方朔)

Zhūgě Kǒngmíng (缩写:Zhūgě K.M.或 ZHŪGĚ K.M.)(诸葛孔明)

6.5 标调规则

6.5.1 声调符号标在一个音节的主要元音(韵腹)上。韵母 iu、ui,声调符号标在后面的字母上面。在 i 上标声调符号,应省去 i 上的小点。例如:

āyí (阿姨)	cèlüè (策略)
dàibiǎo (代表)	guāguǒ (瓜果)
huáishù (槐树)	kǎolǜ (考虑)
liúshuǐ (流水)	xīnxiān (新鲜)

轻声音节不标声调。例如:

zhuāngjia（庄稼）　　　　qīngchu（清楚）

kàndeqǐ（看得起）

6.5.2 “一”“不”一般标原调，不标变调。例如：

yī jià（一架）　　　　yī tiān（一天）

yī tóu（一头）　　　　yī wǎn（一碗）

bù qù（不去）　　　　bù duì（不对）

bùzhìyú（不至于）

在语言教学等方面，可根据需要按变调标写。例如：

yī tiān（一天）可标为 yì tiān，　bù duì（不对）可标为 bú duì。

6.5.3 ABB、AABB 形式的词语，BB 一般标原调，不标变调。例如：

lǜyóuyóu（绿油油）　　chéndiàndiàn（沉甸甸）

hēidòngdòng（黑洞洞）　piàopiàoliàngliàng（漂漂亮亮）

有些词语的 BB 在语言实际中只读变调，则标变调。例如：

hóngtōngtōng（红彤彤）　　xiāngpēnpēn（香喷喷）

huángdēngdēng（黄澄澄）

6.5.4 在某些场合，专有名词的拼写，也可不标声调。例如：

Li Hua（缩写：Li H.或 LI H.）（李华）

Beijing（北京）

RENMIN RIBAO（人民日报）

WANGFUJING DAJIE（王府井大街）

6.5.5 除了《汉语拼音方案》规定的符号标调法以外，在技术处理上，也可采用数字、字母等标明声调，如采用阿拉伯数字 1、2、3、4、0 分别表示汉语四声和轻声。

6.6 移行规则

6.6.1 移行要按音节分开,在没有写完的地方加连接号。音节内部不可拆分。例如:

guāngmíng (光明)移作"……guāng-

míng" (光明)

不能移作"……gu-

āngmíng" (光明)。

缩写词(如 GB,HSK,汉语人名的缩写部分)不可移行。

Wáng J.G. (王建国)移作"……Wáng

J.G." (王建国)

不能移作"……Wáng J.-

G." (王建国)。

6.6.2 音节前有隔音符号,移行时,去掉隔音符号,加连接号。例如:

Xī'ān (西安)移作"……Xī-

ān" (西安)

不能移作"……Xī'-

ān" (西安)。

6.6.3 在有连接号处移行时,末尾保留连接号,下行开头补加连接号。例如:

chēshuǐ-mǎlóng (车水马龙)移作"……chēshuǐ-

-mǎlóng" (车水马龙)

6.7 标点符号使用规则

汉语拼音拼写时,句号使用小圆点".",连接号用半字线"-",

省略号也可使用 3 个小圆点“…”，顿号也可用逗号“,”代替，其他标点符号遵循 GB/T 15834 的规定。

7　变通规则

7.1 根据识字需要(如小学低年级和幼儿汉语识字读物)，可按字注音。

7.2 辞书注音需要显示成语及其他词语内部结构时，可按词或语素分写。例如：

chīrén shuō mèng（痴人说梦）　wèi yǔ chóumóu（未雨绸缪）

shǒu kǒu rú píng（守口如瓶）　Hēng-Hā èr jiàng（哼哈二将）

Xī Liáo Hé（西辽河）　Nán-Běi Cháo（南北朝）

7.3 辞书注音为了提示轻声音节，音节前可标中圆点。例如：

zhuāng·jia（庄稼）　qīng·chu（清楚）

kàn·deqǐ（看得起）

如是轻重两读，音节上仍标声调。例如：

hóu·lóng（喉咙）　zhī·dào（知道）

tǔ·xíngqì（土腥气）

7.4 在中文信息处理方面，表示一个整体概念的多音节结构，可全部连写。例如：

guómínshēngchǎnzǒngzhí（国民生产总值）

jìsuànjītǐcéngchéngxiàngyí（计算机体层成像仪）

shìjièfēiwùzhìwénhuàyíchǎn（世界非物质文化遗产）

六、普通话“可轻读词语”辑录

说明：“可轻读词语”是指含有“次轻”音节的词语，双音节词语则一般指读音为“重・次轻”格式的词语。《现代汉语词典》把这部分字音表述为“一般轻读，间或重读的字”。注音方式是在可轻读字音之前加入小圆点，表示小圆点后面一个音节是可轻读字音。可轻读音节则标注声调符号。“可轻读词语”中“次轻”音节通常读音不稳定，可以根据语气语调的变化“间或重读”，因而以前曾含糊两可地称之为“可轻可不轻”的词语。2004 年《普通话水平测试实施纲要》“普通话语音分析”中首先使用“可轻读词语”的概念，明确肯定“一般轻读”的性质，并且在该《纲要》词表和朗读作品的注音上采用加圆点的方式表示可轻读音节和可轻读词语。

本表分三个部分辑录《普通话水平测试实施纲要》(2004 年版)中《普通话水平测试用普通话词语表》[表一]中收入的 135 个可轻读词语和[表二]中收入的 143 个可轻读词语，以及 2004 年《普通话水平测试员实用手册(增订本)》辑录的《现代汉语词典》《普通话水平测试实施纲要》均未注明的 353 条可轻读词语，供普通话教学和普通话测试研究参考。

第一部分

《普通话水平测试实施纲要》中《普通话水平测试用普通话词语表》[表一]中收入的 135 个可轻读词语。(凡带 * 号的是[表一]词语中最为常用的词语。凡带 # 的是 2013 年版《现代汉语词典》

中一个词形分列为两个条目，即一个是轻声/轻音，一个非轻声/非轻读。）

B　*白天　*报酬　报复　*别人＃　*玻璃

C　*差不多　长处　*成分　诚实　*出来　*出去
*刺激　*聪明　*错误

D　答复　*道理　*底下　*地下＃　*懂得　*对不起
*多少＃

F　*反正　*费用　分量　*夫人　*父亲

G　*干净　感激　跟前＃　*工人　公平　固执
*过来　*过去

H　*好处　喉咙　后边　*后面　花费＃　*回来
*回去　*活动

J　*机会　*机器　机器人　*记得　家具　价钱
讲究　*进来　*进去　*觉得

K　*看见　*客人　*会计

L　来不及　老人家　老鼠　里边　*里面　*力量
了不起　邻居　*逻辑

M　毛病　*没有　棉花　摸索　*母亲

N　*哪里　那里

P　佩服　菩萨　葡萄　葡萄糖

Q　妻子＃　*起来　*气氛　前边　*前面　*情形
*情绪

R　*任务　*容易

S　上边　上面　*上来　*上去　舍不得　*身份

	神气	*使得	*势力	*书记	*熟悉	*说法#
T	*太阳	*态度	*听见	痛快		
W	外边	*外面	味道			
X	下边	*下来	下面	*下去	*显得	想法#
	*小姐	小心	*晓得	*心里	*新鲜	
Y	烟囱	摇晃	*夜里	*已经	*意见	*意识
	因为	用处	应付	右边	遇见	*愿意
Z	*早晨	*照顾	折磨	*这里	*知道	*值得
	嘱咐	*资格	左边			

第二部分

《普通话水平测试实施纲要》中《普通话水平测试用普通话词语表》[表二]中收入的 143 个可轻读词语。(凡带#的是 2012 年版《现代汉语词典》(第 6 版)中一个词形分列为两个条目,即一个是轻声/轻音,一个非轻声/非轻读。)

B	把手	摆布	摆弄	摆设	褒贬	报应
	抱怨	北边	本钱	鼻涕	别致	不见得
C	残疾	吃不消	尺寸	抽屉		
D	搭讪	打交道	大不了	当铺	得罪	底细
	点缀	惦记	东边	短处		
F	翻腾	分寸	风水	凤凰	扶手	服侍
	斧头					
G	干粮	告示	格式	工钱	公道#	功劳
	恭维	公家	勾当	估量		

H	害处	行家	荷包	和气	滑稽	荒唐
	黄瓜	恍惚	晦气	火气	伙食	祸害
J	忌讳	缰绳	禁不住	近视		
K	看不起	考究	靠不住	苦头#	宽敞	魁梧
L	拉拢	牢骚	冷不防	冷清	理事	了不得
	伶俐	琉璃	露水			
M	埋伏	卖弄	玫瑰	眉目#	门面	免得
	牡丹					
N	南边	南瓜	南面	难处	泥鳅	挪动
P	排场	牌坊	喷嚏	碰见	琵琶	篇幅
	撇开	泼辣	破绽	魄力	葡萄酒	
Q	妻子	敲打	瞧见	俏皮	亲事	轻巧
	去处					
S	洒脱	神仙	生日	尸首	势头	手巾
	算盘	孙女				
T	太监	提拔	体谅	体面	替换	通融
	透亮	徒弟				
W	围裙					
X	喜鹊	薪水	修行			
Y	妖怪	益处	义气	樱桃	右面	鸳鸯
	月季	匀称				
Z	糟踏	照应	阵势	证人	侄女	志气
	周到	住处	左面	坐位		

第三部分

2004年《普通话水平测试员实用手册(增订本)》辑录的《现代汉语词典》《普通话水平测试实施纲要》均未注明的353条可轻读词语。(有研究者把其中少数词语归属于"重・中"格式)

A	阿门	爱护	爱惜	安顿	安排	安生
	安慰	安稳	安置	暗下	傲气	
B	巴望	把柄	把握	霸气	白菜	白露
	拜望	斑鸠	搬弄	办法	扮相	帮助
	包庇	宝贝	宝物	倍数	比喻	编辑
	便利	表示	病人	博士	布置	
C	才气	材料	财神	参与	操持	岔口
	差役	产物	产业	长度	敞亮	车钱
	成绩	成全	承应	乘务	程度	程序
	尺度	充裕	仇人	处分	处置	绰号
	次数	次序				
D	打开	待遇	担待	倒换	倒是	敌人
	嫡系	地步	地势	地位	冬瓜	董事
	动物	动作	斗笠	督促	读物	肚量
	度量					
E	恩人					
F	翻译	反映	犯人	方便	方式	防备
	分析	风气	缝隙	伏天	服务	福利
	富裕					

G	干预	干部	根据	工程	购置	估计
	观望					
H	寒战(寒颤)		行业	和睦	会务	贿赂
	货物	豁亮				
J	吉他	纪律	技术	季度	家务	家业
	价目	建筑	将军	讲求	匠人	将士
	交待	交代	交涉	较量	教育	接济
	节目	节日	解释	界线	界限	今天
	进度	进士	经济	韭菜	救济	局势
	剧目	觉悟	爵士	军人	军事	
K	刊物	控制				
L	老虎	礼数	力度	利益	利用	联络
	联系	烈士	猎物	吝惜	灵气	零碎
	伦巴					
M	埋怨	面积	名分	命令	摩托	模样
	目的					
N	男士	男子	能手	女儿	女士	女子
O	偶尔					
P	喷嚏	批评	僻静	篇目	破费	
Q	蹊跷	气候	气量	气质	器物	器重
	恰当	迁就	牵涉	牵制	前天	轻便
	轻快	清静	请示	穷人	秋季	秋千
	秋天	去处	趣味	权利	权力	劝慰
R	人物	荣誉	容易	若是		

S	杀气	伤势	商议	设计	设置	射手
	深度	甚至	生计	生物	生育	声势
	声音	省份	圣人	诗人	时务	实惠
	食物	适应	嗜好	手气	手势	手艺
	数目	耍弄	税务	顺序	硕士	私下
	素质	速度	算是			
T	太监	探戈	堂上	体会	天气	天上
	添置	条理	调剂	统计	痛处	头目
	腿脚	退伍	托福			
W	威风	维护	卫士	文凭	文书	文艺
	武士	物质	误会			
X	西瓜	习气	席位	媳妇	戏弄	系数
	细致	下午	嫌弃	显示	羡慕	乡里
	乡亲	香椿	项目	销路	孝敬	孝顺
	效率	效益	效应	心计	信任	信用
	信誉	刑具	形式	形势	性质	休克
	序数	询问				
Y	延误	盐分	掩饰	样式	药材	药物
	要不	业务	义务	仪器	仪式	贻误
	遗弃	义务	艺术	意气	印台	印象
	影壁	应承	勇士	犹豫	油性	幼稚
	于是	院士	愿望	月份	乐器	运动
Z	杂货	杂种	责任	战士	账目	障碍
	招待	这里	这样	珍惜	政治	职务

植物	制度	质量	秩序	智慧	智力
重量	重视	装饰	装置	壮士	姿势
滋味	字据	组织	作物	作用	

（编者 2016 年 3 月整理）

主要参考书目

1.《普通语音学纲要》罗常培　王均编著　　商务印书馆 1981.12

2.《普通话发音图谱》周殿福　吴宗济编著　　商务印书馆 1963.7

3.《普通话语音知识》徐世荣编著　　文字改革出版社 1980.10

4.《汉字改革概论》周有光著　　文字改革出版社 1979.10

5.《普通话正音手册》徐世荣编著　　文字改革出版社 1980.6

6.《拼音字母发音辨正》徐世荣撰写
1959—1961 年《文字改革(月刊)》连载(共 17 次)

7.《语音常识》(增订版)董少文编　　上海教育出版社 1988.12

8.《实验语音学概要》吴宗济　林茂灿主编　高等教育出版社 1989.1

9.《语音学教程》林焘　王理嘉著　　北京大学出版社 1992.11

10.《音系学基础》王理嘉编著　　语文出版社 1991.12

11.《现代汉语常用字表》国家语言文字工作委员会汉字处编
语文出版社 1988.1

12.《汉语方言概要》(第二版)袁家骅等著　　文字改革出版社 1989.2

13.《汉语方音字汇》(第二版)北京大学中文系语言学教研室编
文字改革出版社 1989.6

14.《语言文字规范手册》(增订本)　　语文出版社编 1991.6

15.《现代汉语频率词典》北京语言学院语言教研所编
北京语言学院出版社 1986.6

16.《常用字和常用词》北京语言学院语言教研所编 北京语言学院出版社 1985.4

17.《汉语水平考试大纲》国家对外汉语教学领导小组办公室汉语水平考试部编制 现代出版社 1989.11

18.《中国语言地图集》中方总编辑：李荣、熊正辉、张振兴、傅懋勣、王均、道布 香港朗文出版公司出版 1988

19.《普通话水平测试实施纲要》国家语言文字工作委员会普通话培训测试中心编制 商务印书馆 2004.8

20.《现代汉语词典》(第6版)中国社会科学院语言研究所词典编辑室编 商务印书馆 2012.6

21. 参考1955—1992年期间有关推广普通话的方针、政策的若干文件

22. 参考《学习普通话手册》若干种